MÉTHODE

DE

PLAIN-CHANT

MÉTHODE

DE

PLAIN-CHANT

SELON LE RITE

ET

LES USAGES CARTUSIENS.

AVIGNON

AUBANEL FRÈRES, IMPRIMEURS

DE N. S. P. LE PAPE ET DE MONSEIGNEUR L'ARCHEVÊQUE

Place St Pierre, 9

1868.

☩

AUX VV. PP.

PRIEURS ET RELIGIEUX DE L'ORDRE

Vénérables Pères,

Conformément à la neuvième Ordonnance du Chapitre Général de 1866, ainsi conçue :

« Adnotationes, nobis à speciali Commissione exhibitas, pro nova editione Ordinarii nostri approbamus, ejusque curam Reverendo Patri committimus. Pariter approbamus Methodum pro cantu addiscendo ; et volumus ut, quâlibet hebdomadâ, una saltem cantûs lectio habeatur à Novitiis et junioribus Professis in unâquaque Ordinis domo juxtà eamdem Methodum, cujus exemplaria statim mittentur. »

Nous vous adressons la Méthode de plain-chant spécifiée dans ladite Ordonnance.

Cette méthode n'a rien de nouveau que la forme ; les règles qu'elle contient ont été entièrement rédigées d'après nos usages et l'ancienne Méthode manuscrite de la Grande-Chartreuse. Mais par suite de l'accroissement de notre Ordre, et de l'absence de traditions solides dans les nouvelles maisons, il était nécessaire de fixer ces règles, afin d'en prévenir l'altération et d'assurer partout une parfaite uniformité dans le chant des Offices. Et comme ce n'est que par une solide instruction donnée aux Novices que l'on peut parvenir à cet accord si désirable, c'est aussi principalement au point de vue spécial de cette instruction que la présente Méthode a été rédigée ; plusieurs détails pourront paraître superflus aux anciens Religieux, qui ne laissent pas cependant d'être nécessaires pour les Novices dont le plus grand nombre arrivent parmi nous soit dépourvus d'une instruction suffisante en matière de chant, soit imbus de principes différents de ceux que nous suivons ; et si l'on y a joint plusieurs choses secondaires dans le but d'en faciliter l'intelligence et d'en rendre l'étude moins aride, elles sont placées en grande partie dans des notes qu'on pourra passer sans inconvénients.

Nous recommandons tout particulièrement aux Vénérables Prieurs la régulière observation des conférences hebdomadaires prescrites par l'Ordonnance précitée ; elles auront lieu pendant l'heure consacrée à l'étude et seront dirigées par le Religieux qu'ils jugeront le plus propre à cette instruction, qui devra être autant pratique que théorique. Tous les Novices devront y assister sans exception et sans préjudice des leçons particulières qui leur sont données, et les jeunes Profès n'en seront dispensés qu'après avoir fait preuve d'une connaissance suffisante. Et afin de rendre ces conférences plus méthodiques et plus fructueuses, elles seront distribuées conformément au programme inséré à la fin de cet ouvrage ; on profitera de plus de ces réunions pour prévoir et résoudre les difficultés qui pourraient se présenter dans les Offices des jours suivants.

Recevez donc, VV. PP., cette Méthode comme un moyen de donner à nos chants plus de régularité et plus d'accord, et par suite de nous rendre plus agréables à Dieu dont la louange est notre principal soin. Si elle contient quelques différences avec les usages suivis dans certaines maisons, ce ne peut être qu'en des points de peu d'importance; car nous nous sommes assuré qu'elle exprime les usages les plus anciens et les plus généraux de notre Ordre, et nous avons eu recours, dans ce but, aux lumières de deux anciens Religieux qui passent parmi nous pour les plus compétents dans ces matières. Il conviendra donc, pour arriver à une prompte uniformité, de commencer dès à présent à la suivre dans toutes nos maisons, et de faire en conséquence les petits sacrifices qu'elle pourrait réclamer de nos goûts et de nos opinions; nous rappelant à ce sujet que, suivant la Sainte Ecriture, le *thymiame*, qui est la figure des louanges divines, doit se brûler sur l'autel des parfums avec du feu de l'autel des holocaustes, symbole de la mortification.

A la Grande Chartreuse, le 6 Octobre 1867, jour de la fête de notre Père Saint Bruno.

Fr. Charles Marie, *Prieur de Chartreuse.*

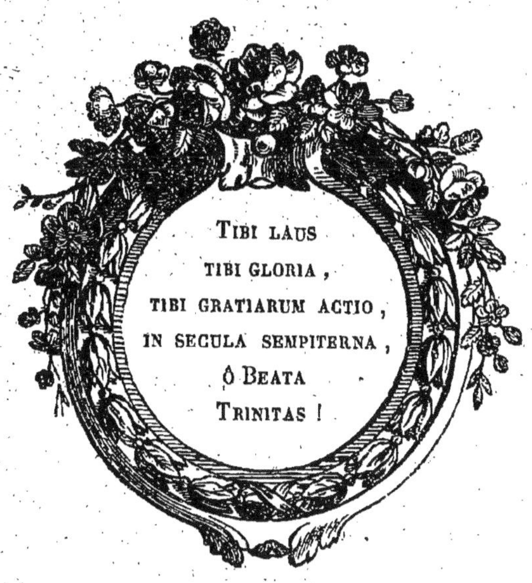

MÉTHODE DE PLAIN-CHANT

SELON

LE RITE ET LES USAGES CARTUSIENS.

INTRODUCTION.

St Bernard, dans son 47ᵉ sermon sur le Cantique des cantiques, et avec lui nos saints Statuts, nous enseignent que des Religieux ne doivent rien mettre, dans leur affection et leur estime, au-dessus de l'Office divin ; et ils nous exhortent avec une instance particulière, à y apporter sans cesse un grand zèle et une grande pureté de cœur et d'intention. « *Vos moneo, dilectissimi, purè semper et strenuè divinis interesse laudibus.* » (1 p. Stat. cap. 18, num. 2.)

1.

C'est en effet avec un empressement mêlé de joie et de respect que nous nous présenterons devant le Seigneur pour chanter ses louanges, si nous sommes bien pénétrés de ce que nous devons à la Majesté divine. Repoussons donc loin de nous, dans de si saintes fonctions, la paresse et la nonchalance ; n'épargnons pas nos voix, ne nous contentons point de prononcer les paroles à demi et d'une manière à peine sensible, mais que notre chant soit mâle et vigoureux aussi bien par le ton que par l'expression, ainsi qu'il convient à des serviteurs généreux et fidèles.

C'est aussi avec une grande pureté de cœur et d'intention que nous devons chanter les louanges de Dieu; pureté de cœur, semblable à celle des Anges mêmes dont nous remplissons les fonctions sur la terre; pureté d'intention, car à ces fonctions toutes célestes, nous joignons celles de victimes consacrées au Seigneur pour l'expiation de nos propres péchés et de ceux du monde. Soyons donc tout à Dieu, tout à l'accomplissement de notre devoir pendant l'Office divin ; chassons loin de notre esprit les pensées et les affections étrangères, et que l'humble couronne tracée sur nos têtes nous rappelle sans cesse le sacrifice auquel nous nous sommes voués, sacrifice d'expiation et de louange (a).

(a) Il n'est pas hors de propos de donner ici la signification et l'origine de la couronne religieuse, car elle est un signe très-remarquable de l'esprit intérieur qui doit nous animer dans l'accomplissement des devoirs de notre état, parmi lesquels le chant du chœur tient une si large part.

« On sait, dit à ce sujet un savant et pieux auteur, que les Hébreux couronnaient les victimes qu'ils offraient au Seigneur: cet usage existait aussi chez les nations idolâtres. Au commencement du Christianisme, les martyrs, victimes volontaires, portaient aussi une couronne en allant à la mort; et dans toutes les institutions où l'homme faisait profession de renoncement à lui-même, où il se vouait à l'accomplissement de certains devoirs, une couronne était au nombre des symboles par lesquels on tâchait d'exprimer au dehors et de rendre sans cesse présent à la pensée du récipiendaire, l'esprit de la nouvelle vie à laquelle il se

Et comme le but de notre état est plutôt de prier et de gémir, que de faire entendre des accents harmonieux, c'est surtout par des chants simples et dévots que nous nous efforçons de plaire au Seigneur, les dépouillant de tous les vains ornements du chant profane qui sont plus faits pour distraire et pour flatter et émouvoir les sens, que pour exciter dans les cœurs le recueillement et la véritable piété.

Telles sont en substance les exhortations par lesquelles nos Statuts nous invitent à nous acquitter religieusement et saintement de l'Office divin ; mais il est encore bien d'autres considérations qui conduisent à la même fin ; on se bornera à indiquer les suivantes.

Avant tout, nous devons bien comprendre que ce n'est pas une obligation privée dont nous nous acquittons dans l'Office divin, et dont l'accomplissement plus ou moins parfait n'intéresse que nous ; c'est une fonction publique qui nous est confiée par l'Eglise même, que nous avons acceptée en embrassant la vie religieuse, et à laquelle nous nous devons tout entiers en justice. C'est sur nous que l'Eglise compte tout spécialement pour sa grande mission de la prière, son œuvre de prédilection qui ne doit jamais défaillir dans son sein. Que si nous manquons à cet important devoir, que si des Religieux uniquement voués à chanter les louanges du Seigneur, n'y apportent pas toute la foi et tout le zèle que réclame une mission aussi sainte, par qui donc en ce monde Dieu sera-t-il loué et servi fidèlement ? Mais si jamais il en était ainsi, n'aurions-nous pas à craindre, à juste titre, cette menace de l'Esprit-Saint : *maledictus qui facit opus Dei negligenter !* (*Jérémie* 48. 10.)

---

destinait. C'est ainsi que l'une des premières cérémonies auxquelles était soumis celui qui embrassait l'état monastique, était la configuration d'une couronne qui signifiait *sacrifice de soi-même, consécration particulière à Dieu, engagement de travailler au bien des autres hommes.* » (*Lectures sur l'oraison dominicale par M. Nolhac de Lyon, auteur des Etudes sur le texte d'Isaïe et celui des Psaumes.*)

De plus, nous ne sommes pas tellement séparés du monde que nous puissions nous regarder comme affranchis du devoir de répandre autour de nous le bon exemple et l'édification ; la plupart de nos maisons, et surtout la Grande-Chartreuse, sont visitées par un nombre considérable d'étrangers qui tous assistent à nos Offices. Ils y viennent généralement avec une haute idée de notre régularité, de notre piété, nous dirons même de notre sainteté; quel ne serait pas leur désappointement et la funeste impression produite sur eux par des chants sans accord ni ensemble, par des cérémonies sans gravité ni recueillement! Au contraire, qui peut dire le salutaire effet produit, les germes de conversion et de salut déposés dans les âmes par le touchant spectacle d'un Office chanté régulièrement, avec la modestie et le recueillement que l'on doit s'attendre à trouver chez des Religieux ? Il est hors de doute, ainsi que le prouvent de nombreux exemples, qu'un pareil spectacle ne puisse autant sur les cœurs que la prédication la plus éloquente. Efforçons-nous donc de joindre à l'apostolat de la prière qui nous est propre, cet autre apostolat du bon exemple et de la bonne odeur de Jésus-Christ (a).

Enfin il est digne de remarque que nous sommes aujourd'hui à peu près le seul Ordre Religieux qui chante en entier l'Office canonial; la conservation de cette antique coutume, autrefois si répandue dans l'Eglise, semble nous être confiée. N'est-ce pas là encore un puissant motif de

---

(a) C'est à la modestie et au recueillement de nos Pères de la Chartreuse de Paris durant le saint Office, que la Chartreuse de Bourbon-les-Gaillon (Eure) fut redevable de sa fondation. C'est en effet ce motif qui détermina le Cardinal de Bourbon, Archevêque de Rouen, son fondateur, à choisir des Chartreux de préférence à des Religieux d'un autre Ordre à qui il avait d'abord destiné cette fondation, et qu'il abandonna, à cause du peu de modestie qu'il remarqua en eux, en entrant dans leur Eglise, pendant qu'ils chantaient l'Office de Vêpres. Ce fait est tiré de l'ancien *Traité de Chant* dont il va être parlé.

nous acquitter avec générosité et tout le soin désirable de cette fonction spéciale que nous donnent nos Constitutions? Il n'est pas douteux que des grâces nombreuses ne soient attachées à notre fidélité à cet égard.

De toutes ces considérations il découle que le premier devoir d'un Religieux est d'apprendre avec soin les règles diverses des cérémonies, et spécialement celles du chant des Offices, afin de se mettre à même de remplir convenablement ses obligations, et de prévenir les défauts qu'engendrent le manque de principes et la routine, lesquels une fois contractés, sont si difficiles à déraciner (a).

C'est afin de faciliter cette étude aux Novices, et de combler une lacune généralement sentie, que l'on a tenté de réunir ici, sous une forme méthodique, les règles particulières au chant Cartusien. On y a joint les principes généraux du plain-chant pour ceux qui, en venant parmi nous, n'auraient pas encore été à même de les apprendre.

Les sources où l'on a puisé pour ce travail, sont les suivantes:

1° Pour toutes les généralités du plain-chant, on a consulté plusieurs Méthodes modernes, et plus particulièrement on s'est aidé de celle de M. l'abbé Chaussier, Supérieur du Petit Séminaire de Metz: *Le plain-chant selon le rite Romain et le rite Parisien*, Méthode déjà connue dans quelques unes de nos maisons (b). On a eu recours encore à quelques autres ouvrages spéciaux parmi lesquels on aura occasion de citer plusieurs fois la savante *Dissertation sur la psalmodie* de M. l'abbé Petit, Supérieur du Grand Séminaire de Verdun, aujourd'hui Vicaire-Général, dans la-

(a) Comme complément des considérations qui précèdent, on lira avec intérêt et avec fruit le chapitre 2e, liv. 2, traité 4, de l'ouvrage de notre V. P. D. P. Sutor, *De vitâ Cartusianâ*; ce chapitre a pour titre: *Cap. secund. peculiariter agitur de his quæ ad debitum cantandi ac psallendi modum exiguntur.*

(b) Paris, Jacques Lecoffre, 3e édition, 1851.

quelle se trouvent diverses appréciations et observations concernant le chant des Chartreux (a).

2º Pour tout ce qui concerne les règles particulières à notre Ordre, outre les documents épars dans nos livres liturgiques et nos Statuts, on a eu entre les mains deux anciennes Méthodes manuscrites; la première, qui est intitulée : *Forma psallendi ex statutorum nostrorum collectione excerpta et diffusius explicata*, Majori Cartusiæ, anno 1740, est revêtue de l'approbation du Révérend Père Général (b); la seconde qui a pour titre : *Traité du chant selon l'usage des Chartreux, ou Directoire du chœur, divisé en deux parties*, 1700, a été composée avec l'autorisation du R^d P. Général (c).

Bien que ces deux Méthodes aient vieilli quant à la forme, et qu'elles soient peu propres à être mises entre les mains des Novices, elles n'en sont pas moins des témoins précieux de nos anciens usages, et démontrent que nous suivons encore aujourd'hui dans le chant des Offices, comme dans toutes les autres choses, les règles que suivaient nos Pères. Dans tout le cours de cet ouvrage on n'aura en effet à constater que quelques différences de détail peu importantes entre nos usages actuels et ces anciens documents.

(a) *Dissertation sur la psalmodie et les autres parties du chant Grégorien dans leurs rapports avec l'accentuation latine*. 1 vol. in-8º. Paris, V. Didron, 1855. — On recommande cet ouvrage à tous ceux qui seraient désireux d'approfondir les véritables principes qui servent de base au chant grégorien.

(b) Voici le préambule de ce manuscrit: « Forma psallendi..... ad quam servandam Reverendus Pater, pro Dei amore et gloriâ, divinique operis reverentiâ, monet in Domino omnes et singulos Fratres et Filios suos præsentes et futuros, tam in majori cartusiâ quàm ubique cartusiarum, eidem Domino laudes et gloriam cantaturos, quibus omnibus optat benedici. » C'était alors le R. P. D. Michel de Larnage qui gouvernait notre Ordre.

(c) Ce manuscrit n'indique pas la maison à laquelle il doit son origine, mais il y a lieu de croire, d'après plusieurs indices, qu'ils proviennent de la Chartreuse de Bourbon-les-Gaillon.

CHAPITRE PREMIER.

PRINCIPES GÉNÉRAUX DU PLAIN-CHANT.

On appelle Plain-chant (*planus cantus*) le chant que l'Eglise emploie dans ses Offices; ce nom lui a été donné à cause de sa marche uniforme et égale, et pour le distinguer de la musique profane dont le rhythme est plus ou moins saccadé. On le nomme aussi *chant Grégorien*, parce que c'est l'illustre Pape St Grégoire-le-Grand qui, dans les dernières années du VIe siècle, l'a recueilli, réformé et complété, et lui a donné ce caractère grave et majestueux si convenable à la grandeur de son objet. On donne encore au plain-chant les noms de *chant religieux*, *chant liturgique et chant romain*.

La science du plain-chant consiste à connaître parfaitement les signes dont il fait usage, et à produire exactement à l'aide de la voix et suivant des règles déterminées, les sons représentés par ses signes.

ARTICLE PREMIER.

DES SIGNES USITÉS DANS LE PLAIN-CHANT.

§ 1er. NOTES.

Lorsqu'on chante, en montant par degrés consécutifs d'un son grave à un son aigu, la voix parcourt une suite de sept degrés que l'on retrouve encore dans le même ordre, si l'on veut monter à des sons plus aigus. Ces sept degrés de la voix sont représentés par des signes qu'on appelle *notes.* Il y a donc sept notes dont les noms sont, en montant : *ut, ré, mi, fa, sol, la, si* ; et en descendant : *ut, si, la, sol, fa, mi, ré.* En ajoutant à ces notes, une huitième note qui est la répétition de la première, mais prise au degré aigu ou grave, suivant que l'on monte ou que l'on descend, on forme ce que l'on appelle la *gamme* ; cette huitième note est nécessaire pour compléter l'espace qu'une échelle naturelle de sons doit comprendre pour satisfaire l'oreille. *La gamme est donc une suite de huit degrés consécutifs que parcourt une voix juste en s'élevant des sons graves aux sons aigus, ou en descendant des sons aigus aux sons graves, et en observant les intervalles convenables d'un degré à un autre.* La gamme est dite *ascendante* ou *descendante* selon que la voix monte ou descend pour la former. On peut commencer la gamme en prenant chacune des notes pour point de départ, et l'on forme ainsi autant de gammes particulières, comme il sera expliqué un peu plus loin quand on traitera des *Modes.*

§ 2e. PORTÉE.

La *portée* est une réunion de quatre lignes parallèles et horizontales, sur lesquelles et entre lesquelles sont placées les notes. Les lignes de la portée se comptent du haut en bas (a) ; les espaces qui séparent les lignes se nomment *interlignes.*

Exemples :

PORTÉE

1re ligne.
2 . . .
3 . . .
4 . . .

(a) La plupart des auteurs modernes comptent, comme les musiciens, les lignes de la portée de bas en haut ; mais l'usage que nous suivons est le plus ancien.

§ 3e. CLEFS.

La même note n'occupe pas toujours sur la portée la même position ; on la place plus bas ou plus haut, selon que le morceau auquel elle appartient a son étendue au dessus ou au dessous de cette note prise comme point de départ, afin que toute cette étendue trouve place sur la portée ; la *clef* est le signe que l'on emploie et que l'on place en tête de la portée pour faire connaître le nom des notes qui s'y trouvent placées.

Il y a deux sortes de clefs dans le plain-chant : la *clef* d'*ut* qui peut se poser sur chacune des quatre lignes de la portée, et la *clef* de *fa* qui se pose sur les trois premières lignes.

La clef d'*ut* est ainsi appelée parce que la note *ut* se place toujours sur la ligne qui traverse ce signe. Il en est de même pour la clef de *fa*. On distingue les clefs de même espèce par le numéro de la ligne sur laquelle on les place ; ainsi l'on dit : clef d'*ut deuxième ligne*, clef de *fa première ligne*.

Dès que par la position de la clef, on connait l'*ut* ou le *fa* sur une portée, la dénomination des autres notes devient facile, car il suffit de suivre, pour les désigner, l'ordre ascendant ou descendant des notes donné plus haut.

Exemples :

(a) Voir la note A de l'Apppendice sur la manière dont les Anciens représentaient les sons.

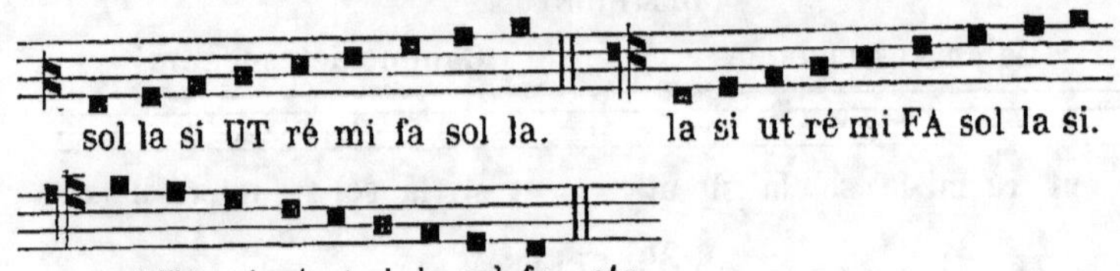

D'où l'on voit qu'en abaissant la clef d'*ut*, on peut placer sur la portée des notes de plus en plus élevées, c'est-à-dire plus aiguës ; et qu'au contraire, en employant la clef de *fa* et en remontant successivement cette clef, on peut placer sur la portée des notes de plus en plus basses, c'est-à-dire plus graves ; disposition qui permet avec quatre lignes seulement de représenter toute l'étendue des notes que parcourt le plain-chant, et qui est communément de deux octaves, du *sol* grave au *la* aigu.

Cependant lorsque, dans un passage, il n'y a qu'une ou deux notes qui doivent sortir de la portée, on emploie quelquefois, afin d'éviter un changement de clef, de petites lignes supplémentaires pour déterminer la position de ces notes, comme dans l'exemple suivant :

l'emploi de ces lignes supplémentaires est très-rare dans nos livres.

Les clefs les plus usitées sont la clef d'*ut* première et deuxième lignes, et la clef de *fa* deuxième ligne. Il est bon de remarquer que la clef de *fa* troisième ligne produit le même effet que la clef d'*ut* première ligne.

§ 4e. VALEUR DES NOTES.

On vient de voir que les notes avec les portées sur lesquelles elles sont placées, sont les signes représentatifs des sons; on donne en outre différentes formes aux notes, pour indiquer la durée des sons qui se nomme communément *valeur des notes*.

En général, dans le plain-chant, on distingue quatre espèces de notes.

La *carrée* ▪ ou *commune*, qui est la plus ordinaire, et qui détermine par la valeur qu'on lui donne, suivant le mouvement du chant, la valeur des autres notes.

La *losange* ◆ ou *brève*, qui ne vaut que la moitié de la carrée, et qui, placée seule sur une syllabe, indique que cette syllabe doit se faire brève (*a*).

La *note à queue* ⁜ qui vaut une carrée et demie ou trois brèves; employée seule sur une syllabe, elle indique que cette syllabe doit se faire longue.

La *double* ▪▪, qui vaut deux carrées réunies en un seul son.

On rencontre en outre fréquemment, dans nos livres de chant, des groupes de notes composés de trois, quatre, cinq et jusqu'à neuf carrées juxtaposées sur le même degré et affectées à la même syllabe : ▪▪▪, ▪▪▪▪, ▪▪▪▪▪.... Ces notes répétées se chantaient autrefois dans l'Ordre d'une seule émission de voix d'autant plus prolongée que les éléments en étaient plus nombreux.

(*a*) Dans nos anciens livres où les notes de diverses valeurs sont en usage, on ne rencontre jamais la losange seule sur une syllabe; cette note n'était autrefois qu'une note d'agrément ou de passage qui accompagnait la note à queue ou la carrée. Avant le XVIe siècle on tenait peu compte des syllabes brèves dans le plain-chant, et on les surchargeait même fréquemment d'un grand nombre de notes, comme on le voit dans nos livres; ce n'est que vers la fin de ce siècle que l'on commença à diviser les syllabes en trois espèces, et à représenter les brèves par une simple losange.

On reviendra plus loin (chap. 2. art. 1.) sur leur mode d'exécution (*a*).

Mais comme en principe, dans le système de plain-chant que nous suivons, toutes les notes doivent se faire égales, nous ne reconnaissons pratiquement qu'une seule espèce de notes, la *carrée*; et dans les anciennes éditions dont nous nous servons encore, principalement celle du grand Antiphonaire imprimé à Pavie, où l'on rencontre les diverses sortes de notes, on les considère comme étant toutes semblables et égales, afin de pouvoir utiliser ces éditions concurremment avec les nouvelles qui n'emploient que la note carrée.

On reviendra d'ailleurs sur cette question lorsqu'on traitera plus spécialement de la Forme du plain-chant Cartusien, et l'on indiquera les quelques exceptions admises à la complète égalité des notes. Dès à présent il convient de savoir que l'on fait usage des notes longues et brèves dans le chant des Leçons, de l'Epître et de l'Evangile, ainsi que

(*a*) On rencontre aussi quelquefois dans nos vieux livres des notes formées par un trait prolongé s'appuyant sur plusieurs lignes de la portée, telles que celles-ci :

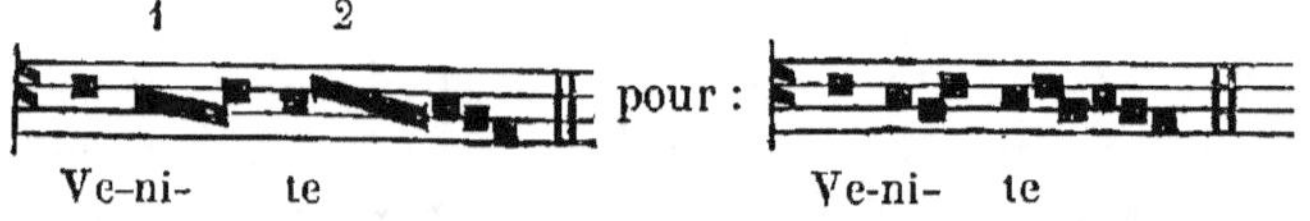

Ces traits représentent deux notes ordinaires qui seraient formées par es extrémités du trait, et jamais davantage ; de telle sorte que le trait nº 2 qui traverse trois degrés, ne représente que les deux degrés extrêmes *ut la.*

Enfin on trouve encore dans nos anciennes éditions des notes superposées comme dans l'exemple suivant :

Ces deux notes doivent se faire l'une après l'autre, en commençant toujours par la note la plus basse.

dans la représentation du chant des psaumes; il est donc nécessaire de connaître la forme et la valeur de ces différentes notes.

REMARQUE. — Il ne faut pas confondre les *notes à queue* avec les notes carrées liées ensemble par de petits traits que l'on nomme *ligatures*; ces traits additionnels indiquent simplement que les notes qu'ils unissent appartiennent à la même syllabe, et doivent se chanter d'une seule émission de voix, mais ils n'en changent pas la valeur.

Exemple :

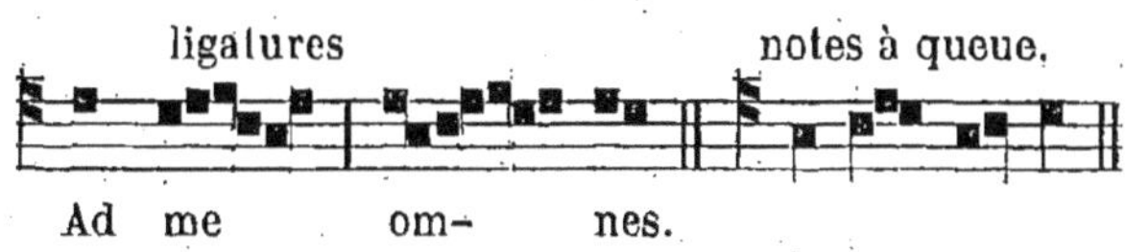

§ 5e. BARRES.

Les *barres* sont des lignes qui traversent la portée perpendiculairement; il y en a de trois sortes : la *petite*, la *grande* et la *double* :

Exemple :

Les *petites barres* séparent simplement les notes de chaque mot; les *grandes* séparent les membres de phrases et marquent les repos que l'on doit faire dans le chant, qui sont en général de la valeur d'une note carrée; les *doubles* indiquent la fin d'une intonation, la fin d'un morceau ou de ses parties principales. On ne rencontre guère ces trois espèces de barres que dans notre Antiphonaire diurnal et dans certains de nos recueils d'hymnes. Dans les Graduels on a partout supprimé la petite barre, ce qui rend le chant plus précis, toutes les barres indiquant alors un repos; il

2.

en est de même pour les antiennes du psautier. Dans nos grands Antiphonaires, au contraire, on a séparé tous les mots par de grandes barres, de telle sorte qu'on ne distingue plus où les repos doivent se faire, défectuosité à laquelle on est obligé de suppléer par l'usage, comme il sera indiqué plus loin.

§ 6e. INTERVALLES.

On appelle *ton* l'intervalle qui sépare deux degrés consécutifs de la voix lorsqu'elle monte ou lorsqu'elle descend ; ainsi on dit qu'il y a un *ton* entre le son d'*ut* et celui de *ré* (a). Et en général, on appelle *intervalle* dans le plainchant, la distance *estimée en tons* d'une note à une autre note quelconque. La distance d'une note à la note suivante n'est pas la même dans toute l'étendue de la gamme; on y distingue des *tons* et des *demi-tons* qui sont disposés de la manière suivante :

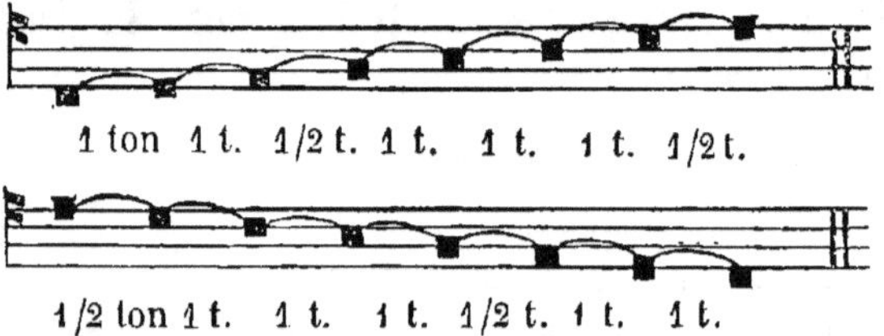

Ainsi la gamme naturelle est composée de *cinq tons* et de *deux demi-tons*, et les demi-tons se trouvent placés entre *mi* et *fa*, et entre *si* et *ut*.

Il y a dans la gamme sept intervalles différents qui ont chacun un nom particulier ; ils sont figurés et désignés dans l'exemple suivant ; dans cet exemple on a pris l'*ut* pour point de départ commun à tous les intervalles, mais on peut les compter à partir d'une note quelconque. Un inter-

(a) Le mot *ton* est encore pris dans d'autres acceptions ; elles sont indiquées à la fin du § 1er de l'article suivant : *Modes*.

valle est dit *supérieur* ou *inférieur*, selon qu'on le considère comme allant du grave à l'aigu, ou de l'aigu au grave.

Intervalles.

Ainsi lorsque deux notes ascendantes ou descendantes se suivent immédiatement, l'intervalle se nomme *seconde*.

Lorsque, du point de départ au point d'arrivée, il y a trois degrés dont l'intermédiaire est supprimé, cet intervalle est une *tierce*; elle est *majeure* lorsqu'elle renferme deux tons entiers, comme *UT-mi*, *FA-la*; elle est *mineure* lorsqu'elle ne renferme qu'un ton et un demi-ton, comme *RE-fa*, *LA-ut*, (*a*).

La *quarte* est l'intervalle compris entre quatre degrés; elle est ordinairement *mineure* ou *juste*, c'est-à-dire qu'elle renferme deux tons et un demi-ton, comme *UT-fa*, *MI-la*. Elle est *majeure* lorsqu'elle renferme trois tons, comme *FA-si*, et alors on l'appelle *triton* (*b*).

La *quinte* est l'intervalle compris entre cinq degrés, comme *UT-sol*, *FA-ut*, *SOL-ré*. Elle contient ordinairement trois tons et un demi-ton, et alors elle est appelée *quinte juste*; on lui donne le nom de *fausse quinte* ou *quinte mineure*, lorsqu'elle ne contient que deux tons et deux demi-tons, comme *Si-fa*.

La *sixte* est l'intervalle compris entre six degrés, comme

(*a*) Dans tous les intervalles donnés pour exemples, on a mis en majuscules le nom de la note la plus grave.

(*b*) C'est cet intervalle de *quarte majeure* ou *triton* que les anciens appelaient *Diabolus in musicâ*, et qu'ils évitaient avec soin à cause de la sensation désagréable qu'il produit. La *quinte mineure* ou *fausse quinte* *SI-fa*, composée de deux tons et deux demi-tons, est le renversement ou complément du triton *FA-si*; elle produit sur l'oreille absolument le même effet que ce dernier, et doit être évitée de même.

UT-la, *RÉ-si*; la *septième* est l'intervalle compris entre sept degrés, *UT-si*; et l'*octave* est l'intervalle compris entre les huit degrés d'une gamme, *UT-ut*, *Ré-ré*.

Dans le plain-chant on n'emploie généralement que les intervalles de *seconde*, *tierce majeure* et *mineure*, *quarte juste* et *quinte juste*, rarement celui de *sixte*, par mouvement *direct*, c'est-à-dire sans notes intermédiaires; tous les autres intervalles ne sont employés que par mouvement *indirect*, c'est-à-dire au moyen de notes intercallées.

L'étude des intervalles est très-importante, et on ne chantera jamais avec assurance, si l'on ne sait pas apprécier et exprimer promptement et exactement avec la voix les divers rapports des sons entre eux. C'est surtout le sentiment de la *tierce* et de la *quinte* qu'on doit s'attacher à acquérir, parce que ce sont les intervalles qui se rencontrent le plus fréquemment, et que la *tierce* offre en outre une certaine difficulté en ce qu'elle est tantôt *majeure* et tantôt *mineure* (a).

§ 6º. BÉMOL.

Le *bémol* est un signe ♭ qui se place devant le *si* pour indiquer que cette note doit être baissée d'un demi-ton (b).

En principe, dans le chant Grégorien, le bémol ne doit être employé que lorsqu'on a à éviter l'intervalle de *quarte majeure* ou *triton FA-si*, ou celui de *quinte mineure* ou *fausse quinte SI-fa*; cependant on le trouve fréquemment dans des

(a) Voir à l'Appendice l'Exercice nº 1 sur les divers intervalles.

(b) Dans l'ancienne notation du plain-chant le *si* était représenté par la lettre B; et lorsque cette note devait être abaissée d'un demi-ton, elle prenait l'épithète de *mol*, c'est-à-dire *adouci*; d'où est venu le nom de *bémol*.

Le mot *bécarre* vient semblablement de B *quarre* ou *carré*, c'est-à-dire, *dur*, *entier*, ou ramené à sa position naturelle.

passages où ces intervalles n'existent pas ; on en donnera
plus loin le motif (a).

(a) Voici, d'après le R. P. Lambillotte, la théorie des Anciens sur les
intervalles de *triton* et de *quinte mineure*.

Règle du triton. — Il n'est jamais permis de descendre du *si* ♮ au *fa*,
ou de monter du *fa* au *si* ♮, en s'arrêtant sur l'une des quatre notes *fa*,
sol, *la*, *si*, soit par mouvement *direct*, soit même au moyen de notes
intercalées. Ainsi les passages suivants et autres semblables sont fautifs :

Pour éviter le triton dans tous ces passages, hormis le dernier, les
Anciens faisaient usage du *si* ♭ ou haussaient le *fa* d'un *demi-ton* si la
mélodie était du 7e ou 8e mode ; car l'emploi du *si* ♭ dans ces deux
modes les aurait rendus en tout semblables au 1er et au 2e, ce qui
n'était pas toléré. (Dans le chant Cartusien, l'usage du dièze est banni
dans tous les modes.)

Exceptions. — Il est permis dans un même trait mélodique de faire
entendre *si* ♮ et *fa*,

1o quand il existe certaines notes intermédiaires qui enlèvent la dureté
du triton, un *ut*, par exemple :

2o quand en descendant du *si*, le *mi* vient aussitôt après le *fa* :

5o quand en montant du *fa*, l'*ut* vient aussitôt après le *si* :

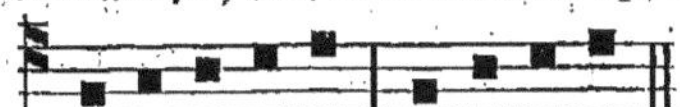

Règle de la quinte mineure. — Il est défendu de parcourir *directement*,
sans notes intermédiaires, les intervalles de *quinte mineure* SI♮-*fa*, MI-
si ♭, soit en descendant, soit en montant ; mais on peut aller d'une de
ces notes à l'autre par des notes intermédiaires, comme :

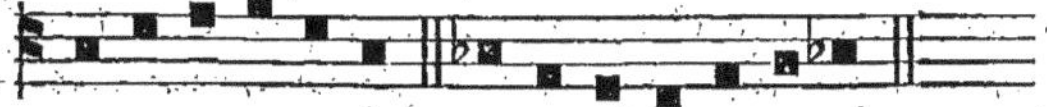

(*Esthétique théorique et pratique du chant Grégorien*, pag. 551 *et suiv.*)

A une époque où le plain-chant s'est éloigné des bonnes traditions, on a aussi affecté du bémol la note *mi*; mais le chant Grégorien ne reconnait que le *si* comme susceptible de cette altération.

Le bémol est *continuel* ou *accidentel*; il est *continuel* quand il se trouve placé immédiatement après la clef sur l'inter-ligne des *si*, et alors il étend son influence sur tous les *si* de la portée (*a*); il est *accidentel* lorsqu'il est placé devant un *si* dans le courant de la portée, et il n'affecte alors que la note devant laquelle il se trouve, ou au plus les autres *si* qui le suivent jusqu'à la première barre.

Exemple :

bémol continuel   bémol accidentel.

Dans quelques livres de plain-chant on se dispense fréquemment d'écrire le bémol, laissant le soin au lecteur de l'employer toutes les fois que le triton ou la fausse quinte sont à éviter. Il en était ainsi primitivement de notre Antiphonaire de Pavie, mais on a généralement remédié aujourd'hui dans nos livres à cette difficulté qui est une source de discordances dans le chant; et, à l'exception d'un petit nombre de passages, on y a placé le signe du bémol partout où il doit être observé. Il faut donc admettre comme règle générale dans notre chant, que le *si* est naturel partout où il n'est pas précédé du signe du bémol continuel ou accidentel.

(*a*) L'expression usitée de *bémol continuel* est impropre dans le plain-chant; car soit que ce signe affecte un ou plusieurs *si* ou même tous les *si* d'un morceau, comme cela arrive quelquefois, il conserve toujours le caractère d'accidentel; ce n'est que dans la musique que le bémol est *essentiel*, *constitutif* de certains tons, et par suite continuel dans toute leur étendue.

Les anciennes Méthodes donnent aussi le nom de *ZA* au *si* bémol, mais cette dénomination est généralement abandonnée aujourd'hui.

Dans la plupart de nos grands Antiphonaires imprimés à la main le *si* bémol est indiqué par cette note ⯃ qui porte avec elle sa propre qualification, et qui nous est particulière (*a*).

§ 7e. BÉCARRE.

C'est un signe ♮ qui détruit l'effet du bémol, c'est-à-dire qui, placé devant un *si* précédemment abaissé par le ♭, le rétablit dans son état naturel. Le *bécarre* ne s'emploie généralement que lorsque le bémol est continuel, ou lorsqu'entre deux barres plusieurs *si* doivent être alternativement bémols et naturels; il est inutile après un simple bémol accidentel, car il est de règle que ce dernier n'affecte que le *si* devant lequel il est placé; cependant on trouve quelquefois le bécarre employé dans ce cas, pour prévenir les fautes d'inattention.

§ 8e. DIÈZE.

On rencontre encore dans certains livres de plain-chant un signe ♯, appelé *dièze*, qui se place devant le *fa*, et qui indique que cette note doit être haussée d'un demi-ton. Ce signe est d'origine moderne et n'existe pas dans le chant Grégorien, bien qu'anciennement on employât aussi dans certains cas le *fa* dièze au lieu du *si* bémol pour éviter le triton. A part un petit nombre d'exceptions qui seront indiquées, le dièze n'est pas usité dans notre chant.

Dans les livres qui font usage de ce signe, le bécarre remplit à son égard le même rôle qu'à l'égard du bémol.

(*a*) Cette note a été employée pour la première fois dans un Antiphonaire provenant de la Chartreuse de Villeneuve et daté de 1700, ainsi que nous l'apprend la préface de cet ouvrage qui est en notre possession.

§ 9e. GUIDON.

Le *guidon* est une petite note à queue ❡♭ que l'on place à la fin de chaque portée, ou dans le courant d'une portée immédiatement avant un changement de clef, et qui indique la note par laquelle commence la portée suivante ou la partie de la portée qui se trouve après le changement de clef.

L'emploi du *guidon* est très-important surtout à cause du fréquent changement de clef d'une portée à l'autre, changement qui ne frappe nullement la vue ; on doit donc prendre l'habitude de le lire régulièrement.

§ 10e. CONCORDANCE DES NOTES AVEC LES PAROLES.

On reconnait que des notes appartiennent à une même syllabe, lorsqu'elles sont contiguës les unes aux autres, ou lorsqu'étant séparées par des intervalles de tierce, quarte, quinte, etc., elles sont liées ensemble par des ligatures. Au contraire, on est prévenu qu'il y a changement de syllabe, lorsque les notes ont entre elles une séparation assez notable. Cette observation est surtout importante pour la lecture des livres imprimés à la main, dans lesquels il arrive quelque fois que les syllabes ne sont pas exactement placées sous les notes qui leur appartiennent.

Exemple de représentation régulière :

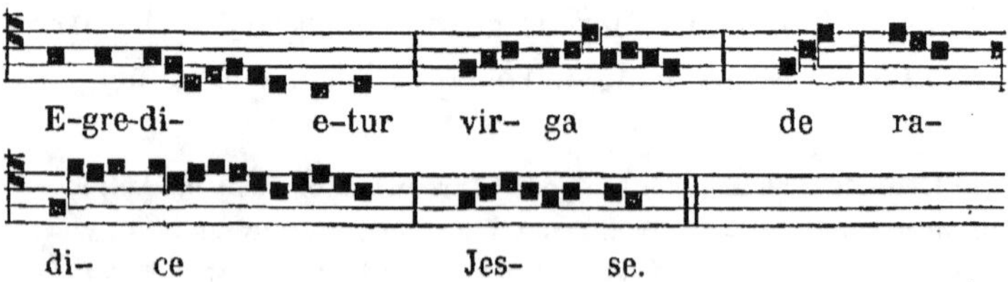

ARTICLE II.

DES MODES OU TONS DU PLAIN-CHANT.

—

§ 1er. CE QU'ON ENTEND PAR MODES.

On a dit dans l'article précédent que la gamme naturelle ou échelle diatonique se compose de cinq tons et de deux demi-tons, et que les demi-tons occupent invariablement les intervalles de *mi* à *fa* et de *si* à *ut*.

Dans la gamme qui a *ut* pour point de départ, les demi-tons se trouvent entre le 3e et le 4e degrés, et entre le 7e et le 8e; dans celle qui commence par *ré*, ils sont entre le 2e et le 3e degrés, et entre le 6e et le 7e; et en général la position des demi-tons, par rapport au point de départ de la gamme, change avec la note placée à ce point de départ.

Exemple :

1/2 ton   1/2 ton

ut ré mi fa sol la si ut

ré mi fa sol la si ut ré

mi fa sol la si ut ré mi. etc.

C'est cette place qu'occupent les demi-tons dans une gamme, qui constitue ce que l'on appelle son *Mode*; parce qu'il en résulte un caractère particulier pour les morceaux de chant composés dans son étendue et avec ses éléments.

Et en général on nomme *Modes* dans le plain-chant, les gammes ou échelles diatoniques diverses dans lesquelles la position des demi-tons est différente par rapport à la note prise pour point de départ.

Comme on peut commencer la gamme par l'une des sept notes, il en résulte autant de gammes ou de modes différents, c'est-à-dire sept; mais habituellement on supprime ceux qui ont entre eux de la ressemblance, et on ne fait usage que des quatre modes principaux ou gammes dont les finales sont *ré, mi, fa, sol*; et c'est en divisant chacun de ces modes en deux, le *grave* et l'*aigu*, que l'on obtient les *huit modes ou tons réguliers* du plain-chant.

Ces huit modes forment ce que l'on appelle la *tonalité Grégorienne* qui est entièrement distincte de la tonalité de la musique moderne. Celle-ci ne compte que deux modes, le *mode majeur* et le *mode mineur*, c'est-à-dire deux espèces de gammes caractérisées par la première tierce qui dans l'une est majeure, et dans l'autre mineure.

Exemple :

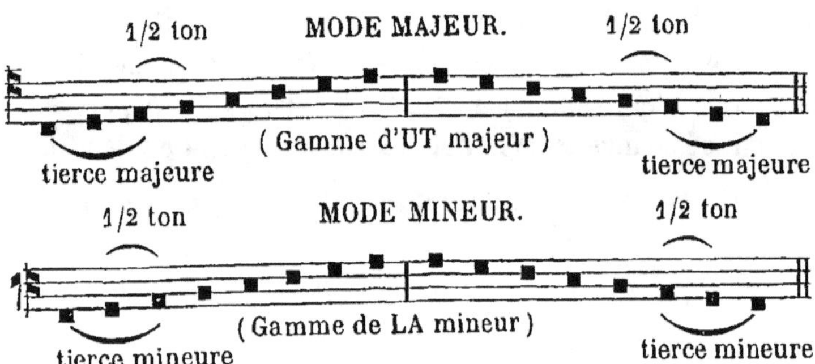

Ainsi, dans le système moderne, toutes les gammes que l'on peut former, en partant des divers degrés de la voix, sont ramenés à ces deux types par une altération convenable de leurs intervalles naturels, au moyen d'un nombre suffisant de dièzes ou de bémols intercalés entre ces intervalles; ce qui a fait donner à ce système le nom de *chromatique* (a). Et, en résumé, ce qui constitue la différence qui existe entre le système du plain-chant ou *diatonique*, et le système moderne ou *chromatique*, c'est que dans le premier les demi-

---

(a) Gamme *diatonique*, c'est-à-dire qui procède par tons et demi-tons naturels. — Gamme *chromatique (colorée, variée, adoucie)* c'est-à-dire qui procède par intervalles de demi-tons.

tons naturels occupent une position invariable, quel que soit le point de départ de la gamme ; tandis que dans le second ils se transportent successivement d'un degré à un autre , afin de ramener toutes les gammes possibles à deux types déterminés (*a*).

D'où l'on voit que la tonalité Grégorienne est plus riche et plus variée dans ses éléments ; elle possède en effet de très-grandes ressources pour rendre tous les sentiments de l'âme , et surtout le sentiment religieux. Mais la tonalité moderne flatte davantage les sens , et comme on y est habitué dès l'enfance, elle fait généralement perdre le sentiment des vraies beautés du chant Grégorien, que peu de personnes sont aujourd'hui à même de bien comprendre (*b*).

On donne aussi aux *modes* le nom de *tons* , et cette désignation étant la plus commune sera celle qu'on emploiera désormais dans le cours de cette Méthode (*c*).

(*a*) L'intercalation d'un demi-ton entre chacun des tons entiers de la gamme naturelle, donne les douze demi-tons qui composent la gamme chromatique.

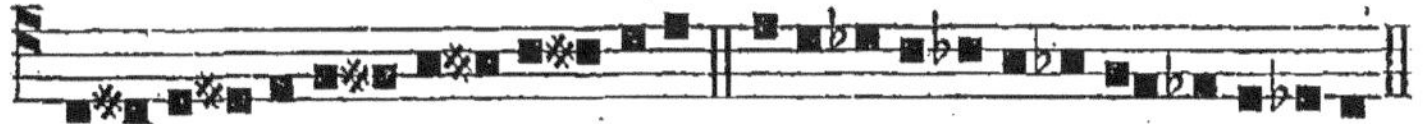

(*b*) On peut voir à ce sujet ce que dit le R. P. Lambillotte , *Esthétique du chant Grégorien, pag.* 340.

(*c*) Il convient de remarquer que le mot. *ton* se prend dans trois acceptions différentes :

1º Il exprime l'intervalle qui sépare deux degrés consécutifs de la voix, lorsqu'elle monte ou qu'elle descend ; ainsi on dit qu'il y a un ton d'*ut* à *ré* , un demi-ton de *mi* à *fa.* 2º Il signifie encore un simple son, une émission de voix soutenue à la même hauteur ; c'est dans ce sens que l'on dit : *prendre le ton , soutenir le ton , relever le ton.* 3º Enfin le mot *Ton* est synonyme de *mode* , et c'est ce qu'il exprime dans le présent article; dans cette dernière acception, il sera distingué dans le courant de cet ouvrage par une lettre majuscule.

§ 2e. DES TONS RÉGULIERS.

Il existe huit Tons réguliers dans le plain-chant, c'est-à-dire huit échelles diatoniques ou gammes différentes sur lesquelles les diverses pièces de chant ont été composées, et d'où elles tirent les caractères particuliers qui les distinguent ; ou en d'autres termes : l'ensemble des morceaux du plain-chant se classe en huit catégories distinctes qui affectent des formes spéciales, des manières de commencer, de se développer et de finir, produisant des modulations variées, des caractères divers, propres à exprimer les différents sentiments de l'âme.

Chaque Ton a deux notes caractéristiques qui servent à le faire reconnaître : 1° la note par laquelle le chant se termine et qui se nomme *finale* (a) ; 2° la note sur laquelle roule principalement le morceau et qui, ordinairement, est la plus fréquente ; celle qui domine presqu'entièrement dans le chant des psaumes, des leçons, et que pour cela l'on nomme *dominante.*

Voici le tableau des *finales* et des *dominantes* des huit Tons réguliers :

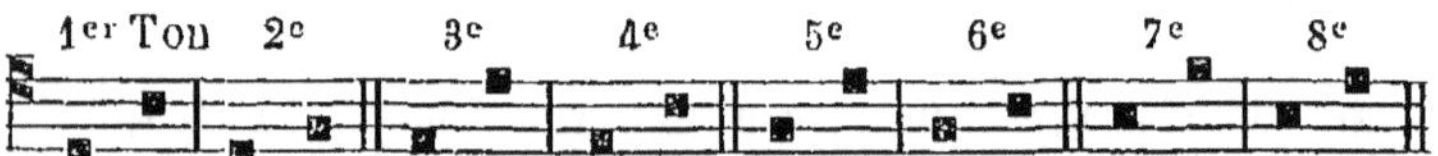

Les notes inférieures désignent les *finales*, et les supérieures les *dominantes* (b).

(a) Il est cependant quelques morceaux qui se terminent par la dominante.

(b) Un moyen mnémonique pour retenir facilement toute la série des dominantes, est de la diviser en trois parties, ainsi qu'il suit :

	1	2	3
	la ——— fa ——— ut		
	4		5
	la —————————— ut		
	6	7	8
	la ——— ré ——— ut		

Chaque partie

Il faut remarquer qu'une même finale est commune à deux Tons différents, savoir: à chaque Ton pair et au Ton impair qui le suit.

La dominante des Tons impairs est la quinte au-dessus de leurs finales, à l'exception de celle du 3e qui est *ut* au lieu de *si*; la dominante des Tons pairs est la *tierce* au-dessous de la dominante du Ton impair qui les précède, à l'exception de celle du 8e Ton qui est également *ut* au lieu de *si*. Le *si* n'a pas été admis comme dominante parce que c'est une note variable susceptible d'être altérée par le bémol.

Les Tons sont dits *Réguliers*, lorsqu'ils se terminent sur une des finales du tableau précédent, savoir : *RÉ, MI, FA, SOL*; ils sont dits *Irréguliers*, lorsqu'ils ne se terminent sur aucune de ces finales.

Les huit Tons réguliers se divisent en deux classes : les *Impairs*, savoir les 1er, 3e, 5e et 7e, que l'on nomme aussi *Principaux*, *Authentiques* et *Maîtres*, parce que ce sont les Tons primitifs, originaux; et les *Pairs*, savoir les 2e, 4e, 6e et 8e., nommés aussi *Dépendants*, *Plagaux* et *Disciples*, parce que chacun d'eux dérive de l'impair qui le précède; le 2e provenant du 1er, le 4e du 3e, etc (a). On nomme encore *Compairs* les Tons pris ainsi deux à deux et qui ont une même finale.

On appelle en outre les impairs, *Tons Supérieurs*, parce qu'ils ont leur étendue au-dessus de la finale, et les pairs, *Tons Inférieurs*, parce que leur étendue est en partie au-

·commence par *la* et finit par *ut*.

On se servait aussi autrefois de la formule suivante qui donne en même temps les dominantes et les finales :

Pri. *ré la*; sec. *ré fa*; ter. *mi ut*; quart. quoque *mi la*;

Quint. *fa ut*; sext. *fa la*; sept. *sol ré*; oct. dicito *sol ut*.

(a) On attribue à St Ambroise l'application des Tons authentiques aux chants liturgiques; les modes plagaux furent ajoutés par St Grégoire, lors de la réforme dont il est l'auteur.

5.

dessus et en partie au-dessous de la finale, caractère qui résulte de leur formation. Pour les former, en effet, on a divisé l'étendue de l'échelle de chaque Ton impair en deux parties, savoir en une quinte et une quarte se succédant à partir de la finale, et on a reporté au-dessous de cette finale la quarte supérieure; de telle sorte que chaque Ton impair et le Ton pair qui en dérive ont la même *finale*, la même *quinte* et la même *quarte*; mais ils diffèrent en ce que dans le Ton pair ou inférieur, la quarte a été transportée de l'aigu au grave.

Le tableau suivant donnera une idée plus précise de cette formation; il indique en même temps la disposition des intervalles et l'étendue de chacun des huit Tons Réguliers.

En dehors de l'étendue de la gamme qui leur est propre, les Tons supérieurs descendent fréquemment d'une note, et accidentellement de deux notes au-dessous de leur finale; pareillement les Tons inférieurs s'élèvent quelquefois d'une ou deux notes au-dessus de la quinte supérieure. Il est bon d'observer que la clef de *fa* est spécialement affectée au 2e Ton qui est le plus bas de tous, cependant cette clef est aussi employée accidentellement pour d'autres Tons. Il en est de même de la clef d'*ut* 2e ligne par rapport aux 5e et 7e

Tons qui sont les plus élevés. Quand les notes doivent sortir de la portée on les y ramène par un changement de clef, ainsi qu'il a été expliqué à l'Article 1er. Il faut encore remarquer que les 5e et 6e Tons usent plus particulièrement du *si* ♭ qui leur est nécessaire pour adoucir la fréquente relation du *si* avec leur finale *fa*. Il est aussi des Tons qui réunissent en tout ou en partie l'étendue d'un Ton supérieur et de l'inférieur correspondant ; on les nomme *Mixtes* (a).

Enfin chacun des huit Tons a reçu des Anciens, un nom particulier exprimant le caractère qui lui est propre, savoir :

1us Gravis.	5us Lætus.
2us Tristis.	6us Devotus.
3us Mysticus.	7us Angelicus.
4us Harmonicus.	8us Perfectus.

§ 3e. DES TONS IRRÉGULIERS.

On nomme *Tons Irréguliers* ceux qui, sans être transposés, ont une dominante et une finale différentes de celles des Tons réguliers ; ils ont par conséquent pour finale une des trois notes *LA*, *SI*, *UT*.

A part un très petit nombre d'exceptions, les Tons irréguliers ne sont pas en usage dans notre chant ; et pour ne pas compliquer davantage cet article, on renvoie d'en parler plus au long dans la note C de l'Appendice qui traite de l'origine et de la formation des Tons du plain-chant.

(a) Comparativement aux modes du système moderne, les Tons du plain-chant se classent de la manière suivante : Le 1er et le 2e sont du *mode mineur* parce que la première tierce à partir de leur finale est *mineure* ; les 3e et 4e sont du même mode, mais comme dans leur première tierce le demi-ton est placé entre le premier et le deuxième degré, au lieu d'être entre le troisième et le quatrième, on distingue ce mode par la désignation de *mineur inverse*. Les 7e et 8e Tons sont du *mode majeur*, parce que la première tierce à partir de leur finale est *majeure* ; les 5e et 6e sont du même mode, en supposant toutefois l'emploi du *si* ♭.

Il ne faut pas confondre les Tons irréguliers avec ceux qui sont simplement transposés. On nomme *Ton Transposé* celui qui, transporté sur une échelle de sons plus basse ou plus haute, reproduit exactement la disposition des inter-valles du Ton primitif à l'aide du *si* bémol. Il n'existe dans notre chant qu'un seul Ton de ce genre, c'est le 4e *Ton* (régulier) *Transposé*, fréquemment employé dans les psau-mes, et auquel sont affectées trois terminaisons. Ce Ton a pour notes caractéristiques les suivantes :

4e Ton transposé.

Finale.   Dominante.

§ 4e. OBJET PRATIQUE DE CET ARTICLE.

Il n'existe dans nos anciens livres aucun signe qui indique le Ton auquel appartient chaque pièce de chant, ainsi que cela a généralement lieu dans les livres propres aux autres Rites. C'est une difficulté que l'on doit s'exercer à vaincre, car la connaissance des Tons est indispensable dans beau-coup de cas. Ainsi il faut nécessairement savoir distinguer les Tons :

1o Pour entonner les psaumes ;

2o Pour chanter le *Gloria Patri* qui suit le dernier répons de chaque nocturne de Matines ;

3o Pour entonner sur un Ton convenable les divers mor-ceaux de chant, eu égard à leur étendue dont l'échelle varie, par rapport à la finale, suivant qu'ils appartiennent à un Ton *supérieur* ou *inférieur.*

Voici donc quelques règles pour connaître le Ton de cha-que morceau.

L'on a dit plus haut que chaque Ton se distinguait par sa *finale* et par sa *dominante* ; et comme une même finale est commune à deux Tons consécutifs , en connaissant la finale d'un morceau il ne peut y avoir d'hésitation qu'entre ces deux Tons. Il convient de remarquer à ce sujet que dans les répons ce n'est pas la dernière note du verset qui en est la finale, mais la dernière note de la réplique, c'est-à-dire du répons lui-même ; il en est de même pour le *Gloria Patri*. Dans les *Alleluia* qui suivent l'Epître, c'est aussi la dernière note de la reprise qui indique la finale.

Quant à la *dominante*, elle est généralement plus difficile à reconnaître. Il faut d'abord pour la trouver se ressouvenir de la règle donnée plus haut, qui indique la position qu'elle occupe dans tous les Tons par rapport à la finale ; puis reconnaître quelle est celle des deux dominantes appartenant à la même finale qui s'accorde le mieux avec le morceau en examen.

Dans les répons des 1er, 3e, 4e, 5e et 7e Tons, le verset commence par la dominante ; dans ceux des 2e et 8e Tons, il commence par quelques notes qui y conduisent aussitôt ; quant au 6e Ton, le verset commence par la finale *fa*, et arrive à sa troisième note au *si* ♭.

Exemple :

Pour les antiennes, la dominante est toujours indiquée par la note qui suit immédiatement l'intonation du psaume auquel elles appartiennent.

Mais il est un moyen plus facile de reconnaître le Ton de toute espèce de morceaux, qui est fondé sur la constitution même des Tons et la qualité qu'ils ont, comme on l'a dit plus haut, les *impairs*, d'être, quant à leur étendue, *supérieurs*, et les *pairs*, en partie *inférieurs* à la finale. Si donc un morceau monte au-dessus de la finale, de sept ou huit notes, et ne descend au-dessous que d'une seule note, ou de deux au plus *accidentellement*, le Ton est *impair* ; et au contraire tout chant qui descend de trois ou quatre notes au-dessous de sa finale, sans s'élever de plus de cinq à six notes au-dessus, est d'un Ton *pair* ; caractères qui, avec la connaissance de la finale seule, permettent de distinguer tous les Tons. Cependant on rencontre assez souvent des morceaux dans lesquels le Ton ne déroule pas toute son étendue, et pour lesquels la méthode précédente peut se trouver en défaut ; il est alors nécessaire de rechercher la dominante comme il a été dit plus haut, les deux méthodes se prêtant ainsi un secours mutuel.

Quant au Tons *mixtes*, ils sont réputés appartenir au Ton impair dont l'échelle entre dans leur étendue.

Enfin la connaissance du caractère et du style de chaque Ton du plain-chant, est d'un grand secours pour chanter avec goût et assurance. Ceux qui la possèdent prévoient, en chantant une phrase de chant, celle qui doit la suivre ; de telle sorte qu'ils sont dans une espèce d'impossilité de détonner. Il est donc très avantageux d'acquérir cette connaissance, et les Novices devront s'y attacher, tout au moins en ce qui concerne le chant des versets des grands répons, qui leur incombe spécialement ; un bon moyen pour y parvenir, sera d'apprendre par cœur les *Gloria Patri* des huit Tons, qui sont comme les types de tous les versets (*a*).

ARTICLE III.

RÈGLES GÉNÉRALES DE L'EXÉCUTION DU PLAIN-CHANT.

—

§ 1ᵉʳ. DE LA VOIX ET DE LA MANIÈRE DE CHANTER.

Il faut s'appliquer à chanter simplement, d'une manière uniforme, sans affectation ni négligence et avec la voix

---

(*a*) Voir à l'Appendice l'Exercice nº 2, qui donne les *Gloria Patri* des huit Tons.

naturelle ; ceux pourtant qui ont la voix très forte, doivent tâcher de l'adoucir, afin de ne point couvrir les autres voix, et de ne pas être ainsi pour tout le chœur un sujet de fatigue.

Le plain-chant doit en outre se chanter tel qu'il est ; d'une part, en rendant les notes nettement et par le ton qui leur convient, évitant les tremblements de la voix, les notes d'agrément et autres ornements semblables qui défigurent le chant ; d'autre part, en faisant sentir toutes les notes, surtout quand on chante seul, mais de manière à lier ensemble celles qui appartiennent à la même syllabe, par un son de voix uniforme, non saccadé, et convenablement soutenu ; et en évitant avec soin de marteler chaque note par un coup de gosier, et de prononcer les voyelles comme si elles étaient précédées d'un *h* aspiré : *hâ, hé, hi, hô, hû*. Il faut aussi éviter de faire entendre un *ï* entre les voyelles qui se suivent : *Dëius meïus, Israïel, meïa* ; de changer le son des voyelles pour se donner plus de commodité dans le chant : *O creux ava, spas euneca* ; et autres défauts semblables qui rendent le chant ridicule.

Enfin, on doit encore prononcer correctement tous les sons par une ouverture convenable de la bouche, et de manière à ne pas faire entendre diverses sortes de voix sur la même note ; articuler toutes les syllabes sans précipitation ni lenteur ; donner à chaque syllabe toutes les notes qui lui appartiennent ; respirer à propos, de manière à ne pas interrompre les phrases de la mélodie, et à ne point couper par la respiration deux mots qui doivent être liés, surtout quand on chante seul.

La position du corps influant beaucoup sur la qualité des sons de la voix et sur la facilité du chant, il faut, quand on chante, tenir le corps droit et éviter de pencher la tête soit en avant, soit en arrière.

Lorsque, dans le courant d'un morceau, il arrive qu'on manque de chanter quelques notes par suite d'une interruption accidentelle, ou d'un besoin de respirer entre deux pauses, il ne faut pas, en recommençant, revenir sur ces notes, mais les passer et reprendre le chant au point où le chœur se trouve actuellement.

On doit éviter avec grand soin de prolonger la voix sur la dernière note avant un repos; mais à la fin des pièces de chant et de leurs parties principales, indiquées par une double barre, il faut appuyer davantage sur la pénultième note ou sur l'antépénultième, si la pénultième appartient seule à une syllabe brève; cette prolongation de la voix se nomme *tenue*. Quant à la dernière note, elle doit toujours être coupée court, sans quoi on rend le chant lourd, et on produit des queues qui détruisent bientôt l'ensemble.

Lorsqu'une syllabe est terminée par une consonne, on ne fait sentir cette consonne dans le chant que sur la dernière des notes qui appartiennent à cette syllabe. Il convient cependant, par exception, de faire sentir la consonne finale, dans le chant des versicules avec neume, avant la pause qui précède le neume, et au commencement des versets du 8e Ton, avant la pause qui partage uniformément le premier neume.

§ 2e. DU TON OU HAUTEUR DE LA VOIX.

Il est de règle qu'il faut prendre, autant que possible, toutes les pièces à une hauteur convenable et constante dans toute la suite d'un même office, car c'est un grand défaut de chanter tantôt trop haut, tantôt trop bas. Le chœur, de son côté, doit s'attacher à soutenir le ton, et ceux dont la voix baisse naturellement doivent faire effort pour l'y maintenir, rien n'étant plus disgracieux et plus fatigant qu'un chant qui semble s'éteindre et mourir à mesure qu'il avance.

Le ton est réglé par le chantre; il varie un peu suivant

la nature de l'Office ; pour les solennités, on prend environ un ton plus haut que pour les jours fériaux. Les chantres doivent, dans tous les cas, régler leurs intonations suivant la nature des voix, de telle sorte que tous puissent les suivre sans trop d'efforts, ainsi que le leur prescrit notre Statut (a).

Lorsque le chantre entonne, il chante seul la partie qui lui est assignée, selon la nature de la pièce ; et, faisant après l'intonation une courte pause, il reprend la suite le premier, et le chœur doit le suivre sans retard en se conformant à son ton et à sa mesure (b).

Lorsque les chœurs se répondent, ou que le chœur entier répond soit au prêtre hebdomadaire, soit au diacre, soit au petit chantre, et réciproquement, tous doivent constamment prendre le même ton que celui auquel ils répondent, en ayant soin de ne pas commencer avant que la partie opposée n'ait achevé.

Si une intonation sort sensiblement du ton convenable, c'est au chantre de semaine à la corriger en continuant le chant ; et en général c'est à lui à prendre l'initiative avec diligence et vigueur pour donner, soutenir ou corriger le

. (a) Cet article du Statut doit s'entendre de la majorité des voix ; car, pour une ou deux voix extraordinaires, il ne conviendrait pas de maintenir le ton du chœur en dehors des limites qui sont naturelles au plus grand nombre.

. (b) Le Statut dit à cet égard : « atque pausam faciens brevem, » mais il ne prescrit pas de reprendre sans temps d'arrêt et avec précipitation la suite de l'intonation, ce qui est contraire à la gravité du chant. Bien qu'en donnant cette règle, le Statut semble ne l'appliquer qu'aux hymnes et aux psaumes, elle est cependant d'une utilité plus grande encore pour les morceaux de plain-chant proprement dit ; car la première note qui suit leur intonation étant souvent difficile à saisir, si le chantre n'a pas soin de l'indiquer assez à temps, il se produit de l'hésitation dans le chœur ; pour les psaumes elle est moins utile, parce que la seconde partie du verset commence toujours par la dominante déjà indiquée par l'intonation.

ton, toutes les fois que cela est nécessaire ; de ce soin dépend la marche régulière du chœur.

Si le prêtre hebdomadaire ou l'un des chantres se trompe, le chœur ne doit point répondre, mais attendre que l'erreur ait été réparée.

Quand il y a cacophonie dans le chœur, tout le monde doit se taire jusqu'à ce que le chantre, ou à son défaut le correcteur, ait rétabli le ton.

Règles pour l'Intonation.

La bonne exécution du chant dépend en grande partie des intonations ; elles exigent, plus que tout le reste, de la méthode et de l'exercice. Outre que les notes qui composent l'intonation d'une pièce doivent être chantées avec justesse, il faut encore qu'elles soient prises sur un ton convenable, ni trop haut ni trop bas, de manière à permettre à la voix de fournir facilement tout le parcours du morceau.

Le moyen pratique de bien entonner, est d'examiner d'abord l'étendue de l'échelle de la pièce ; puis de reconnaître la position qu'occupe dans cette étendue la première note de l'intonation, et de la prendre dans le haut ou dans le bas, ou dans le médium de la voix, selon qu'elle est plus rapprochée de la plus haute ou de la plus basse note du morceau, ou qu'elle se trouve à égale distance de l'une et de l'autre.

Mais il y a une méthode plus générale pour bien entonner qui résulte de la constitution même des Tons et de la qualité qu'ils ont d'être, comme on l'a vu dans l'article précédent : les impairs, supérieurs à la finale, les pairs, en partie, inférieurs à la même finale. Cette méthode peut se formuler dans les deux règles suivantes :

1re Règle. — *La finale des Tons impairs ou supérieurs doit se prendre vers le bas de la voix, parce que cette note est une des plus graves de ces Tons.*

2e Règle. — *La finale des Tons pairs ou inférieurs doit se*

*prendre vers le médium de la voix, parce que cette note se
trouve à peu près vers le milieu de leur étendue.*

Il suffit donc pour l'application de ces deux règles, de
reconnaître le Ton du morceau et la position de la première
note de l'intonation par rapport à la finale.

Dans les morceaux de peu d'étendue, comme la plupart
des antiennes, et qui ne déroulent pas toute leur échelle,
l'intonation peut se prendre un peu plus haut.

Quant aux Tons mixtes, leur intonation demande une
attention toute particulière, par ce qu'ils exigent une grande
étendue de voix ; pour y réussir il faut nécessairement reconnaître avec exactitude la position de la première note par
rapport à la note la plus élevée et la plus basse.

Enfin l'intonation doit en outre se chanter posément,
d'une voix ferme et soutenue, en prolongeant un peu les
dernières notes, de manière à donner au chœur le temps de
saisir le ton et de poursuivre sans interruption.

§ 3ᵉ. DU MOUVEMENT.

Le mouvement, comme le ton, à donner au chant des
diverses parties de l'Office divin, dépend de la nature des
pièces et du degré respectif de chaque Office.

Nous distinguons en général trois mouvements différents,
savoir :

1º le mouvement solennel,
{ pour toutes les solennités ;
pour les trois premiers jours des octaves
solennelles de Noël, Pâques et la Pentecôte.

On donne toutefois un mouvement
un peu plus solennel aux offices des trois
plus grandes fêtes de l'année précitées.

Le mouvement solennel commence
avec l'Office des solennités, aux premières Vêpres.

2° le mouvement festival, { pour les dimanches ; pour les fêtes de Chapitre ; pour les trois derniers jours des octaves solennelles.

5° le mouvement férial, { pour les fêtes de 12 leçons simples ; pour les fêtes de 5 leçons ; pour tous les jours fériaux (a).

Ces divers mouvements s'apprennent par l'usage ; c'est au chantre à les régler par ses intonations, auxquelles le chœur doit se conformer. Ils correspondent à peu près aux termes suivants : pour le premier, *assez lentement* ; pour le second, *modérément* ; pour le troisième, *un peu rondement*. Mais on doit éviter en toutes circonstances la précipitation (*b*) ; car en tombant dans ce défaut, ce serait montrer que nous préférons quelque chose au service divin, et que nous oublions que la prière et la louange de Dieu sont l'unique but de notre état.

Il n'est pas moins important de soutenir le mouvement donné au commencement de chaque pièce, que le ton ; et l'on doit s'efforcer de ne pas l'accélérer, surtout dans les Offices solennels.

En général ce n'est qu'avec beaucoup d'uniformité et d'é-

(*a*) Cette distinction du mouvement ne ressort pas entièrement du texte même de nos Statuts qui sur ce sujet ne contiennent qu'une seule indication, celle concernant le chant des solennités : « et cantus est solemnis » (1 Stat. 1. 4) ; mais elle est conforme à leur esprit et à l'usage.

(*b*) La précipitation est le poison de la dévotion, dit St François de Sales. Le défaut contraire a aussi ses inconvénients, surtout dans de si longs Offices que les nôtres ; il est donc nécessaire de se tenir dans un juste milieu, et, tout en suivant la règle que donne notre Statut, en particulier pour le chant des psaumes : « *psalmodiam non multùm protrahamus sed rotundâ et vivâ voce cantemus* », de ne pas oublier la recommandation qu'il fait, dans divers passages, de chanter toujours avec *gravité* et *dévotion*. On revient plus loin sur cette question en traitant du chant des psaumes.

galité dans le chant, que l'on parvient à lui donner la dignité et la beauté désirables.

L'observation régulière des pauses importe aussi beaucoup à l'uniformité du mouvement; elles doivent être au moins, comme on l'a déjà dit, de la valeur d'une carrée. Il faut s'habituer à respirer à chaque pause, sans quoi on arrive inévitablement à précipiter le mouvement; mais quand on a besoin de respirer entre deux pauses, le mouvement ne doit point s'en ressentir.

Il est dans nos usages de ralentir le mouvement dans certains passages pour lesquels on s'incline ou on se met à genoux, tels que : *Te ergo quæsumus....* du Te Deum ; *Deum precemur supplices....* de l'hymne de Prime ; *adoramus te.... suscipe deprecationem nostram....* du Gloria in excelsis ; *et homo factus est.... simul adoratur....* du Credo ; et autres passages semblables qui sont habituellement désignés dans les livres par des lettres rouges, et pour lesquels on donne des marques d'un plus grand respect.

On indiquera successivement ce que le mouvement de chaque espèce de chant offre de particulier.

§ 4e. DE L'ENSEMBLE ET DE L'ACCORD.

L'accord et l'ensemble, partout si désirables, sont d'une absolue nécessité dans le chant; nos Statuts en font une règle toute spéciale et nous prescrivent d'éviter tout ce qui peut y nuire. A cet effet, nul autre que le chantre ne doit se permettre de dominer, de diriger ou corriger le chœur ; de commencer avant les autres, accélérer le mouvement, traîner après les autres, donner des éclats de voix, etc. Mais tous doivent écouter attentivement le chœur pour se conformer modestement à son ton et à sa mesure (a), chacun

(a) Voici les termes du Statut à ce sujet: (1. Stat. 18. 4.) « Nullus ante alios incipere, et nimis currere præsumat, aut post alios nimiùm tra-

donnant généreusement à sa voix le développement naturel dont elle est susceptible, sans la forcer toutefois, car forcer sa voix, comme dit notre Directoire des Novices, c'est crier et non chanter ; et de plus, il est d'expérience qu'en la forçant, la voix la plus juste se fausse bientôt, si même elle n'arrive pas à refuser tout service. Il convient en outre que les Novices ne donnent toute leur voix que lorsqu'ils sont suffisamment instruits des règles de notre chant.

Quant à ceux qui ont la voix naturellement fausse, ils doivent faire tous leurs efforts pour s'accorder avec le ton du chœur, et si cela leur est impossible, s'astreindre à ne chanter qu'à demi-voix de manière à n'incommoder personne (b).

here. Simul cantemus, simul pausemus : semper ad voces aliorum auscultantes. » C'est particulièrement du chant des psaumes que le Statut entend parler ici, mais ces règles n'en sont pas moins applicables à toute espèce de chant. Voici ce que dit encore sur ce point notre ancien *Traité de Chant* : « Il faut s'écouter les uns les autres, chanter de l'oreille autant que de la voix, cela soulage la poitrine, contente l'oreille, touche le cœur, facilite l'intention ; le contraire arrive quand on se presse et qu'on ne se donne pas le temps de respirer ni de se reconnaître, ce qui ôte le temps et la liberté de s'appliquer, et empêche le goût et la suavité qu'on doit tirer du chant des divins Offices où la voix, comme dit St Benoît dans sa règle, doit s'accorder avec le cœur, *mens concordet voci.* »

(b) Ainsi le prescrivent toutes les Méthodes de chant, mais plus particulièrement, en ce qui nous concerne, notre ancien *Traité de chant* dont voici les termes : « Il est des Religieux qui, quoique pleins de bonne volonté, sont si peu maîtres de leur voix, qu'ils n'ont ni l'adresse, ni le pouvoir même de la gouverner ; d'autres enfin l'ont si dure et si discordante qu'ils ne peuvent presque jamais rien chanter à propos ; et le pis de ceci, c'est qu'ils font passer cette mauvaise disposition dans tout le chœur. Le souvenir du respect dû à la majesté de Dieu, et un peu de déférence et de considération pour la Communauté devraient porter ceux qui ont ces défauts ou de semblables, ou à garder le silence, ce qui serait incomparablement plus à propos, ou du moins à s'en rapporter beaucoup aux autres, en prêtant l'oreille pour écouter s'ils sont dans le ton, et se taire absolument, s'ils sentent ne pouvoir s'y ajuster. »

Et toutes ces recommandations ont d'autant plus d'importance, qu'il suffit dans un chœur d'une voix désordonnée en quelque point, pour y porter le trouble et rendre impossible tout recueillement.

Aussi est-il bon de noter ici que nos Statuts exigent des chantres qu'ils s'acquittent de la partie de leur office qui concerne la correction des fautes avec modestie et charité, il est vrai, mais avec autorité et sans distinction de personnes. Ils ne doivent laisser passer aucune faute notable, s'enraciner aucune habitude vicieuse; et nous devons recevoir leurs corrections avec humilité et simplicité, comme il convient à des Religieux qui n'ont en vue que la plus grande gloire de Dieu, et qui pour la procurer, savent faire taire, en toute occasion, leur goût et leur appréciation particulière (a).

Il importe enfin à l'ensemble, que chacun prévoie et connaisse tout ce qui est relatif à l'Office divin, les céré-

---

(a) Voici ce que dit le *Cahier de Villeneuve* sur l'article de l'office des chantres relatif à la correction des fautes dans le chant; (1. Stat. 19. 1). « Cet article bien observé contribuerait beaucoup à la décence avec laquelle on doit célébrer l'Office divin; mais il faut de la fermeté et de la prudence. Il faut bannir le respect humain, mais il faut conserver la charité; il ne faut point craindre les hommes, mais il faut les aimer. Il faut reprendre ceux qui précipitent le chant, ou qui donnent dans l'excès opposé; il faut donc un juste milieu. Il faut avertir de ces fautes et des autres qui se commettent contre la manière de chanter marquée aux Nos 1, 2, 3 et 4 du chap. 18, mais il faut reprendre avec douceur, quelquefois au chœur, quelquefois en particulier; quelquefois par soi-même, quelquefois par le moyen d'un autre de qui on croira que l'avis sera mieux reçu. Il faut aussi compatir à la faiblesse humaine, et passer bien des fautes, surtout d'inadvertance, sans quoi on donne dans un zèle indiscret; mais aussi il ne faut point donner dans une lâche complaisance qui aime mieux passer tout, que de prendre la peine de donner un avis utile; qui craint trop de déplaire aux hommes, sans craindre assez de déplaire à Dieu. »

monies, les rubriques, la disposition des livres, etc. (a) ; car il ne faut point se dissimuler que les petites négligences et l'ignorance de ce qui concerne les saints Offices, revêtent chez des Religieux un caractère spécial d'irrévérence envers Dieu ; et l'expérience ne prouve que trop souvent la justesse de cette sentence des livres saints : « *Qui spernit modica, paulatim decidet.* »

ARTICLE IV.

DIVISION DU PLAIN-CHANT.

—

Le plain-chant embrasse trois genres distincts qui sont :

PREMIER GENRE. — Le *plain-chant proprement dit, planus cantus*, qui comprend les pièces dont le chant est varié dans toute son étendue, sans cependant avoir d'autre rhythme que les tournures propres à chaque Ton ; telles sont les Antiennes, les Répons, les diverses pièces du Graduel.

DEUXIÈME GENRE. — La *psalmodie* ou *chant des psaumes*, roulant sur une même note, soit invariablement, soit avec quelques modulations peu compliquées qui se reproduisent périodiquement au milieu et à la fin de chaque verset. On classe encore dans le même genre le chant des Leçons, Epîtres, Evangiles, Oraisons, etc., dont le ton uniforme n'est pareillement suspendu que par quelques variations fort simples, qui marquent les différents repos.

(a) Il convient de faire remarquer à cet égard, que notre Statut défend à tout autre qu'aux chantres de feuilleter les livres pendant le chant de l'Office ; c'est donc hors du chœur ou avant l'Office, que les Novices doivent se familiariser avec la disposition des livres, et rechercher l'Office du jour.

Troisième Genre. — Le *chant des hymnes*, qui, sans être mesuré, est cependant revêtu d'un certain rhythme provenant de la mesure des vers.

On va traiter séparément de chacun de ces genres dans les chapitres suivants.

CHAPITRE II.

DU PLAIN-CHANT PROPREMENT DIT.

ARTICLE PREMIER.

FORME ET CARACTÈRES GÉNÉRAUX DU PLAIN-CHANT CARTUSIEN.

C'est le plain-chant à notes égales qui est en usage dans notre Ordre, comme l'indique la figure uniforme des notes qu'il emploie, au moins dans les manuscrits et les livres imprimés postérieurs au XVIe siècle, dans lesquels on ne rencontre que des notes carrées (*a*). Toutefois, en pratique, cette égalité ne doit pas s'entendre d'une manière absolue, comme dans le chant mesuré, mais se produire sans efforts et en laissant à la voix une liberté convenable, de manière à rendre le chant facile et coulant.

D'autre part, comme aux termes mêmes de nos Statuts, l'office d'un bon Religieux est plutôt de pleurer que de chanter, nous nous efforçons, pour conserver cet esprit de componction, propre à notre état, de chanter simplement,

---

(*a*) Notre grand Antiphonaire, imprimé à Pavie en 1612, est le dernier de nos livres dans lesquels on fait usage des anciennes notes de formes et valeurs variées.

naturellement, sans affectation, et en rejetant les vains ornements et toutes les recherches du chant profane (a).

Comme l'indique en outre le nom de *planus* qui lui a été donné, le caractère général du plain-chant, caractère que nous nous appliquons à reproduire, est d'être particulièrement plein et uni ; c'est-à-dire qu'il doit procéder avec une grande égalité et uniformité dans les sons et dans le mouvement. Nous nous abstenons en conséquence des mou-

(a) « Quia boni monachi officium est plangere potiùs quam cantare, sic cantemus voce, ut planctûs non cantûs delectatio sit in corde : quod, gratia præveniente, poterit fieri, si ea quæ cantando vanam, seu viciosam delectationem afferunt, amputentur, ut est fractio et inundatio vocis, geminatio puncti, et similia ; quæ potiùs ad curiositatem attinent, quam ad devotum et simplicem cantum. » (1 Stat. 18. 1).

Ces termes *fractio et inundatio vocis*, *geminatio puncti*, employés par le Statut et devenus aujourd'hui obscurs, répondent à certains ornements qui autrefois étaient en usage dans le chant Grégorien, et qui, dans l'ancienne notation neumatique, étaient figurés par le *Pressus*, le *Quilisma* et le *Distrophus*; on donne l'indication de ces ornements à la fin de la note A de l'Appendice. Ils ont à peu près disparu aujourd'hui du plain-chant ; mais il en est quelques autres analogues qui les ont remplacés, et dont nous devons pareillement nous abstenir. Les principaux sont les *notes d'agrément* et le *port-de-voix*, ou petites notes supplémentaires que l'on intercale dans le chant en passant d'un degré à un autre. On a réunis dans l'exemple suivant ceux de ces ornements qui sont le plus communément employés. Les † indiquent les *notes d'agrément*; celles non marquées de ce signe sont les *port-de-voix*.

Pour nous, nous devons chanter le plain-chant tel qu'il est écrit, sans y rien ajouter, et en rendant franchement chaque note en passant d'un degré à un autre, ainsi qu'on l'a déjà dit aux règles générales.

vements saccadés, tantôt plus lents, tantôt plus accélérés; des effets produits par la voix, tantôt donnée avec force, tantôt plus contenue; et nous chantons d'une seule émission de voix, et en les liant, toutes les notes qui appartiennent à une même distinction ou division de chant.

De cette manière nous obtenons un chant simple, grave et recueilli, tel qu'il convient à des Religieux, mais non cependant dépourvu de grâce; et nous évitons de tomber dans deux excès opposés, également contraires à la beauté et à la dignité du chant ecclésiastique, savoir: d'une part, l'absence de goût et de toute méthode, et de l'autre, une trop grande recherche dans l'exécution (a).

Parmi les premiers de ces défauts, on doit placer une certaine manière de chanter, encore en usage dans quelques lieux, et qui consiste à marteler le chant en donnant une émission de voix sur chacune des notes, comme pour les compter.

Exemple :

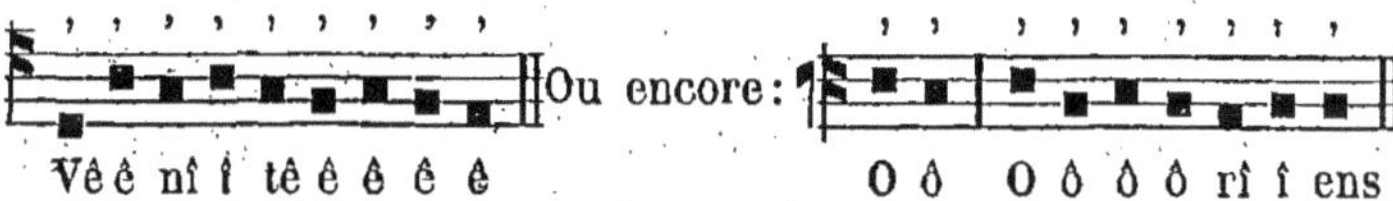

Cette méthode barbare, dont l'effet est assimilé par un ancien auteur au bruit d'un chariot qui descend un escalier, est bien plus propre à faire fuir loin de l'Office divin qu'à élever les cœurs vers Dieu; et on la signale ici, afin que ceux qui auraient une tendance à chanter de la sorte, fassent tous leurs efforts pour se corriger.

D'un autre côté, en conservant religieusement les traditions de nos Pères, et en respectant sans l'altérer le chant

(a) Voir à l'Appendice, Note D, une révélation de Ste Brigitte dans laquelle le chant Cartusien est cité par N. S. comme exemple d'un chant simple, dévot et sans ostentation, que les Filles de la Sainte Fondatrice doivent s'efforcer d'imiter.

qu'ils nous ont transmis, nous avons échappé à cet esprit
de réforme qui, depuis la renaissance des lettres, et sous
prétexte d'amélioration et de perfectionnement, a défiguré
presque partout le chant Grégorien au point de le rendre
méconnaissable.

Il est vrai que, tout en reconnaissant que nous avons
conservé plus fidèlement que les autres Ordres religieux la
substance de la phrase Grégorienne, on nous reproche
d'avoir abandonné, avec plus de persistance qu'aucun autre,
son ancien mode d'exécution, en donnant à toutes les notes
une égale valeur, et en ne tenant aucun compte de la quantité prosodique des syllabes. A cela on peut répondre que
si, conformément à l'esprit de notre Institution, nous re-
cherchons, il est vrai, en toutes choses, la simplicité, nous
ne repoussons pas pourtant avec système, comme on semble
le croire, les enseignements de la bonne tradition et les
règles de la grammaire.

Et d'abord, ce n'est point dans notre Ordre qu'a pris naissance le mode d'exécution du plain-chant à notes égales ; il
s'est introduit à la suite de la substitution de la notation
moderne aux anciens signes neumatiques, et il a été généralement en usage jusqu'au XVIe siècle, bien qu'on con-
servât encore dans quelques manuscrits des notes de formes
variées, comme on l'a fait d'ailleurs chez nous jusqu'au
XVIIe siècle ; et il est permis de penser que la nécessité
même de mettre le chant liturgique à la portée du plus
grand nombre des voix, a été pour beaucoup dans l'adoption
de cette méthode, car de tout temps la nature a été avare
de voix souples et habiles. Et s'il est déjà si difficile d'ob-
tenir dans un chœur, où le secours des instruments n'est
point admis, un ensemble convenable, avec un chant simple
et uniforme, que serait-ce si les difficultés d'exécution
étaient plus grandes, telles qu'elles l'étaient en effet dans
le chant Grégorien primitif ?

En ce qui concerne la quantité prosodique des syllabes, nous nous conformons pareillement à l'usage suivi dès l'origine de notre Ordre, et à ce qu'indique la notation même de nos livres (a). Sans doute l'oreille pourrait être quelquefois plus satisfaite d'une autre méthode, mais la sainte aversion que l'on a toujours professée dans notre Ordre pour les innovations, et à laquelle il doit de s'être conservé sans dégénérer, l'a emporté sur une délicatesse trop grande de l'oreille, dont la satisfaction aurait exigé des changements notables dans la forme du chant. C'est ce qui est prouvé très-clairement par le fait qu'on va rapporter.

Parmi les diverses réformes introduites dans le plain-chant il en est une qui parait bien fondée, et à laquelle on a obéi chez nous pendant un certain temps ; elle consiste à

(a) Voici ce que dit à ce sujet M. l'abbé Petit : « C'est un fait incontestable qu'à partir du XII⁰ siècle jusqu'au XVI⁰, on ne tenait aucun compte de la quantité syllabique dans le plain-chant......

» Faut-il s'en étonner, dirons-nous avec M. de La Fage ? Les règles de la rhythmoïde étaient tombées en désuétude, elles n'étaient plus connues, lorsque la ponctuation proprement dite *(c'est-à-dire l'emploi exclusif des notes)* vint se substituer à l'ancienne *neumation (ou représentation du plain-chant par des signes)*. Cette substitution contribua encore à en effacer le souvenir; chaque point ou note n'étant plus, aux yeux du lecteur, qu'un individu placé plus haut ou plus bas que son voisin, mais ayant absolument la même physionomie et ne pouvant rendre les modifications phoniques. On en vint donc en peu de temps à cette exécution dont les livres des Chartreux nous donnent une idée assez précise; on adopta le principe de l'égalité des notes et des syllabes, et le nom de *plane* exprima parfaitement le changement qui s'était opéré dans le chant ecclésiastique sous le rapport du rhythme. »

(Dissertation sur la psalmodie etc, page 248 et suiv.)

(De la reproduction des livres de chant romain, par M. de La Fage). Ce dernier auteur ajoute sur le même sujet :

« **On conserva** dans quelques manuscrits des notes de formes variées, mais cette variété disparut dans la plupart des manuscrits notés. D'ailleurs l'ancienne manière de modifier les durées, n'existait plus pour le plus grand nombre des cas. » pag. 28.

ne chanter jamais plusieurs notes sur la syllabe pénultième brève des mots dactyles, mais à reporter sur la syllabe accentuée qui précède, toutes les notes dont la brève est fréquemment surchargée dans l'ancienne notation, à l'exception de la dernière de ces notes qui seule lui reste attribuée ; de telle sorte que dans tous les passages notés de la manière suivante :

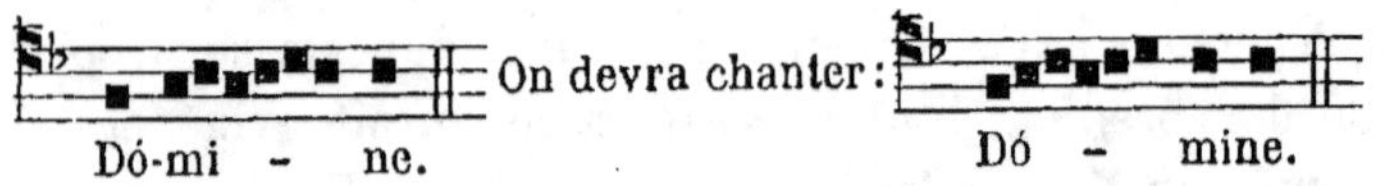

L'Antiphonaire diurnal imprimé à la Grande-Chartreuse en 1689 fut noté d'après cette nouvelle méthode, et une observation placée en tête prescrivit de corriger de la même manière les livres déjà existants (a).

Les antiennes du Psautier imprimé en 1701, et dont nous faisons actuellement usage, subirent la même réforme.

(a) Voici le texte de l'art. 2 du *Monitum* placé en tête de cette édition : « Ad instantiam multorum, quantitatem vitiatam, ubi commodè fieri potuit, correximus in impositionibus sive intonationibus antiphonarum : maximè in officiis diurnis, quibus non rarò assistunt extranei, ne aures eorum nimis lædantur. Sed id tum ibi, tum in quibusdam aliis locis factum fuit absque mutatione aut multiplicatione notarum, quantùm potuit, ut facilè jam editi codices possent corrigi. »

C'était alors un entraînement général vers ces sortes de réformes dont nos Pères ne surent pas entièrement se défendre ; et il n'est pas sans intérêt de savoir que même plusieurs Conciles provinciaux se sont prononcés sur cette question. (Voir à ce sujet la dissertation de M. l'abbé Petit, page 245 et suiv.)

Une tradition, conservée parmi nous, nous apprend que cette petite réforme dans notre chant, fut faite dans un Chapitre Général, à l'instigation des Prieurs d'Italie qui, cette année, se trouvaient en majorité au définitoire ; car en Italie cette méthode était autrefois de principe dans le plain-chant. Il n'a pas été possible de retrouver l'époque exacte à laquelle on a abandonné cette innovation pour revenir à l'ancienne coutume ; ce fut sans doute peu après la mort de notre R. P. D. Lemasson sous lequel elle avait pris naissance, car dans tous les livres imprimés après lui on est revenu à l'ancienne notation.

Mais cette réforme introduite dans notre chant, quoique au fond peu importante, et s'appuyant d'ailleurs sur une raison très plausible, ne fut cependant pas de longue durée; bientôt on en revint à la tradition, malgré ce qu'elle pouvait offrir de défectueux à l'oreille; c'est ce qu'attestent les corrections faites aux deux livres précités pour les remettre en harmonie avec l'ancienne notation, ainsi que tous les livres imprimés après eux. Ce serait là une nouvelle preuve, s'il en était besoin, que notre chant s'est conservé jusqu'à ce jour tel qu'il était à l'origine de notre Ordre; et si l'on excepte les quelques ornements qui furent supprimés, ainsi qu'il a été dit plus haut, il est permis de croire qu'il doit se rapprocher beaucoup, quant à la substance, du chant Grégorien primitif (a). C'est surtout dans notre grand Antiphonaire imprimé à la Chartreuse de Pavie en 1612, qu'on le trouve dans son ancienne forme, écrit en notes variées (b).

Il est une autre particularité qu'offre le plain-chant Cartusien, ce sont ces groupes de notes unissonnantes que l'on rencontre fréquemment dans nos livres, principalement dans le Graduel, placés sur une même syllabe et composés de deux, trois et jusqu'à neuf éléments. Les Anciens les appelaient *notæ repercussæ*, *notes répétées* ou *répercutées*, et les chantaient distinctement par un mouvement léger et rapide; c'est ce mode d'exécution que notre Statut désigne sous le nom de *geminatio puncti* et qu'il proscrit de nos

(a) Dans un voyage que fit en 1850, à la G^{de} Chartreuse, le R. P. Lambillote, ce savant auteur avoua que nulle part le chant Grégorien ne lui avait paru aussi bien conservé que dans les livres des Chartreux; opinion qu'il a aussi émise dans ses ouvrages. L'on peut donc dire qu'il en est de notre chant comme de nos cérémonies, lesquelles ne diffèrent de celles généralement suivies aujourd'hui, que parce qu'elles n'ont point changé; ce dont on peut se convaincre, en particulier pour nos cérémonies de la sainte Messe, par la lecture de l'ouvrage du P. Lebrun sur cette matière.

(b) Voir la note B de l'Appendice sur l'origine de nos livres écrits avec des notes de forme et valeur diverses, et sur l'origine du passage à la notation carrée.

chants. Ces groupes de notes s'exécutaient dans notre Ordre en un seul son plus ou moins prolongé, selon le nombre de leurs éléments, ainsi que l'attestent nos anciennes Méthodes manuscrites (a). Depuis longtemps ces notes ont été partout retranchées et on ne les trouve plus aujourd'hui que dans nos livres ; et encore devons-nous reconnaître que l'usage de les exécuter en un son plus ou moins prolongé est généralement tombé parmi nous en désuétude ; on les passe sans en tenir compte comme si elles ne représentaient qu'une simple carrée. On ne peut disconvenir que l'abandon de cet antique et respectable usage n'ait rendu notre chant plus monotone, et ne lui ait ôté une partie de sa gravité et de sa beauté ; aussi a-t-il paru utile à notre Révérend Père de mettre à profit la publication de la présente Méthode pour revenir sur ce point à l'ancien usage, et rétablir notre chant dans sa primitive intégrité, ce qui sans aucun doute sera accueilli par tous avec satisfaction.

Les notes répétées sur une même syllabe s'exécuteront donc désormais en un seul son d'autant plus prolongé que ces notes sont plus nombreuses. Comme dans le plus grand

(a) Voici le passage du *Forma psallendi* concernant ces notes : « Quandò in cantu multæ sunt notæ simul junctæ, ibi quædam facienda est mora ; et quò plures sunt notæ, ibi diutiùs immorandum. Ex hâc enim morâ quasi novus in cantu nascitur decor. » L'ancien *Traité de chant selon l'usage des Chartreux* n'est pas moins précis à cet égard : « Quand il y a, dit-il, deux ou trois ou plusieurs notes de même ton sur la même syllabe, il faut s'y arrêter plus longtemps que quand il n'y en a qu'une, plus ou moins selon le nombre des notes. »

On peut consulter sur la valeur et l'ancienne exécution des notes répercutées, l'ouvrage du R. P. Lambillote, *Esthétique du chant Grégorien*, pages 509 et suiv. Il cite à ce sujet la règle suivante donnée par Guidetti : « Syllaba subjacens (notis) levi quodam spiritûs impulsu pronuntiabitur, perindè ac si duplici scriberetur vocali, ut *Doominus* pro *Dominus*, sed cum decore et gratiâ quæ hîc doceri non potest ; » et il ajoute que la difficulté de bien exécuter cet ornement, est ce qui l'a fait rejeter partout.

nombre des cas il n'y a que deux notes réunies, leur exécution n'offrira aucune difficulté et sera celle d'une tenue ordinaire ; quand il y aura trois, quatre ou un plus grand nombre de notes, on demeurera dessus davantage et proportionnellement, mais sans contention et en suivant l'impulsion donnée par les chantres. L'usage aura bientôt appris à exécuter ces passages avec ensemble.

Toutefois cette règle souffre quelques exceptions. D'abord, lorsque des notes répétées se trouvent immédiatement avant une pause, sauf le cas où elles sont seules entre deux barres, il faut les passer sans en tenir compte et en ne leur donnant que la valeur d'une simple carrée : car s'y arrêter davantage serait contraire à la règle générale qui prescrit de ne point traîner sur la dernière note qui précède un repos. En second lieu, il existe un certain nombre de passages, dans notre chant, où l'on doit faire entendre séparément les notes doubles appartenant à la même syllabe. Cet usage est d'abord observé dans tout le cours du *Kyrie solennel* :

Il est toutefois à remarquer que dans le *Kyrie* les notes répétées se chantent distinctement mais sans interruption, tandis que dans tous les autres cas semblables on les sépare par une pause. *Exemple* :

Invitatoire de l'Avent, et autres semblables.

Ces passages sont assez fréquents dans le Graduel ; ils sont au contraire rares dans l'Antiphonaire, et même ne les y observe-t-on pas régulièrement partout, faute d'indications précises ; cependant comme cet usage est très-ancien, puisqu'on en trouve les traces dans les meilleurs de nos Antiphonaires manuscrits, et qu'il contribue en outre à donner de la grâce au chant, il convient de ne pas le laisser perdre ; on indiquera, en conséquence, dans la nouvelle édition de l'Antiphonaire, tous les passages où il doit être observé.

Outre ces valeurs diverses données aux notes répétées et qui restitueront désormais à notre chant un de ses principaux caractères, il est encore certaines notes sur lesquelles on doit appuyer davantage : ainsi la première note de tout morceau et de toute reprise après une pause doit être un peu allongée, afin d'asseoir la voix, d'attendre ceux qui sont en retard et de partir avec ensemble ; ce qui toutefois doit s'observer sans affectation et surtout sans éclat de voix aux reprises. De plus, ainsi qu'il a été dit aux règles générales, on doit faire une tenue, qu'elle soit ou non indiquée, à la fin des morceaux de chant et de leurs parties principales marquées par une double barre, c'est-à-dire attribuer une valeur double à la pénultième note ou à l'antépénultième, si la pénultième appartient seule à une syllabe brève ; cette tenue donne plus de gravité au chant et permet de finir avec ensemble sans traîner sur la note finale, ce que l'on doit toujours éviter (a).

Mais à part les exceptions qui viennent d'être indiquées, le principe de l'égalité des notes doit être partout observé dans notre plain-chant, sans distinction des syllabes longues et brèves, ainsi que cela se pratiquait partout autrefois ; car il est digne de remarque que dans nos anciens livres

---

(a) Nos deux anciennes Méthodes de chant sont d'accord dans la prescription de ces deux dernières règles ; voici en outre le texte de l'art. 1er du *Monitum* placé en tête de l'Antiphonaire diurnal de 1689, sur la prolongation de l'avant-dernière note : « Reduplicantur notæ in penultimâ aut antepenultimâ syllabâ quæ occurrit in impositione sive in intonatione magnorum Responsoriorum ; et similiter in penultimâ aut antepenultimâ, secundùm quantitatem, ante finem eorum omnium quæ in Conventu cantantur, ut inde juniores monachi faciliùs addiscant modum benè cantandi. Opus autem non erit id corrigere in jàm impressis aut manuscriptis codicibus ; quia ex usu semel assumpto satis notabitur. »

notés en notes de valeurs diverses, on ne rencontre jamais une simple losange sur la pénultième syllabe des mots dactyles (*a*). L'on doit donc, d'après ce principe, quand on se sert de ces vieilles éditions, supposer toutes semblables et égales les notes variées qu'on y rencontre. Cependant lorsque l'on chante seul, on peut passer un peu plus légèrement, mais sans saccade, sur les syllabes brèves surmontées d'une seule note (*b*).

Enfin, il est encore un caractère qui distingue le chant des Répons et des Antiennes, d'avec celui des diverses pièces du Graduel; c'est que dans le premier, sauf un très-petit nombre d'exceptions, les notes appartenant à un même mot ne sont jamais coupées par une pause; dans le Graduel au contraire, où les paroles sont généralement plus chargées de notes, non seulement les mots, mais même les syllabes sont fréquemment partagées par une ou plusieurs pauses. Cette disposition est une des principales causes de la différence très-marquée qui existe entre ces deux espèces de chant; celui des Répons et des Antiennes est plus simple, plus coulant, plus animé; celui du Graduel est plus grave, en général plus compliqué, et tel qu'il convient à la nature de l'Office qu'il accompagne.

En ce qui concerne l'emploi du *si* bémol, on a déjà dit qu'à part un petit nombre d'exceptions, il est habituellement indiqué, dans nos livres, partout où il doit être observé. Conformément aux règles traditionnelles du plain-chant, il a pour objet d'éviter l'intervalle de quarte majeure ou triton

---

(*a*) La Commission de Reims et de Cambrai, dans les nouveaux livres qu'elle a publiés, s'est conformée à cet ancien usage et a partout noté les brèves par une carrée.

(*b*) Voici la règle que donne notre *Forma psallendi* à cet égard : « Hæc in summâ serventur in omnibus divinis officii partibus quæ cum notis cantantur ut æqualiter, pro posse, et notæ et syllabæ teneantur, nec una sic prolongetur, ut brevietur sequens saltu indecoro. »

qui se trouve entre *FA* et *si* , et l'intervalle de quinte mineure *SI-fa* renversement du précédent ; ces deux intervalles ont toujours été en principe prohibés dans le chant Grégorien , soit par mouvement direct , c'est-à-dire sans notes intermédiaires, soit même, quant au triton, par mouvement indirect, c'est-à-dire au moyen de notes intercalées. Cependant on rencontre assez fréquemment, dans nos livres, le *si* bémol sans que sa présence soit motivée sur la nécessité d'éviter une fausse relation avec le *fa* ; ces bémols ont été introduits, comme partout ailleurs, par suite de la tendance naturelle que l'on a à adoucir les passages tant soit peu énergiques du plain-chant ; la suppression des anciens modes et leur réduction à huit, a aussi considérablement augmenté le nombre des bémols dans les 1er, 2e, 5e et 6e Tons, ainsi qu'on l'explique dans la note *C* de l'Appendice. Aussi, à présent que l'usage a consacré leur emploi et qu'il n'est plus possible d'y remédier, on doit s'attacher strictement à n'exécuter que ceux qui sont marqués dans les livres, et à revenir aussitôt après au *si* naturel, si l'on ne veut enlever au plain-chant l'expression mâle qui lui est propre, et le rendre semblable à la musique moderne.

Il existe aussi quelques passages dans nos livres où l'usage a consacré la présence du triton par mouvement indirect, les notes intermédiaires en rendant l'effet moins sensible ; on peut citer, comme exemple, ce passage du Trait de la messe de *Requiem* , dans lequel la succession du *si* ♭ et du *si* ♮ produit même une certaine variété dont l'oreille est satisfaite.

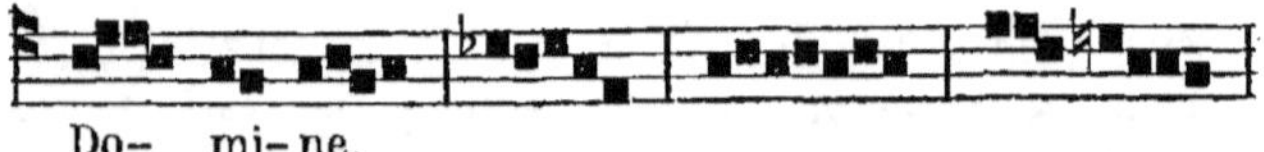

Do- mi-ne.

Pour ce qui est du *dièze*, son emploi est entièrement banni de notre chant , non seulement dans le but d'éviter le triton, objet pour lequel l'admettent certaines méthodes, mais plus encore à l'effet d'adoucir une note placée entre deux notes de degré immédiatement supérieur, comme dans les exemples suivants :

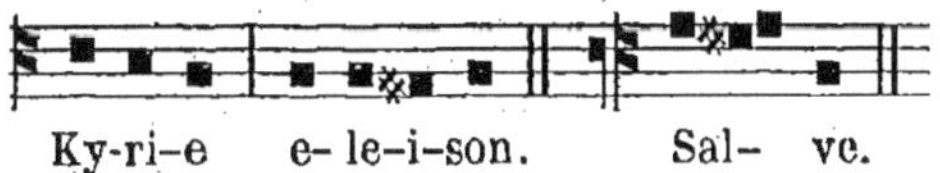

car cette méthode est tout à fait contraire aux véritables principes du plain-chant. Le *Te Deum* fait cependant exception à la rigueur de cette règle : dans les passages *Tu Rex gloriæ Christe* et suivants jusqu'à *pretioso sanguine redemisti*, et depuis *per singulos dies* jusqu'à *speravimus in te*, un usage, consigné dans notre ancienne Méthode *Forma psallendi*, prescrit l'emploi du *fa* dièze, ainsi qu'il suit :

La même exception a lieu dans les psaumes, pour la 1re terminaison du 4e Ton.

(a) Il en est qui pensent que la présence du *fa* dièze dans ces passages a pour objet d'éviter le triton. Mais il est à remarquer que, d'après les règles mêmes des anciens, données page 25 note (a), la correction du triton n'est pas nécessaire quand, en descendant du *si*, le *mi* vient aussitôt après le *fa*. D'ailleurs le *fa* dièze n'est régulièrement employé que dans les 7e et 8e Tons, et non dans le 4e auquel appartient le *Te Deum*. Ces passages constituent donc une véritable irrégularité pour le plain-chant ; c'est un changement de mode sur la finale *mi* qui rend le 4e Ton semblable au 2e, ce que le chant Grégorien repousse en principe ; l'emploi du *fa* dièze n'a ici d'autre raison que de rendre ces passages plus coulants, et d'être consacré par un vieil usage. Dans le *Te Deum* romain on évite cette irrégularité en supprimant le *fa*, et en descendant directement du *sol* au *mi*.

Notons de plus ici que dans tout le cours du *Te Deum*, écrit dans le 4e Ton, il ne doit pas exister de *si* ♮ ; et on doit l'éviter en particulier dans le passage *per singulos dies* où l'on a une propension à l'introduire.

ARTICLE II.

DU CHANT DES PIÈCES DU GRADUEL (a).

—

Tout ce qui se rattache au Saint Sacrifice devant revêtir une gravité et une régularité particulières, les chants qui l'accompagnent et qui en sont le principal ornement, doivent naturellement participer à ces caractères. On leur donne plus ou moins de gravité selon le degré de l'Office que l'on célèbre ; les messes votives suivant leur rang, les messes fériales et celles des morts se chantent un peu plus rondement, mais en évitant toujours de tomber dans la précipitation. A part les exceptions mentionnées dans l'article précédent, on doit y observer strictement l'égalité des notes ; il faut aussi se conformer aux pauses telles qu'elles sont marquées sans y en ajouter ni en retrancher, et sans avoir égard au sens des paroles ni à la coupure des mots. Les chants propres du Graduel étant généralement plus difficiles que ceux des autres parties de l'Office, il convient de n'y donner toute sa voix que lorsqu'on est suffisamment sûr de la note. On doit aussi s'abstenir de chanter par cœur les chants communs, tant qu'on ne les possède pas parfaitement, sans quoi on chante avec hésitation et en se faisant traîner par le chœur, ce qui rompt l'ensemble et rend ces chants lourds et fatigants.

(a) Les Graduels en service sont de deux éditions différentes ; la plus ancienne a été imprimée à Lyon en 1674, la plus récente à Castres en 1756. Ces deux éditions offrent en quelques passages des différences qui proviennent des corrections faites à notre Missel, en 1687, par la S. Congrégation des rites. On donne à l'Appendice, Note E, le relevé de ces corrections, s'appliquant tant au Bréviaire qu'au Missel, afin qu'on puisse corriger les anciennes éditions qui ne l'auraient pas encore été.

Les divers chants de la messe se distinguent par des caractères particuliers qu'il est nécessaire de connaître pour en rendre convenablement l'expression (*a*).

INTROÏT. — L'*Introït* est ainsi appelé parce que c'est la pièce qui sert d'introduction à l'Office, et qu'on le chante pendant que le prêtre entre dans le sanctuaire ou monte à l'autel. C'est une des parties les plus solennelles de l'Office ; il se compose d'une antienne suivie d'un verset de psaume qui, avec le *Gloria Patri* qui l'accompagne, se chante sur une formule particulière pour chaque Ton ; le numéro du Ton est indiqué à la fin du verset, et les *Gloria Patri* des divers Tons sont réunis à la fin du Graduel. Après le *Gloria Patri*, on reprend l'antienne jusqu'au psaume (*b*).

GRADUEL OU RÉPONS. — Le *Graduel* se chante immédiatement après l'Épître ; il est ainsi nommé parce qu'on le

(*a*) Voir pour toutes les explications qui suivent le Traité liturgique du Cardinal Bona. Liv. 2ᶜ Chap. 6.

(*b*) Dans la formule psalmodique du Verset des Introït du 4ᶜ Ton , on introduit dans quelques maisons un *si* ♭ qui n'est marqué nulle part dans notre Graduel.

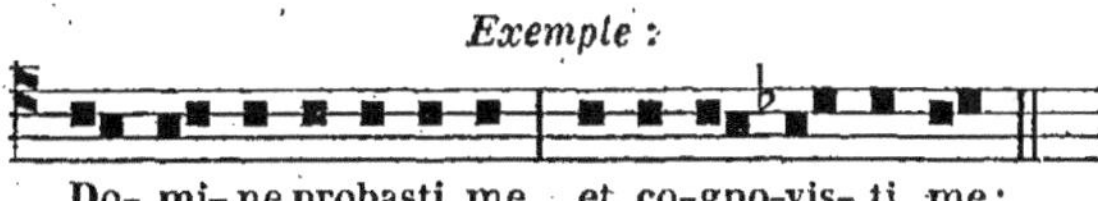

Exemple :

C'est une faute qui ne nous est pas particulière, mais qu'il convient d'éviter. Le R. P. Lambillote s'élève très-fortement contre elle ; car, dit-il, on assimile ainsi cette formule au 1ᵉʳ mode, et les anciens manuscrits, ainsi que les meilleures éditions des Cisterciens, des Prémontrés et des Chartreux, etc., excluent formellement ce *si* ♮. (*Esthétique. — Pratique du chant, page 358).

Dans le Graduel lyonnais on a même placé un ♮ devant le *si* afin de prévenir la faute. Le vice du bémol ressort encore davantage quand cette formule emploie une terminaison qui monte au *si*, comme dans l'antienne *Si ego Dominus* du Jeudi Saint, *ad Mandatum* :

chantait autrefois sur les degrés du pupitre ou de l'ambon. Son style est à peu près le même que celui de l'Introït, mais il est d'usage chez nous de le chanter un peu moins gravement que ce dernier.

Le *Graduel* est un vrai *Répons* qui est toujours suivi de son verset, et dans nos livres il n'est désigné que sous ce nom; c'est un écho de l'Epître, une protestation que l'on est prêt à suivre les enseignements que l'on vient d'entendre.

Dans les Offices où l'Epître est précédée d'une ou de plusieurs leçons, chaque leçon est suivie d'un Répons. Les Répons *Popule meus* et suivants, que l'on chante le Vendredi-Saint pendant l'adoration de la croix, doivent, par exception, être chantés gravement.

Le nom de *Graduel* est passé par extension au livre qui contient les divers chants de la messe.

ALLELUIA. — Depuis Pâques jusqu'à la Septuagésime le *Graduel* est suivi du chant de l'*Alleluia*; c'est un chant de joie, d'actions de grâces rendues à Dieu pour nous avoir éclairé des lumières de la foi. Il se compose d'un *Verset* précédé et suivi de l'*Alleluia*. L'*Alleluia* se termine toujours par un *neume* ou série de notes qui se chantent sur la dernière syllabe (*a*); le verset finit aussi par un neume dans quelques-unes des plus grandes solennités. Le chant de l'*Alleluia* doit être un peu plus animé que celui du *Graduel*. Le

---

(a) Le mot *neume* vient du mot grec πνευμα, *souffle*, *respiration*. C'est une suite de notes qui se fait sur quelqu'une des syllabes d'un mot, et plus particulièrement sur la dernière syllabe des *Alleluia*, des *Graduels*, des *Traits* et des *Versicules*.

Le *neume* est appelé en latin *Jubilus*. Selon St Augustin, c'est un cri de jubilation par lequel le cœur s'efforce de proférer les émotions ineffables dont il est rempli, ce qu'il sent de Dieu sans pouvoir l'exprimer. *Jubilus, sonus quidam est, significens cor parturire quod dicere non potest : et quem decet ista jubilatio, nisi ineffabilem Deum ? ineffabilis enim quem fari non potes : et si cùm fari non potes, et tacere non debes, quid restat, nisi ut jubiles ?* (S. Aug. in Ps. 52).

Verset *Veni Sancte Spiritus* de l'*Alleluia* du jour de la Pentecôte se chante par exception debout et lentement. Depuis Pâques jusqu'à la Trinité, le *Répons* est remplacé par un second *Alleluia*.

TRAIT. — Depuis la Septuagésime jusqu'à Pâques et pendant les autres temps de pénitence, l'*Alleluia* est omis et souvent remplacé par le *Trait*. Le *Trait* est un chant composé d'un certain nombre de versets de psaumes formant une sorte de psalmodie chargée de notes, et d'un caractère triste; les *Traits* sont tous des 2e ou 8e Tons qui rendent mieux que les autres l'expression propre à ce morceau.

Le *Trait* tire son nom du verbe *trahere*, parce que c'est communément un chant long et traînant, dont l'objet est d'exprimer et d'exciter des sentiments de pénitence (a). Chez nous, au contraire, l'usage est de chanter le *Trait* à deux chœurs, comme une psalmodie, et un peu rondement, à l'exception toutefois de ceux qui suivent l'*Alleluia* le Samedi-Saint et la veille de la Pentecôte; ceux-ci en effet doivent être chantés avec plus de gravité.

OFFERTOIRE. — L'*Offertoire* est ainsi appelé parce que c'était pendant ce chant qu'on recueillait autrefois les offrandes des fidèles. C'est à cause de cette action même, ou à raison du sacrifice qui commence, que le style de l'*Offertoire* a toujours été particulièrement solennel; il doit se chanter en tout temps gravement.

COMMUNION. — La *Communion* est une antienne d'un style ordinairement simple, c'est un chant d'action de grâces à la fin du sacrifice; on doit l'exécuter d'une manière coulante et avec une certaine animation.

CHANTS COMMUNS. — On nomme ainsi les pièces de chant communes à tous les Offices de même degré. Ce sont :

(a) *Tractus* id est *luctus*, dit l'Ordinaire Romain. On fait aussi venir *Trait* de *tractim*, parce que, dit-on, autrefois le chantre le chantait seul jusqu'à la fin.

6

le *Kyrie*, le *Gloria in excelsis*, le *Credo*, le *Sanctus* et l'*Agnus Dei*.

Dans notre rite, les *Chants communs* sont peu variés; ils se composent de:

Trois *Kyrie*; (Férial, Festival et Solennel).

Deux *Gloria in excelsis*; (Festival et solennel).

Un *Credo*.

Deux *Sanctus*; (Férial ou Festival, et Solennel).

Deux *Agnus Dei*; (id.   id.   ).

Tous ces chants sont d'un style grave; ils s'exécutent tous, le chœur se tenant debout ou incliné, et avec plus ou moins de solennité selon l'Office.

Le *Kyrie* est le seul qui se chante à deux chœurs.

Le *Gloria in excelsis* que l'on nomme aussi *Hymne angélique*, parce qu'il commence par les paroles que les anges chantèrent à la naissance de Notre-Seigneur, est un chant d'allégresse que l'on omet pendant les temps de pénitence, comme dans la plupart des messes votives et dans celles des morts (*a*).

Le *Credo* qui se chante à la messe est le symbole de Nicée et de Constantinople (*b*).

Le *Sanctus* est la continuation de la *Préface*, et doit en

____

(*a*) Cette hymne est des plus vénérables par son antiquité. Elle remonte au moins au premier siècle de l'Eglise, si même, suivant une opinion probable, elle n'a pas les Apôtres pour auteurs.

(*b*) Le premier Concile général, tenu à Nicée en 325, développa le symbole des Apôtres contre l'hérésie d'Arius. Peu après, en 381, le symbole de Nicée fut lui-même développé, en ce qui concerne la divinité du St-Esprit attaquée par Macédonius, par le deuxième Concile général, tenu à Constantinople. Ce troisième symbole est celui que l'on chante actuellement à la messe, et qui est plus communément désigné sous le simple nom de *Symbole de Nicée*.

Quant au symbole *Quicumque*, que nous chantons à Prime, il a été composé vers la même époque et contre les mêmes erreurs. On l'attribue communément à Saint Athanase, le plus illustre des défenseurs de la foi au IVe siècle.

conséquence être chanté autant que possible sur le même ton ; il doit l'être en outre d'une voix contenue et respectueuse, en harmonie avec les sentiments d'adoration qu'il exprime (a).

L'*Agnus Dei* est du même genre que le *Sanctus*, et se chante de même.

La *Préface* et le *Pater* sont un reste des chants de la primitive Eglise, et ils nous en montrent la touchante simplicité ; bien que leur mélodie ne roule que sur quelques notes, elle est pourtant pleine d'expression et de sentiment. Ainsi que tout ce qui est chanté par le Célébrant, la *Préface* et le *Pater* demandent une gravité particulière, exempte de toute recherche et affectation (b).

En résumé, si nos chants communs sont peu variés, ils ont le mérite d'être très-anciens, et se distinguent par leur simplicité ; toutes les pièces de ce genre, d'un style plus ou moins recherché, que l'on chante aujourd'hui, sont relativement plus modernes.

Litanies. — Les *Litanies des Saints* telles qu'elles sont notées dans le Missel, se chantent de deux manières ; la première, plus *solennelle*, est en usage le Samedi-Saint et la veille de la Pentecôte avant la messe, ainsi qu'à la procession du Dimanche de l'ouverture du Chapitre Général ; dans ces cas le chœur répète intégralement tout ce qui est chanté par les chantres. D'après la seconde manière, suivie à la procession des Rogations, le chœur ne répète que les *Kyrie* et les *Agnus Dei*, et, pour tout le reste, il répond seulement *Ora pro nobis, libera nos Domine*, etc., aux diverses invocations chantées par les chantres.

Les *Litanies de la T.-Ste Vierge* qui se chantent à la pro-

(a) Toutes nos préfaces sont du 2e Ton et ont pour finale *ré* : le *Sanctus* ordinaire commence par un *mi*, le solennel par un *ut*.

(b) On donne à l'Appendice, Exercices Nos 3 et 4, le chant de la *Préface* et du *Pater*.

cession des fêtes de l'Immaculée-Conception et de l'Assomption, se disent suivant cette seconde manière et sur la même mélodie (*a*).

Les *Litanies des Saints* que l'on récite les jours fériaux avant la messe, doivent l'être avec une gravité convenable, et sur un ton moyen et soutenu que le chœur puisse suivre.

OBSERVATIONS.

I. Quand on célèbre deux messes conventuelles le même jour, celle du degré moindre est chantée moins gravement; et s'il arrive qu'on doive en célébrer trois, auquel cas l'une d'elles est toujours chantée *recto tono*, toutes s'exécutent un peu plus rondement que d'ordinaire, sans jamais cependant se départir de la gravité religieuse (*b*).

II. Le Verset de l'*Alleluia*, dans un certain nombre de messes, est suivi d'un neume qui ne doit être chanté que le jour même de la fête; toutes les fois que ces messes sont chantées dans un autre temps, ou que leur *Alleluia* est emprunté pour un autre Office, on doit en omettre le neume. A cet effet on a séparé ce dernier du corps du Verset; mais cette séparation exige en retour quelqu'attention pour ne pas omettre le neume en son temps.

III. Une observation analogue doit être faite au sujet des *Alleluia* qui terminent certaines pièces, lorsque les messes auxquelles elles appartiennent sont chantées pendant le temps pascal. Les *Alleluia* ajoutés à la main, dans nos Graduels, à la fin de l'*Introït* de la messe de la Compassion, ainsi qu'à la fin de l'*Offertoire* et de la *Communion* de

---

(*a*) On donne à l'Appendice, Exercice N° 5, la notation des principaux passages des litanies des Saints.

(*b*) « Quoties autem in Conventu tres missæ sunt dicendæ, omnia paulò quidem rotundiùs, sed semper cum *religiosâ gravitate* dicuntur. » (1. Stat. 34. 30).

la messe *de Beatâ*, n'appartiennent pas à ces messes, mais à celle de N. - D. Auxiliatrice qui leur emprunte lesdites pièces ; toutefois ces *Alleluia* ne se chantent que lorsque cette fête arrive dans le temps pascal (*a*).

IV. Les petites barres ayant été supprimées dans notre Graduel, toutes les barres qui s'y trouvent indiquent une pause, sans exception. Les doubles barres, assez fréquentes surtout dans les *chants communs*, indiquent les divisions principales auxquelles on doit observer un repos un peu plus long précédé d'une tenue. Les petits traits verticaux (|) qui se trouvent dans le texte des différentes parties de la messe *Corporis Christi*, indiquent les pauses à observer lorsqu'on chante cette messe *recto tono*, à la suite de celle d'une fête de douze leçons qui survient pendant l'octave de cette solennité ; de semblables traits se trouvent pour le même objet dans le texte des *chants communs* qui relèvent de ladite messe (*b*). Mais comme elle est la seule dans la-

(*a*) Cette fête ne se célèbre dans l'Eglise que depuis 1815, c'est ce qui explique l'addition de ces *Alleluia*, à la main, dans notre Graduel. En voici la notation afin qu'on les chante uniformément partout :

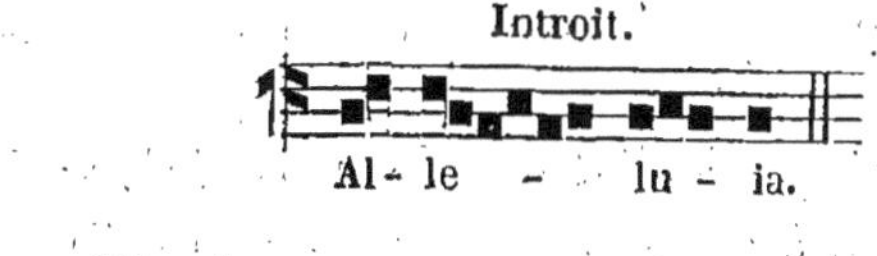

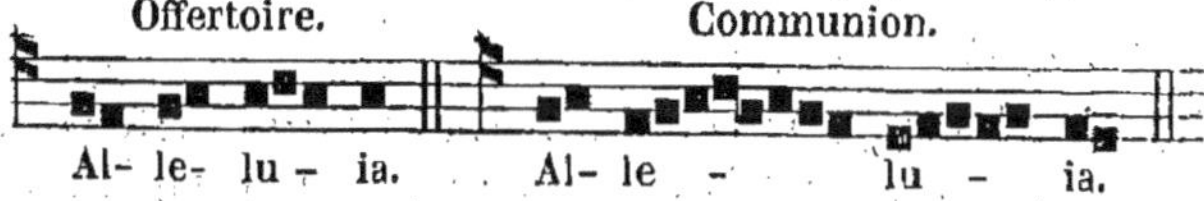

Quant aux *Alleluia* à ajouter, pour la même fête, à la fin des Antiennes et des Répons de l'Office du commun des fêtes de la Vierge, ils se trouveront dans la nouvelle édition de l'Antiphonaire qui se prépare.

(*b*) Le texte des chants communs n'est divisé par de petits traits que dans le Graduel édité à Castres ; l'édition de Lyon n'offre pas ces divisions, et il sera bien de les tracer, à la main, dans les quelques exemplaires de cette édition qui existent encore.

quelle ces petites barres aient été placées, lorsqu'il arrive qu'une autre messe doit être chantée *recto tono*, il faut, pour le faire avec ensemble, couper le texte suivant le sens des membres de phrases, comme on le fait pour le chant des Répons.

V. Toutes les fois qu'à la suite d'une messe conventuelle une autre messe doit être chantée *recto tono*, on se conforme aux règles suivantes : (1. Stat. 53. 14.)

1° La confession se fait sur le ton ordinaire ;

2° L'*Introït*, le *Kyrie eleison*, le *Gloria in excelsis*, le *Répons* et l'*Alleluia*, l'*Offertoire*, le *Sanctus*, l'*Agnus Dei* et la *Communion* se chantent *recto tono*, sur un ton de voix moyen et avec une gravité convenable ;

3° L'*Epître* se chante comme les leçons ordinaires, et se termine comme celles de l'Office des morts ;

4° L'*Evangile* est chanté comme de coutume, mais moins gravement et sur un ton de voix un peu moins élevé ;

5° Le *Dominus vobiscum* se chante avec un point circonflexe, et les *Oraisons*, tant avant l'Epître qu'après la Communion, sont chantées comme l'Oraison de Tierce le dimanche, c'est-à-dire en changeant le point circonflexe en un point élevé et réciproquement, et terminant par un point final.

6° Enfin la *Préface*, le *Pater*, le *Pax Domini*, le *Flecta-mus genua*, l'*Humiliate capita vestra*, ainsi que l'*Ite missa est* se chantent *recto tono*.

VI. Dans les messes chantées, tout ce que l'Officiant dit *recto tono*, soit à l'autel, soit à son siége, doit l'être de manière à ne pas être entendu par le chœur ; mais dans les messes privées, il doit dire d'une voix intelligible tout ce qui, suivant les rubriques, est de nature à être entendu par les assistants.

———

ARTICLE III.

DU CHANT DES ANTIENNES ET DES RÉPONS.

—

ANTIENNES. — Les *Antiennes* sont de petites pièces dont la destination ordinaire est de terminer le chant des psaumes avec lesquels elles sont toujours en rapport de tonalité ; leur texte est habituellement tiré des psaumes ou des cantiques dont elles dépendent , ou de quelque passage de l'Écriture-Sainte se rapportant à la fête du jour.

Les *Antiennes* sont d'un style simple et coulant ; leur composition est presque entièrement syllabique, c'est-à-dire que chaque syllabe y correspond le plus souvent à une seule note. La plupart sont remarquables par la douceur et la grâce de leur mélodie ; elles doivent se chanter posément et d'un mouvement égal , celles du *Magnificat* et du *Benedictus* un peu plus gravement. Les *Commémoraisons* propres et communes, qui sont aussi des antiennes, se chantent un peu plus rondement (*a*).

RÉPONS. — On distingue les *grands* et les *petits Répons.* Les *grands Répons*, ou simplement *Répons,* sont ceux qui suivent les leçons de Matines et le Capitule des premières Vêpres des solennités et de certains dimanches dans l'Office

(*a*) Le mot *Antienne, Antiphona,* tire son étymologie du verbe grec ἀντιφονεω , *chanter alternativement,* parce que dans l'origine les antiennes étaient chantées de cette manière par les deux chœurs , ou même répétées après chaque verset du psaume ; l'un des deux chœurs chantant le verset , et l'autre chœur répondant par l'Antienne. C'était ainsi que les Hébreux chantaient le psaume 135 : *Confitemini Domino quoniam bonus ; quoniam in æternum misericordia ejus ;* les lévites chantaient la première partie de chaque verset, et le peuple répondait : *quoniam in æternum,* etc.

On donne à l'Appendice, Exercices Nᵒˢ 11, 12, 13, 14 et 15, le chant de diverses Antiennes.

desquels on commence la lecture d'une nouvelle série des Livres Saints; dans ces derniers cas, c'est ordinairement le second Répons des Matines suivantes qui est chanté.

Les *Répons* sont ainsi nommés parce que leurs diverses parties se répondent, ou mieux, parce que leur texte répond habituellement au texte même de la leçon précédente; cette disposition a pour objet de montrer non seulement qu'on a été attentif à la lecture, mais encore qu'on est prêt à mettre en pratique ses enseignements : « Per lectiones doctrina, » per responsoria bona opera significantur. » Card. Bona.

Les *Répons* sont composés de deux parties, le *Répons* proprement dit et son *Verset*; après le chant du Verset le chœur reprend la partie du Répons qu'on appelle *réclame*, et dont le point de départ est indiqué dans le texte par une lettre rouge; la réclame continue le sens des paroles du Verset, et en complète le chant. Quand le *Gloria Patri* doit être chanté après un Répons, il est également suivi d'une petite réclame; ce sont les derniers mots du Répons précédés d'une étoile. Depuis le dimanche de la Passion jusqu'à Pâques on omet le *Gloria Patri*, et les Répons après lesquels il est habituellement chanté, sont répétés en entier après la réclame du Verset; toutefois ce changement n'a lieu que pour les Offices du temps, et non pour ceux des fêtes.

Le style des *Répons* est plus relevé que celui des *Antiennes*; les phrases en sont plus longues et plus chargées de notes; cependant le chant doit en être assez vif et assez animé. Ainsi qu'on l'a déjà fait remarquer, tous les mots, dans nos Antiphonaires, sont séparés par de grandes barres, de telle sorte qu'il n'est pas possible de distinguer les endroits où l'on doit faire les pauses (a); on ne peut suppléer

(a) La nouvelle édition de notre grand Antiphonaire, qui se prépare, indiquera, comme le Graduel, les pauses à observer. L'exécution du chant ne pourra qu'y gagner sous le rapport de l'accord et de l'ensemble.

à ce défaut que par l'usage, et pour l'acquérir, il convient dans les commencements, de prêter une oreille attentive aux coupures faites par le chœur; la seule règle à cet égard est qu'on lie habituellement deux ou troix mots au plus, lorsque le sens des paroles le demande, et qu'ils ne sont pas trop chargés de notes; il faut tenir compte aussi, pour les pauses, de la division naturelle des phrases de la mélodie. On remarque encore qu'il n'est pas d'usage dans le chant des Répons, de couper par une pause les notes appartenant à un même mot (a).

Dans nos Antiphonaires diurnaux on a, il est vrai, tracé les divisions du chant au moyen de petites et de grandes barres; mais les pauses indiquées par ces dernières sont souvent tellement éloignées l'une de l'autre, qu'il n'est plus possible de notre temps d'observer exactement ces divisions; aussi l'usage est-il de faire, au besoin, les pauses plus fréquentes, suivant la règle précédemment indiquée.

Le chant du *Verset* est soumis à une formule uniforme pour chaque Ton; il doit s'exécuter assez posément, d'une voix égale et soutenue jusqu'à la fin; toutefois, comme dans tous les chants exécutés par une seule voix, on peut y prendre un peu plus de liberté pour accentuer davantage les pauses principales par quelques *tenues*, et donner ainsi moins de pesanteur au chant; on peut aussi quand il se rencontre une série de syllabes à chanter sur la même note, en forme de teneur, accélérer un peu le mouvement jusqu'à la première inflexion.

En principe le *Verset* doit être pris sur le ton du Répons. Le moyen pratique de conserver le ton du chœur lorsqu'on

---

(a) Dans les Antiphonaires manuscrits on a généralement placé avant la *réclame* une double barre qui ne se voit ni dans l'Antiphonaire de Pavie, ni dans nos Antiphonaires diurnaux; cela est à tort, car la *réclame* commençant fréquemment au milieu d'une phrase, ne doit pas être précédée d'une pause finale comme l'indique la double barre.

n'est pas guidé par l'oreille, est de remonter de la dernière note du Répons jusqu'à la première du Verset par les notes intermédiaires; ou bien encore, de retenir parmi les dernières notes du Répons, le son de celle par laquelle commence le Verset. Si le chœur a baissé notablement, ou qu'on ne puisse pas chanter dans son ton, on peut relever le Verset d'un ton, mais pas davantage.

Le chant des *Répons* dépend en grande partie de la bonne intonation qui leur est donnée; dans l'Art. 3 du Chapitre précédent on a indiqué les règles de l'intonation en général, et on ne saurait trop engager les commençants à se les rendre familières par l'exercice.

Les *petits Répons*, ou *Répons brefs*, se chantent à Vêpres et à Laudes après le Capitule, et après la leçon du premier nocturne de Matines, les jours fériaux d'été. On les nomme ainsi parce qu'ils sont plus courts et d'un style plus rapide que les grands Répons. A l'exception de ceux propres aux temps de l'Avent et de la Septuagésime, ils se chantent tous sur deux formules constantes et fort simples; ceux de la Septuagésime, qui ont un peu plus d'étendue, se chantent comme les grands Répons, sauf qu'après le *Gloria Patri*, on reprend à partir du commencement. Depuis le dimanche de la Passion jusqu'à Pâques, on omet le *Gloria Patri* comme dans les grands Répons.

INVITATOIRE. — L'*Invitatoire* est une antienne par laquelle commence le chant de l'Office de Matines, et qui est ainsi nommée parce qu'elle semble nous inviter à sortir de notre sommeil pour chanter les louanges de Dieu. Le texte de l'Invitatoire varie avec l'Office dont il annonce ordinairement le sujet; son chant doit être ferme, soutenu et assez élevé, afin de bien disposer les voix au début de l'Office. Par son mode d'exécution, l'Invitatoire est un véritable Répons, car il est toujours accompagné du chant du psaume *Venite exultemus*, après chaque verset duquel on le reprend en tout ou en partie.

Quant au psaume *Venite* lui-même, son chant, exécuté par un seul, demande une attention particulière pour être rendu convenablement ; c'est une des pièces capitales de l'Office dont la bonne ou mauvaise exécution se fait souvent sentir sur tout le reste. Les règles données plus haut pour le chant du Verset des Répons lui sont applicables ; les pauses doivent y être observées conformément à l'usage, à défaut d'indications données par nos livres. Lorsque le ton a notablement baissé, le chantre le relève en reprenant l'Invitatoire après le troisième verset, et seulement alors.

Le psaume *Venite exultemus* se chante sur sept mélodies différentes correspondant aux Tons des Invitatoires (*a*); elles sont toutes d'un caractère grave et doivent être chantées gravement, à l'exception cependant de la première qui, propre aux jours fériaux et aux fêtes de trois leçons, se chante un peu rondement.

Te Deum. — C'est un cantique en tout assujéti aux règles générales du plain-chant, et qui n'a de particulier que son exécution alternative par les deux chœurs. Il doit toujours être chanté gravement, plus ou moins selon le degré de l'Office.

Le chant de l'Antienne *Te decet laus* qui le suit, présente dans la plupart des Antiphonaires manuscrits une variante

(*a*) Il est à remarquer que le *Venite* du 4e Ton

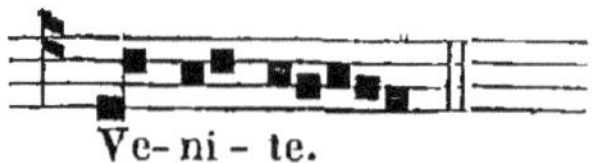

accompagne aussi quelques Invitatoires, tels que celui du Commun des Apôtres, que l'on classe dans le 1er Ton. Ces deux Tons ont en effet la même dominante *la*, et ont beaucoup de ressemblance dans la partie commune de leur échelle, dans laquelle se renferme la mélodie du *Venite* en question. Cette mélodie se termine en outre sur la note finale *ré*, ce qui a également lieu pour les Versets des Répons du 4e Ton, et ce qui donne un nouveau point de ressemblance entre ce Ton et le 1er dont la finale est *ré*.

sur les mots *in secula seculorum* ; on doit suivre exactement pour cette Antienne la notation qui en est donnée par le Missel et par l'Antiphonaire de Pavie.

OBSERVATIONS.

I. Il est d'usage que chaque chantre dirige dans son chœur le chant des grands Répons. Il donne l'intonation pour les Novices, corrige leurs fautes, supplée à leur défaut.

II. Quand le chant d'un Verset a été manqué, ou qu'il a été pris sur un ton sortant des limites convenables, le chœur doit attendre, pour reprendre la réclame, que le chantre ait rétabli le ton.

III. Après la fin du Verset de chaque Répons, nos Antiphonaires indiquent les premières notes de la réclame afin d'en faciliter la reprise. Il n'en est pas de même de la réclame des *Gloria Patri* ; car ces derniers chants ne figurant pas sur les Antiphonaires, et, de plus, leur note finale n'étant généralement pas la même que celle des Versets du même Ton, rien ne guide pour la reprise de leur réclame, ce qui cause fréquemment un peu d'hésitation dans le chœur. Pour y suppléer, il convient de suivre le chant du *Gloria Patri* sur celui du Verset précédent, et de se guider sur la dominante pour tomber juste sur la première note de la réclame.

CHAPITRE III.

DU CHANT DES PSAUMES OU PSALMODIE.

Parmi les diverses parties du chant ecclésiastique, il n'en n'est point de plus respectable par son antiquité, ni de plus importante par la fréquence de son emploi, que le chant des psaumes. Bien que l'histoire de son origine soit entourée d'obscurité, il est permis de croire, en s'appuyant sur divers passages des SS. Pères, que la psalmodie, telle à peu près que nous la pratiquons aujourd'hui, est un emprunt fait par la primitive Eglise aux institutions hébraïques; et l'on sait d'ailleurs que lorsque, au IVe siècle, St Ambroise introduisit dans l'Eglise latine la psalmodie alternative, il ne fit qu'imiter ce qui se pratiquait depuis longtemps dans les Eglises d'Orient. Quelques savants modernes (a) prétendent même, s'appuyant sur de très-anciens documents, que les chants de la Synagogue, introduits par les Apôtres dans l'Eglise catholique, nous ont été transmis sans avoir subi d'altérations notables. Quoi qu'il en soit de leur origine, les mélodies des psaumes n'en sont pas moins admirables par leur simplicité et leur variété, et dignes de notre vénération par leur antiquité.

On distingue deux sortes de psalmodie : la *psalmodie simple* ou *recto tono*, qui se chante sur la même note sans aucune variation : c'est celle que nous employons pour l'Office des morts; et la *psalmodie composée*, qui se fait avec une variation de notes plus ou moins compliquée, soit au commencement, soit aux divisions principales, soit à la fin de chaque verset.

Nous parlerons d'abord en détail de la *psalmodie composée* qui tient une si large place dans nos chants, et dont chacun de nous doit s'attacher à connaître parfaitement les règles. Mais avant d'exposer ces règles, il est nécessaire de connaître celles de l'accentuation latine; car bien que, dans notre manière de chanter les psaumes, il existe plusieurs exceptions à ces dernières règles, elles sont cependant suivies dans le plus grand nombre des cas. On doit de plus s'attacher à les observer exactement dans toutes les

(a) Le P. Martini et D. Alfieri, dont les travaux sont cités à ce sujet dans la Méthode de M. F. Clément, Maître de Chapelle de la Sorbonne.

7 *

parties des textes liturgiques qui se chantent ou se lisent *recto tono*, telles que la teneur des psaumes, des leçons, etc., et en général partout où elles ne sont pas en opposition avec les règles particulières de notre chant.

ARTICLE PREMIER.

RÈGLES DE L'ACCENTUATION LATINE.

La valeur des syllabes, telle qu'elle est observée principalement dans le chant des psaumes et celui des leçons, ne dépend pas uniquement des règles de la prosodie; il faut, dans l'appréciation de cette valeur, avoir égard surtout à l'accentuation des mots, qui modifie les règles de la prosodie d'une manière notable.

On appelle *accent*, une élévation ou un abaissement de la voix que l'on fait sur certaines syllabes des mots en les prononçant, afin de donner plus de grâce, ou plus de force, ou plus de clarté à la prononciation, et de soutenir le discours. On nomme accent *aigu*, celui qui se fait par élévation, et accent *grave*, celui qui se fait par abaissement de la voix. Quelquefois cette élévation et cet abaissement se font sur une seule et même syllabe; il en résulte un double accent, composé de l'aigu et du grave, que l'on nomme accent *circonflexe*.

L'accent aigu étant le plus saillant dans la prononciation de la langue latine, il est aussi le seul que l'on considère dans les chants de l'Eglise; à ce point qu'on lui donne le nom simple et générique d'*accent*, comme s'il existait seul. Cet accent aigu, ou simplement l'*accent*, suivant le langage adopté, se place dans chaque mot sur la syllabe privilégiée que l'on veut faire sentir plus que les autres, et sur laquelle on appuie ordinairement davantage dans la prononciation; c'est cette syllabe que l'on marque habituellement d'un accent aigu (´) dans les livres liturgiques, et qui se nomme *syllabe accentuée*. On nomme encore cet accent, *accent tonique.* Voici les principales règles de l'accentuation latine :

RÈGLES GÉNÉRALES.

1re **Règle.** — Quel que soit le nombre des syllabes d'un mot, il n'y en a jamais qu'une qui soit accentuée.

2e **Règle.** — Les monosyllabes se font généralement longs, et on se dispense pour cela de les marquer de l'accent dans les livres liturgiques (*a*).

3e **Règle.** — Dans les mots de deux syllabes l'accent est toujours sur la première syllabe, quelle que soit sa valeur prosodique. Cette position invariable de l'accent dans les mots de deux syllabes, fait qu'on en supprime également le signe dans les livres liturgiques.

4e **Règle.** — Lorsqu'un mot a plus de deux syllabes, c'est toujours la pénultième qui est accentuée, à moins qu'elle ne soit prosodiquement brève ; dans ce cas, l'accent est placé sur l'antépénultième, quelle que soit sa quantité prosodique, mais jamais plus haut (*b*).

Exemples du 1er cas. — *Vocábo, glorificávit, amáre, egrediétur, potéstas.*

(*a*) **On** distingue entre les monosyllabes ceux qui ont par eux-mêmes un sens complet, tels que les *substantifs*, les *pronoms personnels*, les *verbes* ; et ceux qui n'ayant qu'une valeur secondaire, tels que les *prépositions* et les *conjonctions*, se joignent au mot suivant dans la prononciation, et se nomment pour cela *proclitiques.* Les premiers sont toujours accentués, tandis que les autres perdent habituellement, par position, l'accent qu'ils auraient, pris isolément. Mais cette distinction est fort peu sensible en pratique ; et comme on n'en tient aucun compte dans notre manière de chanter, d'après laquelle tous les monosyllabes sont considérés comme syllabes de valeur, on a adopté pour ces mots la règle la plus simple et la plus générale.

(*b*) **Car** telle est la nature de l'oreille, dit Cicéron, qu'elle ne juge guère de l'accent des mots que par les trois dernières syllabes, comme elle ne juge de la cadence finale des périodes que par les trois derniers mots. (De Oratore.)

Exemples du 2e cas. — *Ecclésia, comédite, Dóminus, circúmdabit, docúeris.*

On nomme mots *dactyles* ou *dactyliques*, les mots de plus de deux syllabes dont la pénultième est prosodiquement brève.

5e Règle. — En général, toutes les syllabes autres que la syllabe accentuée et la pénultième des mots dactyles, sont réputées *communes* et d'*égale valeur*, quelle que soit leur quantité prosodique (*a*).

On distingue donc, dans la prononciation, trois espèces de syllabes ; les syllabes *accentuées* ou *fortes*, les syllabes *brèves* ou *faibles*, et les syllabes *communes* ou *moyennes*. Il n'y a jamais plus d'une syllabe accentuée, ni plus d'une syllabe brève dans un mot, mais le nombre des syllabes communes est indéterminé.

RÈGLES PARTICULIÈRES ET EXCEPTIONNELLES.

1re Règle. — Les mots composés s'accentuent d'après la règle générale, comme s'ils étaient des mots simples ; exemples : *quáre, quoúsque, exínde, hujúsmodi, désuper, circúmdedit*, etc. Par exception, l'adverbe *usquequò* prend, suivant nos usages, l'accent sur la dernière syllabe, comme

(*a*) « Il n'y a, dans chaque mot latin, qu'une seule syllabe qui reçoive l'accent, et par conséquent toutes les autres sont graves. Deux élévations sur le même mot n'étaient pas utiles à la fin pour laquelle l'accent a été institué ; elles auraient eu même un résultat tout opposé. Il suit de là que le nombre des syllabes graves qui précèdent l'accent, n'est pas déterminé, ce nombre pouvant varier comme l'étendue ou la composition du mot, par exemple : *misericórdia, elóquium, tetígero* ». (**M.** l'abbé Petit. *Dissertation*. page 52).

Et M. l'abbé Rousselot : « Les Grecs et les Latins n'ayant jamais reculé l'accent au-delà de l'antépénultième, la question soulevée dans quelques nouvelles Méthodes de plain-chant, touchant les syllabes qui précèdent la syllabe accentuée, et que l'on veut faire longues ou brèves, paraît tranchée.... N'est-ce pas là créer des difficultés dans le plain-chant, que son nom seul devrait en avoir bannies ? N'est-ce pas innover dans une chose importante ? » (*Règles pour la lecture du latin.*)

s'il était formé de deux mots séparés, et doit être chanté en conséquence.

2ᵉ Règle. — Lorsque deux monosyllabes se suivent devant un repos, c'est ordinairement sur le dernier que se porte l'accent; exemples : *ne sileas à mé, impii non sic, facta est nóx, in me ést*, etc.; auxquels nous joignons, d'après nos usages, *annón*, lors même qu'il est écrit en un seul mot. Cependant il est à remarquer que cette règle n'est suivie que dans le chant des médiations des psaumes et dans celui des leçons, mais non dans celui des terminaisons des psaumes, où l'on accentue au contraire le premier des deux monosyllabes (*a*).

3ᵉ Règle. — Les *enclitiques* ou particules finales *que, ne, ve*, qui se mettent à la fin des mots, déplacent l'accent et l'attirent toujours sur la dernière syllabe des mots auxquels ils sont joints. Exemples : *solidabítque, decoráque, pluitne, qualíve*, etc. Mais le *que* n'est enclitique que lorsqu'il a le sens de la conjonction *et*, et il ne déplace pas l'accent dans les mots simples tels que : *dénique, úndique, útique*, etc. Il résulte de cette règle que les particules *que, ne, ve*, doivent être considérées comme ne faisant qu'un avec les mots auxquels elles sont liées, et qu'elles perdent dès lors, quant à l'accent, leur qualité de monosyllabe. On assimile aux enclitiques la particule *ce* et la préposition *cum* qui se placent à la fin de certains mots tels que : *hoécce, hujúsce, técum, vobíscum*, etc.

4ᵉ Règle. — Lorsqu'un monosyllabe, autre qu'une enclitique, est lié par le sens à un polysyllabe qui le précède, il n'influe pas ordinairement sur l'accentuation de ce dernier et laisse en particulier à sa dernière syllabe sa valeur *com-*

(*a*) Quelques Méthodes donnent une règle opposée et prescrivent d'accentuer le premier des deux monosyllabes ; mais M. l'abbé Petit démontre (page 88) que l'accent doit porter au contraire sur le second, et nous adoptons cette dernière règle parce qu'elle est en effet d'une application plus générale dans notre chant.

7.

mune; ainsi on prononce de la même manière : *fecit nos* et *fecit cœlum*, *júdica me* et *júdica causam*, *salva me* et *salva pópulum*. Telle est la règle que l'on doit suivre dans la lecture ordinaire, et c'est aussi celle que nous suivons en général dans le chant des psaumes et des leçons, dans lequel nous traitons comme syllabe de valeur la dernière syllabe du mot suivi d'un monosyllabe ; il n'y a d'exception que pour les terminaisons qui finissent par un monosyllabe, dans lesquelles la pénultième syllabe se fait toujours brève (*a*).

5ᵉ Règle. — Les mots dont la syllabe finale est retranchée ou mutilée, tels que les adverbes *illìc*, *istìc*, *adhùc*, *illùc*, *istùc*, etc., auxquels nous joignons le datif *huic*, et qui sont pour *illìcce*, *adhùcce*, *illùcce*, etc., gardent l'accent comme s'ils n'avaient pas éprouvé de mutilation, de la manière suivante : *illíc*, *istíc*, *adhúc*, *illúc*, etc., et se chantent en conséquence. Cependant nous chantons, par exception, l'adverbe *illìc*, comme un mot ordinaire de deux syllabes, dans la terminaison du quatrième verset du psaume 86 : *hi fuérunt illíc*.

(*a*) Certaines Méthodes donnent pour règle générale que lorsqu'un monosyllabe est lié par le sens à un polysyllabe qui le précède, il rend toujours brève la dernière syllabe de ce mot : *creátă sunt*, *génuĭ te*, *facĭt hæc*, *timéntibŭs te*; d'autres Méthodes n'admettent cette règle que lorsque la pénultième du mot qui précède le monosyllabe est longue et non autrement, et prescrivent de prononcer concuremment : *factă sunt*, *nostrŏ sunt* et *liberă me*, *éripē me*. M. l'abbé Petit démontre que cette règle est arbitraire et n'a rien de fondé; l'on peut même ajouter qu'elle consacre des fautes choquantes contre la quantité : *potèns est*, *adjuvábŭnt me*; et l'honorable auteur n'admet d'exception à la règle que nous avons formulée d'après lui que dans le cas d'un *hiatus*, c'est-à-dire dans le concours de deux voyelles dont la première est brève, ou d'un *m* et d'une voyelle, auxquels cas il fait brève la syllabe qui précède le monosyllabe : *plenă est*, *apértŭm est*. Nous ne tenons même pas compte de cette exception dans le chant, et la seule que nous admettons, à la fin des terminaisons, tient à une raison particulière qui sera indiquée en son lieu; toutefois, dans la simple lecture, c'est ainsi qu'il convient de prononcer ces derniers mots.

6e Règle. — Les noms hébreux et étrangers qui ont une terminaison latine et qui sont déclinables, prennent l'accent à la manière des mots latins ou, comme nous le disons, se prononcent *more latino*; exemples : *Cethúra*, *Jacóbus*, *Adámus*, etc. Quant aux noms hébreux et étrangers qui ont conservé leur forme primitive, ce qui a lieu lorsqu'ils sont *indéclinables*, ils portent l'*accent sur la dernière syllabe*, ou comme nous le disons, se prononcent *more hebraico* : *Adám*, *Jacób*, *Jerusalém*, *Israél*, *David*; mais il faut remarquer que cet accent final est un accent de convention qui indique la prononciation hébraïque, et qui n'est usité qu'à la fin des médiations et terminaisons des psaumes, ainsi que des points des leçons, épîtres, etc.; hors de là ces mots se prononcent comme ils sont accentués dans les livres liturgiques, à la manière des latins; exemples : *Beélphegor*, *Chánaam*, *Jerúsalem*, *Abiron*, *Eleázar*, etc., (a).

Les noms communs indéclinables et locutions tirées de l'hébreu, tels que *ephod*, *ephpheta*, *amen*, *alleluia*, *manna*, *racca*, etc.; et quelques autres étrangers tels que *omega*, etc., suivent la même règle; cependant le mot *amen* se chante, par exception, *more latino*, à la fin de chaque psaume.

Suivant nos usages, on accentue pareillement *more hebraico* un assez grand nombre de noms propres déclinables, hébreux et étrangers; mais comme ces noms se rencontrent presque exclusivement dans le chant des Leçons, Épîtres et Évangiles, on en renvoie la nomenclature dans un article spécial du chapitre des Leçons.

Quant aux noms grecs, plusieurs ont aussi conservé leur accentuation originaire, tels que *Ænéas*, *Andréas*, *idéa*, *prophetía*, etc.; d'autres se sont entièrement latinisés et prennent l'accent à la manière des mots latins : *Bárnabas*, *blasphémia*, *ecclésia*, etc., (a).

(a) Dans la Bible du chœur de la Grande Chartreuse l'on a marqué d'un accent, à la main, la dernière syllabe des mots que l'on doit chanter *more hebraico*.

REMARQUES DIVERSES.

I. — Ce sont ces règles exceptionnelles de l'accentuation qui motivent la manière particulière de chanter les mots qui en sont l'objet dans les médiations et les terminaisons des psaumes, ainsi que dans les leçons, comme il va être expliqué dans les articles suivants.

II. — Les accents graves et circonflexes que l'on rencontre aussi dans les livres liturgiques, n'ont qu'une valeur orthographique. Cependant lorsque l'accent circonflexe se trouve placé sur la syllabe qui doit recevoir l'accent tonique, il tient lieu de cet accent.

III. — Lorsque la voyelle de la syllabe antépénultième d'un mot est une lettre *majuscule*, un *y*, un *æ* ou un *œ*, et que l'accent doit être placé sur cette syllabe, il n'est point indiqué dans les livres liturgiques; ainsi l'on trouve sans accent les mots *Angelus*, *Omnia*, *Agabus*, *Eripe*, *adhœreat*, *quœrite*, *tympanum*, *sœculum*, etc. Cela vient de ce que ces caractères, accentués, n'existent pas ordinairement dans l'imprimerie. Lors donc que l'on rencontre des mots de plus de deux syllabes sans accent, et dont la voyelle de l'antépénultième est un de ces caractères, il faut en conclure que c'est cette voyelle qui doit porter l'accent; à moins que la pénultième ne soit elle-même un *æ* ou un *œ*, ou une autre

(a) L'on peut consulter pour plus de détails sur toute cette question de l'accentuation latine dans les chants liturgiques, la *Dissertation* de M. l'abbé Petit. Il démontre en résumé que c'est commettre une grave erreur que d'appliquer d'une manière absolue les règles de la prosodie poétique à tous les genres d'élocutions; qu'en prétendant se rapprocher par là de la pure latinité, on s'en éloigne au contraire et on altère la véritable prononciation. Le vrai principe, c'est que *l'accent tonique* est l'élément principal de la prononciation commune et de la prose, comme *l'accent métrique* est l'élément propre de la poésie. D'où cette règle fondamentale sur laquelle roule toute la récitation et le chant des textes liturgiques, savoir : *l'accent seul, et non la quantité, détermine la valeur temporaire des syllabes.* (*Dissertation* page 25 et suiv.).

voyelle suivie de deux consonnes, auxquels cas c'est cette pénultième qui doit être accentuée, comme dans les mots : *Ægyptus*, *Idumœa*, *adhæsit*.

CONCLUSION DE CET ARTICLE.

En résumé, il ressort de ce qui précède :

1o Qu'il ne faut point confondre les règles de l'accentuation latine avec celles de la prosodie.

2o Qu'il est toujours facile, avec un peu d'attention, d'observer régulièrement les règles de l'accentuation dans la lecture des livres accentués ; puisqu'à part les syllabes pénultièmes prosodiquement brèves dans les mots de plus de deux syllabes, lesquelles se reconnaissent à la position de l'accent sur l'antépénultième, toutes les autres syllabes non accentuées sont *égales* et *communes*, sauf un très-petit nombre d'exceptions qu'il est facile de retenir ;

3o Que, quant à la lecture des livres non accentués, la difficulté se borne à connaître la quantité prosodique des syllabes pénultièmes dans les mots de plus de deux syllabes (*a*).

4o Que les règles de l'accentuation subissent plusieurs exceptions dans le chant des psaumes, afin de rendre l'exécution de ce dernier plus facile, mais qu'elles doivent y être suivies en principe dans tous les cas où elles ne sont pas contraires aux règles particulières de ce chant, telles qu'elles sont données dans l'article suivant.

Nota. On a vu que le plain-chant proprement dit, à cause de sa marche égale, uniforme et sans rhythme, était, d'après nos usages, affranchi des règles de l'accentuation. Quant aux hymnes, elles demeurent soumises aux règles de la prosodie.

(*a*) Voir l'art. 5 du chapitre suivant, qui donne les règles de la prosodie latine en ce qui concerne spécialement la quantité de ces syllabes pénultièmes.

ARTICLE II.

DE LA PSALMODIE COMPOSÉE.

—

§ 1er. DÉFINITIONS.

On distingue dans le chant composé des psaumes quatre parties principales qui sont : 1° l'*Intonation*, 2° la *Teneur*, 3° la *Médiation*, 4° la *Terminaison*.

INTONATION. — On nomme *Intonation* d'un psaume les trois ou quatre premières notes qui commencent le chant de ce psaume et le conduisent à la *dominante*. L'intonation ne se fait qu'au premier verset de chaque psaume, et même, lorsque l'on chante plusieurs psaumes de suite sous une même antienne, l'intonation n'a lieu qu'au premier ; les autres versets commencent par la dominante. Le *Magnificat* et le *Benedictus* font exemption à cette règle, comme il sera expliqué plus loin.

Le chant des psaumes s'exécute sur les divers Tons du plain-chant ; chaque Ton a son intonation propre, comme on le voit dans le tableau ci-après.

TENEUR. — On nomme *Teneur* tout ce qui, dans chaque partie du verset, se chante *recto tono* sur la dominante. On a déjà vu que chaque Ton a sa *dominante* particulière qui, avec la *finale*, sert à le déterminer.

MÉDIATION. — La *Médiation* est une variation de notes, ou au moins un prolongement de sons, qui se fait à la fin de la première partie du verset pour amener le repos qui termine cette partie ; quelquefois, le verset se divise en trois et même quatre parties ; la médiation se répète alors deux ou trois fois. Chaque division du verset est marquée par un astérisque (*), mais plus ordinairement dans nos livres, par deux points (:), et quelquefois, par un point d'interrogation (?) ou d'exclamation (!), quand le sens de la phrase le demande. Chaque Ton a une médiation qui lui est propre. Après la médiation on fait une pause, qui se nomme *repos* ou *pause de la médiante*, ou simplement *médiante*, dont il sera parlé plus en détail dans l'article suivant ; puis le chant du psaume reprend sur la dominante jusqu'à la terminaison.

TERMINAISON. — La *Terminaison* est une variation de notes par laquelle se termine chaque verset du psaume, et qui conduit de la teneur au repos final du verset. Elle n'est pas comme la médiation et l'intonation, unique pour chaque Ton ; mais la plupart des Tons ont plusieurs terminaisons qui produisent une agréable variété dans le chant des psaumes. Après la terminaison on ne fait pas de repos sensible, comme après la médiation ; chaque partie du chœur reprend le verset suivant, dès que la partie opposée a terminé celui qu'elle chante (a).

Il convient de remarquer que les médiations et les terminaisons commencent à proprement parler sur la dernière note de la teneur qui les précède ; car c'est sur cette note que la voix commence à s'appuyer pour rendre avec plus d'assurance la médiation ou la terminaison ; toutefois, pour plus de simplicité, dans le tableau qui va suivre et dans l'exposition des règles du chant des médiations et des terminaisons, on considèrera ces dernières comme commençant à la première note qui quitte la teneur.

(a) Dans l'Antiphonaire de Pavie, les terminaisons sont nommées *Cadentiæ*, *cadences*. La plupart des Méthodes distinguent deux sortes de terminaisons : les *complètes*, qui ont pour dernière note la finale du Ton ; et les *incomplètes*, dont la dernière note est différente de la finale du Ton. Dans les livres liturgiques où l'on indique la dernière note des terminaisons par une lettre, la terminaison complète est distinguée par une *majuscule*, et la terminaison incomplète par une *minuscule*. Ces distinctions et indications ne sont point en usage dans nos livres.

TONS	INTONATIONS	TENEUR	MÉDIATIONS	TENEUR
1ᵉʳ Ton	1 2		1 2	
2ᵉ Ton	1 2 3			
3ᵉ Ton	1 2		1 2 3 4	
4ᵉ Ton régulier	1 2 3		1 2 3 4	
4ᵉ Ton transposé	1 2 3		1 2 3 4	
5ᵉ Ton	1 2 3		1 2	
6ᵉ Ton	1 2		1 2	
7ᵉ Ton	1 2		1 2 3 4	
8ᵉ Ton (a)	1 2 3		1 2	

(a) Les intonations et les médiations des psaumes selon l'Antiphonai

Romain, tel qu'il est généralement usité en France, sont les mêmes que les

INTONATIONS.

Intonations de deux syllabes,	ayant deux notes sur une même syllabe, appelées *Intonations liées*. (1er, 3e, 6e et 7e Tons.)	4
Intonations de trois syllabes,	n'ayant qu'une seule note sur chaque syllabe appelées *Intonations non liées*. (2e, 4e, 5e et 8e Tons.)	5

MÉDIATIONS.

Médiations de deux syllabes	Ne sortant pas de la teneur. (1er et 6e Tons)	2
	Dont la première note s'élève au‑dessus de la teneur. (2e, 5e et 8e Tons).	3
Médiations de quatre syllabes	Dont la première note s'élève au‑dessus de la teneur. (3e et 7e Tons).	2
	Dont la première note s'abaisse au‑dessous de la teneur. (4es Tons, régulier et transposé).	2

TERMINAISONS.

De une syllabe		1
De deux syllabes.		2
De trois syllabes.		3
De quatre syllabes,	Dont la première note s'élève au‑dessus de la teneur. (Ce sont toutes les terminaisons des 5e, 7e Tons).	6
	Qui lient la dernière note de la teneur avec la première de la terminaison (4e et 5e du 3e Ton); assimilées, dans la pratique, aux précédentes.	2
De quatre syllabes,	Dont la première note est inférieure à la teneur.	13
De cinq syllabes,	Id.	4
	Total des terminaisons	31

nôtres ; il s'y joint toutefois un 8e Ton irrégulier qui est remarquable par

OBSERVATIONS.

I. Il ressort de la récapitulation qui précède, que les médiations et les terminaisons se partagent en deux principales catégories, savoir : celles dont *la première note est au-dessus de la teneur*, et celles dont *la première note est au-dessous de la teneur*. C'est sur cette distinction importante que sont basées en grande partie les règles de la psalmodie qui vont être données.

ses deux dominantes et qui se compose ainsi :

8e Ton irrégulier selon l'Antiphonaire Romain.

En Italie, le *Directorium Chori Romani*, de *Guidetti*, donne, pour les 1er, 3e et 6e Tons, des médiations différentes :

1er Ton.   3e Ton.

6e Ton.

Enfin les 25 terminaisons Romaines se retrouvent presque toutes parmi les nôtres.

Le chant Parisien se distingue par le nombre et la complication de ses formules ; il ne compte pas moins de 41 terminaisons.

Le chant des Cisterciens, au contraire, est très-simple; ils n'ont d'intonations que pour les Cantiques Evangéliques, et commencent les psaumes, dès le premier verset, par la dominante; ils n'admettent, en outre, qu'une ou deux terminaisons, au plus, pour chaque Ton : en tout 15 terminaisons pour les 8 Tons ; il est vrai que, comme ils psalmodient simplement la majeure partie de leurs Offices, ils n'ont pas besoin d'une aussi grande variété de formules. Le chant des Cisterciens a encore cela de particulier que le premier membre des versets les plus longs, est divisé en deux par

II. Les lettres *E u o u a e*, qui se trouvent dans les Antiphonaires sous la formule des terminaisons, sont les voyelles des syllabes longues des mots *seculorum Amen;* on a préféré, dans le tableau qui précède, indiquer, par des chiffres, les syllabes qui composent les médiations et les terminaisons, afin qu'on s'habitue à en remarquer le nombre et à l'observer dans l'éxécution du chant, chose importante, surtout pour les commençants.

Les notes à queue qui figurent dans le tableau précédent, ainsi que dans les exemples qui vont suivre, indiquent les seules notes qui, d'après notre méthode, exigent une syllabe accentuée.

III. L'on ne doit point confondre l'intonation du 3e Ton avec celles des 2e et 8e Tons; leur différence est peu sensible, et ne consiste que dans la liaison des deux dernières notes dans l'intonation du 3e Ton; les médiations de ces Tons

une *flexe* ⅂ ou inflexion au-dessous de la dominante, d'une seconde ou d'une tierce, suivant les Tons;

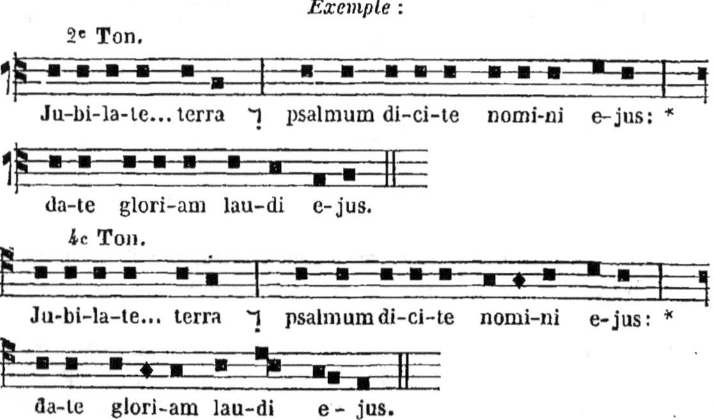

Quant à nous, dans le même cas, on sait que nous répétons la médiation, une ou plusieurs fois, selon l'étendue du verset.

Dans le rit Romain tous les versets, quelle que soit leur étendue, n'ont qu'une seule division.

sont au contraire fort différentes. Faute de cette attention, on est exposé, lorsque le premier verset d'un psaume ne permet pas au chantre de donner la médiation, comme dans le *Magnificat* et le·psaume *Ego dixi*, de chanter au deuxième verset une médiation pour l'autre.

IV. Dans la 1re terminaison du 4e Ton, qui a pour note finale la finale même de ce mode, l'ancien usage, dont on retrouve l'existence dans la Méthode *Forma psallendi*, est de faire le *fa* ✳, ainsi qu'il suit :

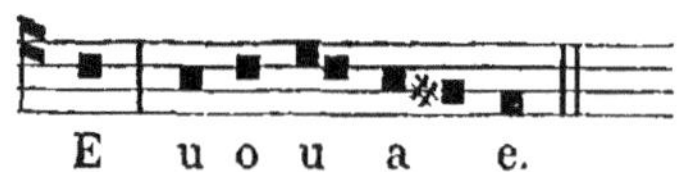

C'est tout-à-fait le même cas que pour le *Te Deum*, dans les passages *Tu Rex gloriæ Christe* et suivants (*a*).

V. Les médiations et terminaisons, telles qu'elles sont notés dans le tableau qui précède, supposent que toutes les syllabes qui leur sont appliquées sont longues, et qu'elles n'appartiennent pas à des mots qui ont des règles particulières d'accentuation, tels que les mots hébreux indéclinables et certains autres. Dans cette hypothèse, le chant des psaumes offre peu de difficulté, car il suffit d'appliquer, en suivant leur rang, une syllabe à chaque note. Mais il est une foule de cas où la présence des syllabes brèves, des monosyllabes et des mots hébreux, modifie cette notation et en rend l'exécution souvent assez compliquée ; il importe donc de les étudier avec soin, si l'on veut donner au chant des psaumes l'ensemble et l'accord désirables.

Pour l'intelligence des règles qui vont suivre, il est indispensable de connaître celles de l'*accentuation* qui ont été développées dans l'article précédent.

(*a*) Voir ce qui a été dit à ce sujet dans la note (*a*) de la page 61.

8.

§ 3e. **Effet des syllabes pénultièmes brèves, des monosyllabes et mots hébreux, dans les intonations, médiations et terminaisons (a).**

I. INTONATIONS.

Règle générale.

Dans toutes les Intonations, même dans les Intonations liées, les syllabes brèves comptent à leur rang comme les autres syllabes, et n'y apportent aucun changement.

Exemples d'intonations non liées.

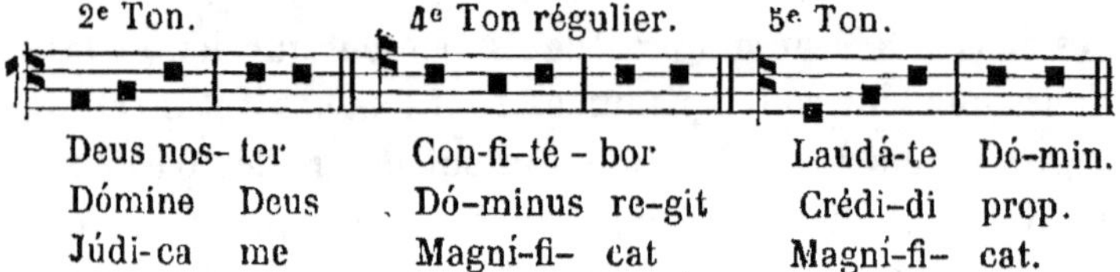

Exemples d'intonations liées.

(a) Toutes les règles qui suivent ont été tirées des règles et des nombreux exemples contenus dans la Méthode *Forma psallendi*; seulement en les réduisant en règles générales, on a pu présenter, avec plus de méthode, toute la théorie du chant des psaumes.

Dans tout le présent chapitre, les barres qui se trouvent dans les exemples n'indiquent pas un repos, mais servent seulement à distinguer les intonations, les médiations et les terminaisons.

REMARQUE : Cette méthode, en ce qui concerne les intonations liées, est contraire aux exigences de l'accent qui ne permettent pas de placer la liaison sur une syllabe brève ; elle est également contraire à l'usage général reçu aujourd'hui (a), et à ce que nous observons nous-mêmes dans les médiations et les terminaisons. Mais elle a l'avantage de ne pas altérer l'intonation, ce qui est important pour la distinction des Tons, et a en outre le mérite d'être, de beaucoup, la plus ancienne ; elle était même, autrefois, la seule en usage, ainsi que le prouvent les vieux manuscrits (b).

II. MÉDIATIONS.

Règle générale.

1º *La pénultième note de toute médiation doit être placée sur la dernière syllabe accentuée qui précède la médiante.*

2º *Dans les médiations de quatre syllabes dont la première note est au-dessus de la teneur, savoir celles des 3ᵉ et 7ᵉ Tons,*

(a) Dans le chant Romain, et généralement aujourd'hui, les syllabes brèves ne comptent pas dans les intonations liées, lorsqu'elles tombent sur la liaison ; ainsi l'on chante :

Ou suivant une autre méthode :

(b) On peut voir à ce sujet la *Dissertation* de M. l'abbé Petit, page 118.

cette première note doit en outre être placée sur une syllabe accentuée ou au moins commune , à l'exclusion de la syllabe pénultième brève des mots dactyles (a).

3° Mais dans les médiations de quatre syllabes dont la première note est inférieure à la teneur , c'est-à-dire celles des 4es Tons, régulier et transposé , toutes les notes qui précèdent la pénultième peuvent tomber sur une syllabe quelconque.

Exemples :

Médiations de deux syllabes.

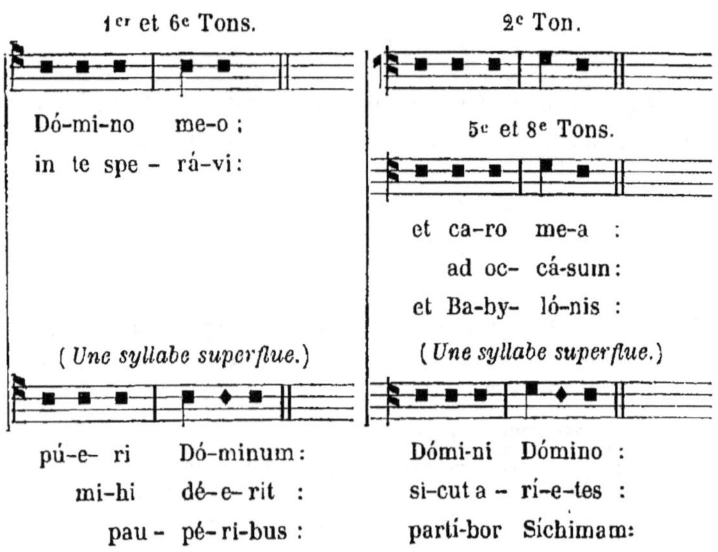

(a) La Méthode *Forma psallendi* formule ainsi cette règle :

« Nota vero quod quoties, in 3o et 7o tonis, accentus mediationis incipit in ultimâ syllabâ alicujus dictionis , non debet in penultimam rejici, sed in eâdem ultimâ inchoari. Quoties autem accentus mediationis, in 3o tono et 7o, cadit in penultimam brevem, debet contrahi in antepenultimam. »

Médiations de quatre syllabes qui commencent par une élévation.

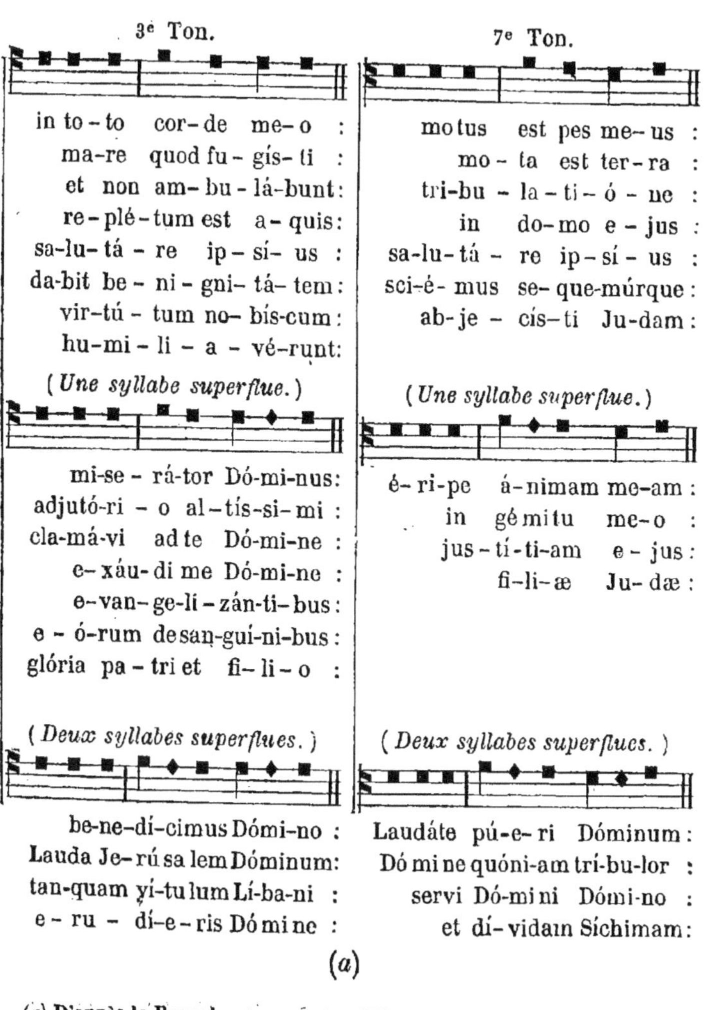

(a)

Médiations de quatre syllabes qui commencent par un abaissement.

et   vo- ce psalmi :
Dó-mi – ne spes me-a :
Dó – mi-no me-o :
com- pe–di – tó-rum :
re–plé- tum est a- quis:
(*Une syllabe superflue*).

a cous-péctu Dó-mi-ni :
Is-ra – ël in Dó-mi-no :
be-nedi – cimus Dó-mi-no :
mi – se-ri-cór-di-am :
et   non ex-áu-di-es :

Première Remarque. — La règle qui exige une syllabe accentuée pour la pénultième note de toute médiation, est fondée sur ce que cette note procédant généralement par élévation, ou étant au moins l'objet d'un prolongement de la

brève, ni sur la dernière syllabe d'un mot ; ce qui demande sept syllabes, pour ces médiations, dans le cas où nous n'en mettons que cinq.

Exemple :

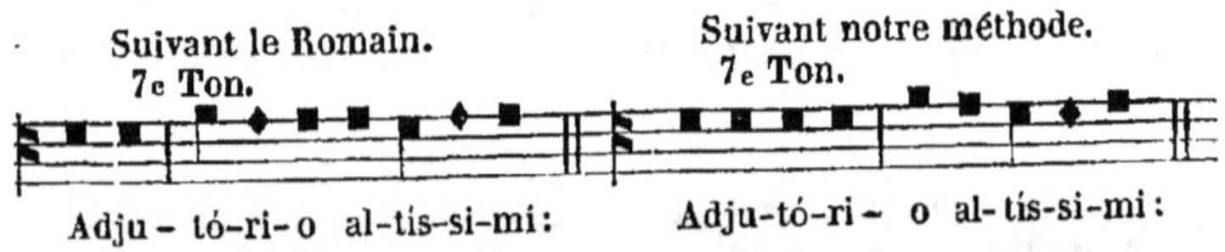

D'après certaines Méthodes même , quand deux monosyllabes se suivent au commencement de ces médiations , on ne peut , non plus , faire l'élévation sur le dernier , ce qui ajoute une nouvelle complication.

voix, exprime la fonction propre, le caractère essentiel de l'accent. Par un motif semblable, la première note des médiations de quatre syllabes qui commencent par une élévation devrait en principe porter sur une syllabe accentuée; mais afin de simplifier les formules, l'antique usage de notre Ordre est de faire l'élévation sur une syllabe de valeur *commune* lorsqu'elle se présente naturellement. Dans les médiations de quatre syllabes dont la première note s'infléchit, cette note ne retenant pas la voix, peut recevoir même une syllabe brève.

La même remarque s'applique en tous points aux terminaisons.

DEUXIÈME REMARQUE. — La dernière syllabe d'un mot suivi d'un monosyllabe auquel il est lié, et qui d'après la règle de l'accentuation donnée pour ce cas, conserve généralement sa valeur *commune*, peut aussi se placer sur la première note des médiations des 3e et 7e Tons, ainsi que l'indiquent les exemples précédents, *replétum est aquis*, *mota est terra exáudi me Domine*; mais il est à remarquer que cette disposition n'est admise ni à la fin des médiations qui sortent de la teneur où, comme on va le voir bientôt, l'élévation est réservée pour le monosyllabe final, par la suppression de la dernière note, ni à la fin des terminaisons où l'on annulle toujours la dernière syllabe du mot qui précède ce monosyllabe. Pour se rendre compte de cette différence, il faut admettre qu'on s'est préoccupé surtout du soin de mettre en relief l'accent final, comme étant le plus saillant, adoptant pour les autres cas la méthode la plus simple et la plus générale (*a*).

(*a*) Cette observation judicieuse est faite par M. l'abbé Petit dans une note sur le chant des Chartreux, qui se trouve à la fin de son ouvrage précité (page 367.) Elle est très propre à expliquer la plupart des anomalies que l'on rencontre dans notre chant des psaumes, et l'on peut dire même que c'est sur ce principe qu'en repose toute la théorie.

La même remarque s'applique aux terminaisons.

TROISIÈME REMARQUE. — On voit par les exemples qui précèdent, que, lorsqu'une syllabe brève tombe sur une note qui exige une syllabe accentuée ou au moins commune, c'est sur la syllabe précédente que l'on place cette note. La syllabe brève est alors en excédant du nombre des syllabes et notes réelles de la médiation, et se nomme pour cette raison *superflue* ou *survenante*. Les syllabes superflues sont indiquées par des losanges, dans tous les exemples donnés ; on reviendra un peu plus loin sur la manière de les chanter. Cette remarque s'applique également aux terminaisons.

Médiations (Suite).

Règle spéciale

aux monosyllabes et aux mots hébreux.

1° *Lorsque la première partie d'un verset se termine soit par un monosyllabe, soit par un mot hébreu indéclinable, ou autre accentué* more hebraico :

Dans les Tons où la médiation ne sort pas de la teneur, savoir, les 1ers *et* 6e *Tons, on ne tient pas compte de l'accent placé sur la dernière syllabe, mais la pénultième syllabe se fait longue dans tous les cas (a) ;*

Dans tous les autres Tons, la médiation s'arrête sur la pénultième note et perd sa dernière note, à l'exception de celle du 7e *Ton qui perd son antépénultième note ; la pénultième syllabe se fait également longue dans tous les cas.*

2° *Lorsque la première partie d'un verset se termine par deux monosyllabes, on suit en tout point la même règle.*

(a) Voici la règle donnée sur ce point par la Méth. *Forma psallendi* :

« Quando versus, in psalmodiâ recto tono, terminantur vel mediantur per dictionem monosyllabam aut hebraicam semper penultima fit longa, sine exceptione ; quod est etiam observandum in 1i et 6i tonorum mediatione. »

Exemples :

Médiations qui ne sortent pas de la teneur.

1er et 6e Tons.

Médiations qui perdent leur dernière note.

2e Ton.

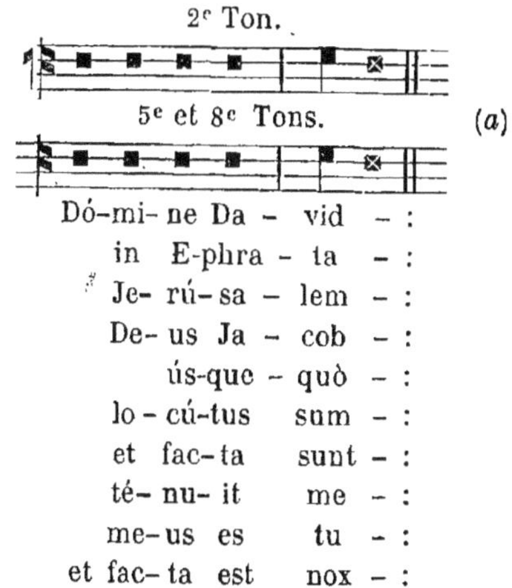

5e et 8e Tons. (*a*)

(*a*) Dans tous les exemples de médiations *tronquées* on a conservé, en la barrant, la note supprimée, afin qu'on pût mieux saisir le rapport qui existe entre ces médiations et les médiations ordinaires ; mais dans la lecture, ces notes doivent être omises.

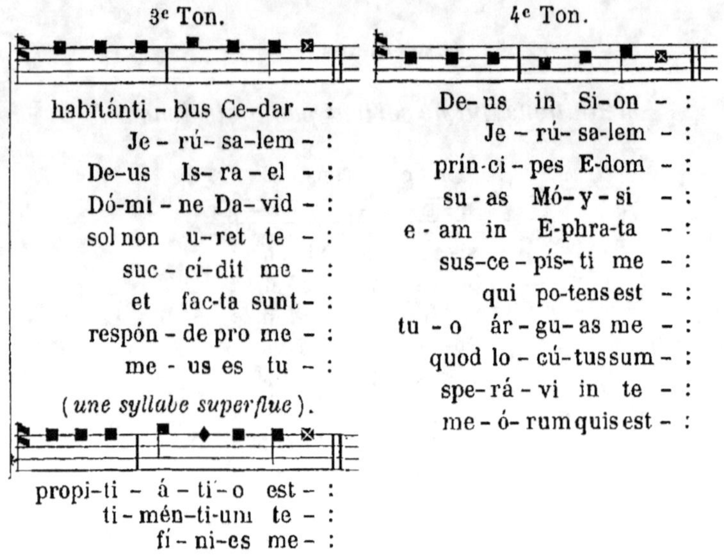

Médiation qui perd son antépénultième note.

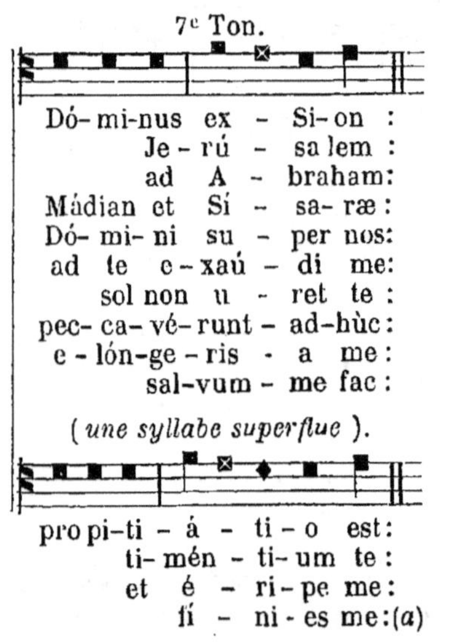

(a) Dans le Romain on ne tient compte des monosyllabes et des mots

Première Remarque. — Cette règle, concernant les monosyllabes et les mots hébreux indéclinables, modifie sensiblement la mélodie des médiations, et produit un effet qui paraît d'abord bizarre ; cependant il est facile de reconnaître qu'elle rentre dans la règle générale, si l'on considère que dans ces cas l'accent se trouvant exceptionnellement sur la dernière syllabe, on a été conduit à supprimer la dernière note de la médiation, afin que cette syllabe accentuée portât sur la pénultième note, comme dans le cas général. Le 7ᵉ Ton, par exception, perd son antépénultième note, parce que la dernière, procédant par élévation, exprime mieux que celle qui la précède le rôle de la syllabe accentuée.

Pour ce qui est de l'occurence de deux monosyllabes à la fin d'une médiation, la présente règle n'est qu'une application de la règle des accents donnée pour ce cas.

La suppression d'une note essentielle dans ces médiations, leur a fait donner le nom de médiations *rompues* ou *tronquées*.

Deuxième Remarque. — On doit remarquer cette disposition qui nous est particulière, et qui consiste à faire longue, dans tous les cas, la pénultième syllabe des médiations des 1ᵉʳ et 6ᵉ Tons, lorsqu'elles se terminent par un monosyllabe ou un mot hébreu indéclinable. La même règle est applicable à toutes les autres médiations ; nos anciennes Méthodes manuscrites sont précises à cet égard.

hébreux qu'à la fin des médiations des 2ᵉ, 4ᵉ, 5ᵉ et 8ᵉ Tons ; dans les autres médiations on les traite comme des mots ordinaires. Ainsi l'on chante,

d'un côté, comme nous :　　　　　et de l'autre côté, en abandonnant toute distinction :

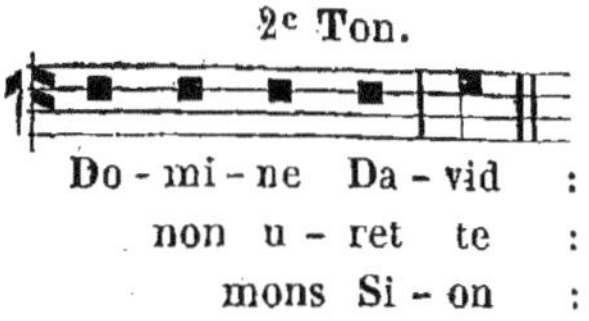

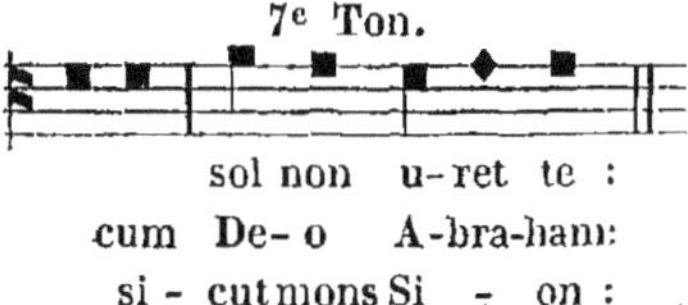

Cette règle est basée sur ce principe déjà émis, et qui est d'une application générale dans notre chant, qu'à part l'accent final des formules qui a un rôle privilégié , on se contente, pour les tenues et les élévations de la voix, d'une syllabe de valeur commune, à la seule exclusion des pénultièmes brèves des mots dactyles , afin de ne pas compliquer les formules. Or, dans toutes ces médiations, l'accent final portant sur la dernière syllabe , et étant exprimé dans la plupart par une modification de la mélodie , on se contente pour la tenue à observer sur l'avant dernière note , de la syllabe pénultième , soit qu'elle précède un monosyllabe , soit qu'elle appartienne à un mot hébreu ; car on a vu que, d'après la 4ᵉ règle particulière de l'accentuation , nous admettons comme commune la syllabe qui précède un monosyllabe devant un repos ; et , en ce qui concerne les mots hébreux , leur accent se trouvant déplacé et porté sur la dernière syllabe, toutes les syllabes précédentes doivent être également considérées comme communes , conformément à la 5ᵉ règle générale de l'accentuation. Quant aux médiations qui ne sortent pas de la teneur , elles n'expriment, il est vrai, par aucune modification le déplacement de l'accent final, mais on les traite de la même manière afin de soumettre à une règle unique toutes les médiations d'une même espèce.

Cette règle est aussi applicable tant aux médiations qu'aux terminaisons de la psalmodie simple , ainsi qu'au chant des leçons et de toutes les autres parties de l'Office du même genre ; et si , par exception, l'on s'en écarte pour les terminaisons qui finissent par un monosyllabe ou un mot hébreu indéclinable, dans lesquelles on annule d'une manière générale la pénultième syllabe, quelle qu'elle soit , cela tient à une raison particulière, comme on l'expliquera bientôt.

Troisième Remarque. — Bien que, dans les médiations rompues, la dernière syllabe porte l'accent, et soit, presque dans tous les cas, l'objet d'une élévation de la voix, on ne doit pas pourtant, en pratique, en prolonger le son ; c'est sur la pénultième syllabe que la tenue doit se faire comme dans le cas général, ainsi qu'on l'a dit dans la remarque précédente. On traite plus loin, dans un article spécial, de la valeur à donner, dans l'exécution du chant, aux diverses syllabes des médiations et terminaisons ; il n'est principalement question ici que du rapport des syllabes avec les notes, eu égard à l'accentuation.

III. TERMINAISONS.

Règle générale.

1° *Dans toute terminaison, la pénultième note ou liaison de notes, doit être placée sur la dernière syllabe accentuée du verset.*

2° *Dans les terminaisons de quatre syllabes dont la première note s'élève au-dessus de la teneur, savoir celles des 5e et 7e Tons, cette première note doit en outre être placée, comme dans les médiations de même nature, sur une syllabe accentuée ou au moins commune.*

3° *Enfin dans les terminaisons de quatre syllabes dont la première note s'abaisse au-dessous de la teneur, ainsi que dans celles de cinq syllabes, qui toutes ont ce caractère, toutes les notes qui précèdent la pénultième peuvent tomber sur une syllabe quelconque.*

Cette règle est, comme on le voit, identique avec celle des médiations ; il suffira de quelques exemples des principaux cas, pour en saisir tous les détails.

9.

Exemples :

Terminaisons de

une syllabe.

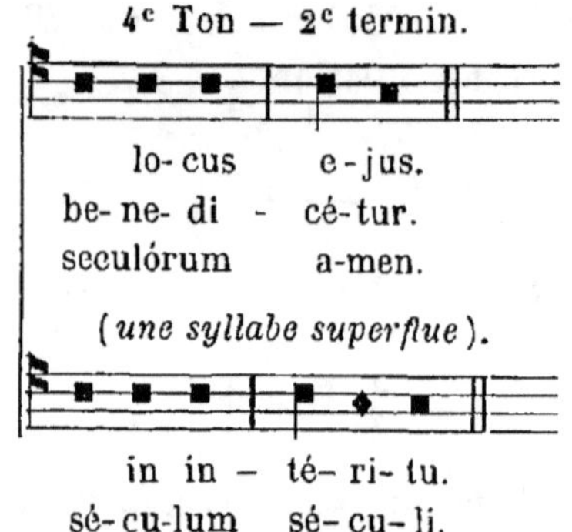

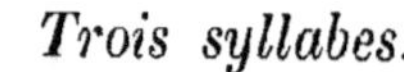

Deux syllabes.   ### Trois syllabes.

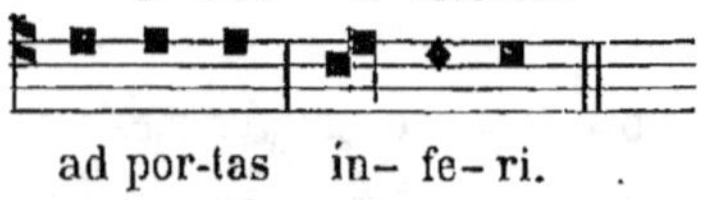

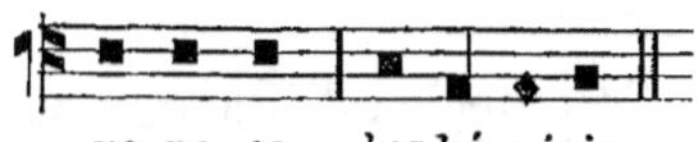

Terminaisons de quatre syllabes qui commencent par une élévation.

(a) **D'après le Romain**, et de même qu'on l'a remarqué pour les média-tions, dans les terminaisons de quatre syllabes qui commencent par leur note la plus élevée, cette première note doit toujours porter sur une syllabe accentuée, ce qui peut nécessiter sept syllabes pour des ter-minaisons qui, chez nous, n'en emploient que cinq.

Exemple :

Terminaisons de quatre syllabes qui commencent par une liaison.

Terminaisons de quatre syllabes qui commencent par un abaissement.

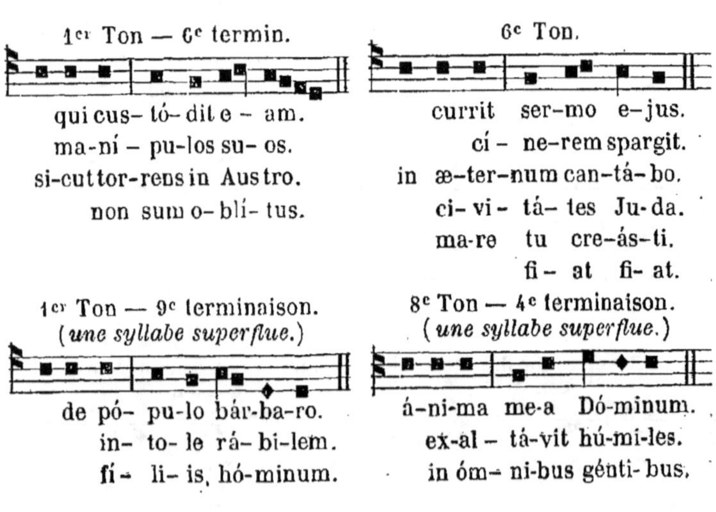

Terminaisons de cinq syllabes qui commencent par un abaissement.

Première Remarque. — La 2e terminaison du 4e Ton, qui n'a qu'une syllabe, doit être considérée, dans la pratique, comme composée de deux syllabes, dont la pénultième s'appuye sur la dernière note de la teneur, conformément aux exemples qui précèdent.

Bien que la première note des deux terminaisons de deux syllabes (1er Ton, 1e. — 3e Ton, 2e.) soit inférieure à la teneur, elle doit néanmoins toujours être placée sur la dernière syllabe accentuée du verset, parce qu'elle est en même temps la pénultième note de la terminaison.

Les terminaisons de trois syllabes n'ont rien de particulier; elles commencent naturellement par la syllabe, quelle qu'elle soit, qui précède le dernier accent.

Deuxième Remarque. — Les 4e et 5e terminaisons du

3e Ton, de quatre syllabes, dont la première note est liée avec la dernière note de la teneur, exigent pour cette liaison une syllabe au moins commune, comme les terminaisons qui relèvent leur première note. D'après notre *Forma psallendi*, on pourrait cependant commencer ces terminaisons sur une syllabe brève, de la manière suivante :

Mais cette exception, généralement inusitée, a été définitivement proscrite par le Chapitre Général de 1866, attendu que la liaison des deux premières notes, quoique ne s'élevant pas au-dessus de la teneur, retient aussi fortement la voix qu'une élévation, et ne peut s'unir convenablement à une syllabe brève.

TROISIÈME REMARQUE. — Suivant la même Méthode *Forma psallendi*, lorsque, à la fin de la 1re terminaison du 4e Ton, survient une syllabe pénultième brève, on lui affecte la seconde des deux notes liées qui précèdent immédiatement la dernière note de la terminaison, et l'on se dispense ainsi d'ajouter une note pour la syllabe superflue.

Exemple :

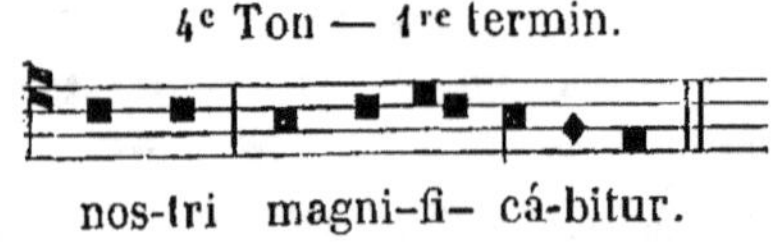

Cette autre exception à la règle générale, qui altère en outre la mélodie de la terminaison, a été également prohibée par le Chapitre Général précité.

Terminaisons (Suite).

Règle spéciale

aux monosyllabes et aux mots hébreux.

1° *Quand un verset se termine soit par un monosyllabe, soit par un mot hébreu indéclinable ou autre accentué* more hebraico, *on fait brève la pénultième syllabe, et longue l'antépénultième, quelle que soit leur quantité. La* 2e *terminaison du* 4e *Ton régulier fait seule exception à cette règle; dans cette terminaison, la pénultième syllabe doit se faire, au contraire, longue, dans tous les cas.*

2° *Si, au lieu d'un seul monosyllabe, il se rencontre deux monosyllabes à la fin d'un verset, on les considère comme ne formant qu'un mot ordinaire de deux syllabes, et la terminaison se fait, dans tous les Tons, suivant la règle générale précédente (a).*

Exemples :

Terminaisons de deux syllabes.

(*Une syllabe superflue.*)

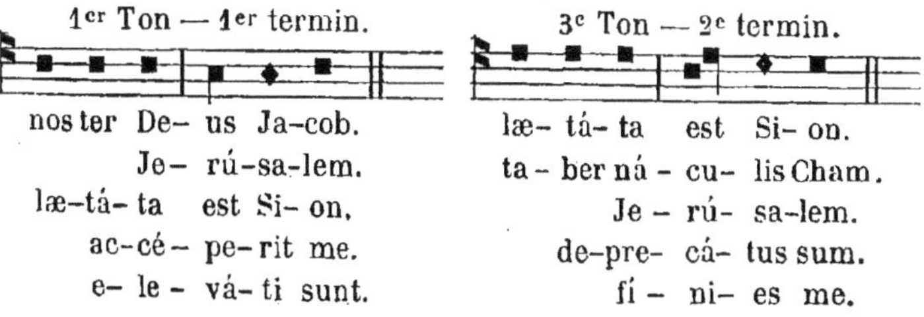

(a) Voici la règle de notre *Forma psallendi* : « Quoties versus psalmi finitur in aliquo monosyllabo, debet illud, cum ultimâ syllabâ præcedentis dictionis, breviari. Similiter, omnia nomina hebraica in fine cujuslibet versûs breviantur. »Et tous les exemples donnés montrent, en outre, que l'antépénultième syllabe de ces terminaisons se fait longue dans tous les cas. L'ancien *Traité de Chant* donne la même règle. Quant à la 2e ter-

Terminaisons de trois syllabes.

(*Uue syllabe superflue.*)

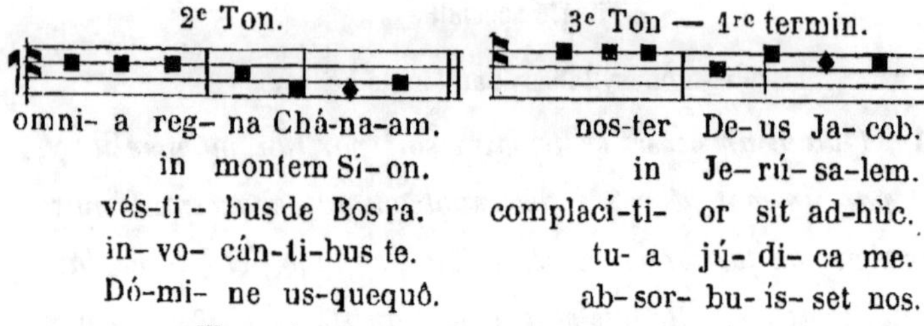

Terminaisons de quatre syllabes.

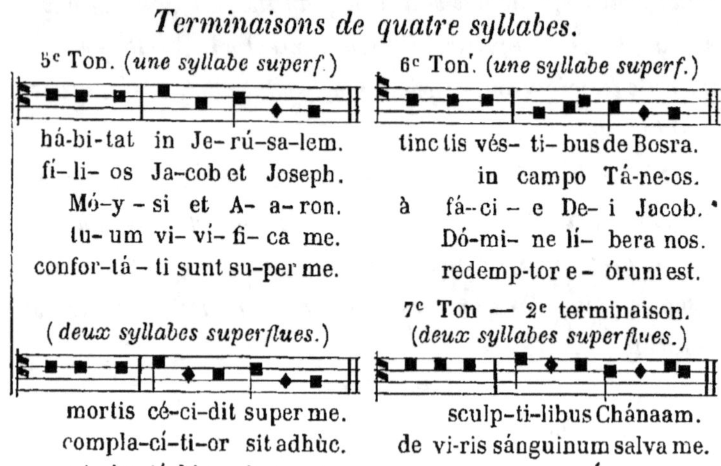

Terminaisons de cinq syllabes.

(*Une syllabe superflue.*)

minaison du 4e Ton, notre *Forma psallendi* ajoute : « Excipitur ab his
duabus regulis secunda terminatio regularis toni 4i in quâ monosyllaba
et nomina hebraica producuntur, et, ut nomina latina longa, terminantur. » Enfin pour le dernier cas : « In terminationibus omnium omninò tonorum per duo monosyllaba, sequenda est norma plurisyllaborum
longorum et latinorum. »

Exemples de la terminaison exceptionnelle de une syllabe.

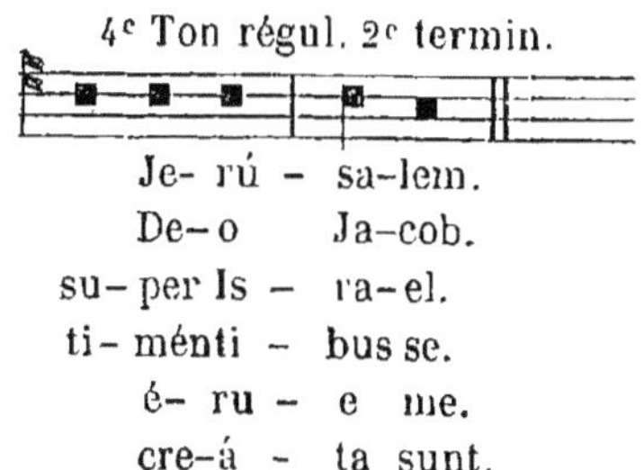

Je- rú – sa-lem.
De–o   Ja–cob.
su– per Is – ra–el.
ti– ménti – bus se.
é– ru – e me.
cre–á – ta sunt.

Exemples de terminaisons finissant par deux monosyllabes.

PREMIÈRE REMARQUE. — En prescrivant d'annuler, dans tous les cas, la pénultième syllabe de la terminaison, cette règle a pour objet, suivant M. l'abbé Petit, de mettre en relief l'accent final qui porte sur la dernière syllabe ; dans les médiations de même nature, on arrive au même but en supprimant la dernière note ; mais cette méthode, appliquée aux terminaisons, y aurait introduit une trop grande complication à cause de leur nombre et de leur variété, et aurait en outre dénaturé leur mélodie, chose très-défectueuse pour une cadence finale. Toutefois, il est à remarquer que lorsque le monosyllabe final est précédé d'un mot dont la pénultième syllabe est brève , comme dans les cas *génui te, sátiat te, Dóminus est, érue me*, etc, on est conduit, par la généralisation de cette règle, à faire longue une syllabe essentiellement brève , *genüi te, satiat te, erüe me*, etc, comme on le voit dans les exemples précédents, ce qui est contraire au principe admis. Mais cette exception ne nous est point particulière, on la trouve usitée presque universellement, et notamment dans le chant romain (*a*). Pour ce qui regarde

(*a*) M. l'abbé Chaussier énumère, dans sa Méthode, les divers documents et autorités qui prouvent que l'usage de chanter ces mots comme nous le faisons, est à peu près général ; on citera, entr'autres, le *Traité de chant ecclésiastique suivant l'usage du diocèse de Paris, de l'abbé Lebœuf*, (1741); et on fera remarquer que ce diocèse, si rigoureux d'ailleurs dans l'observation des règles de l'accentuation , suit encore aujourd'hui, dans ce cas, le principe posé par l'auteur précité , de *faire longue la première des deux brèves qui précèdent le monosyllabe.*

D'après un renseignement inexact, M. l'abbé Petit nous attribue, pour ce cas, une autre méthode, et nous fait chanter:

5e Ton.

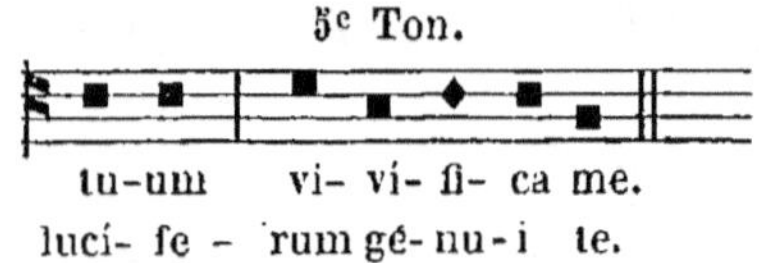

Cette méthode satisfait sans doute davantage aux exigences de l'accent, mais elle est contraire à notre règle écrite et à l'usage général reçu parmi nous.

Il est encore une autre manière de chanter ces mots, suivie dans quelques diocèses , et d'après laquelle on obéit à la fois à l'accent du mot qui précède et à celui du monosyllabe final; elle consiste à laisser deux brèves entre cet accent et le monosyllabe ;

Exemple :

5e Ton.

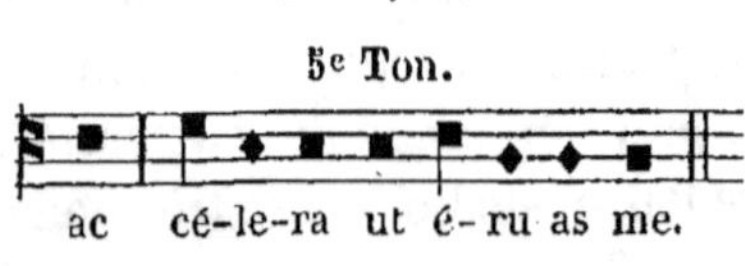

ce qui peut donner, comme on le voit, jusqu'à huit syllabes pour une terminaison qui, chez nous, n'en exige que cinq.

les mots hébreux, ceux qui dans nos livres portent l'accent sur l'antépénultième syllabe, tels que *Jerusalem, Melchisedech*, etc, se chantent suivant cette accentuation, et ne sont par le fait l'objet d'aucune modification. Il n'y a de particularité que pour les autres dont on doit faire brève la pénultième syllabe, tels que *Dăvid, Jăcob, Sĭon*, etc, et cette méthode qui a pour but, comme on l'a dit, de faire ressortir l'accent final, est aujourd'hui généralement tombée en désuétude partout ailleurs que chez nous (*a*).

Deuxième Remarque. — La 2e terminaison du 4e Ton régulier est traitée comme les médiations qui ne sortent pas de la teneur, l'inflexion de sa note unique étant à peine sensible. C'est ainsi que se chante le point final des leçons et de l'évangile sur un monosyllabe ou un mot hébreu.

(*a*) Il en est qui semblent voir une contradiction entre notre manière de chanter les monosyllabes et les mots hébreux à la fin des médiations, et celle suivie à la fin des terminaisons; il n'y a nullement contradiction, seulement les deux règles atteignent, d'une manière différente, le même but, savoir, la mise en relief de l'accent final, comme on vient de l'expliquer dans cette 1re Remarque. Si l'on chantait les médiations terminées par un monosyllabe comme les terminaisons de même nature, en faisant brève leur pénultième syllabe, il faudrait aussi, comme conséquence, suivre de part et d'autre une même règle pour les mots hébreux et chanter, par exemple, comme on le fait aujourd'hui généralement, et en particulier dans le Romain:

c'est-à-dire, faire disparaître toute distinction des mots hébreux dans les terminaisons, ce qui est absolument contraire à nos usages. Les règles de notre antique chant peuvent étonner quelquefois les oreilles faites aux usages modernes, mais elles sont conséquentes avec elles-mêmes, et si l'on touche à une, il faut, en même temps, les changer toutes.

La 2ᵉ terminaison du 3ᵉ Ton , de deux syllabes, qui commence par une liaison , peut, par exception , placer cette liaison sur une syllabe brève , dans les terminaisons telles que *éripe me , finies me* ; c'est une conséquence de la règle qui régit les terminaisons finissant par un monosyllabe, et qui prescrit de faire longue, dans tous les cas, leur antépénultième syllabe.

TROISIÈME REMARQUE. — La règle qui assimile à un mot ordinaire de deux syllabes les deux monosyllabes qui terminent un verset, est en opposition avec celle suivie, pour le même cas , dans les médiations et d'après laquelle , de deux monosyllabes qui se suivent devant un repos , c'est le dernier qui doit porter l'accent. Il importe de remarquer cette différence entre les médiations et les terminaisons , afin de ne point se tromper dans la pratique.

QUATRIÈME REMARQUE. — Dans les exemples qui précèdent, l'accent final n'est point marqué par une note queutée comme dans les exemples de médiations de même nature, car cet accent est fort peu sensible dans les terminaisons, dont il ne modifie aucunement la mélodie. D'un autre côté , la pénultième syllabe des mots hébreux , ou la syllabe qui précède le monosyllabe final se faisant toujours brève , une syllabe accentuée ne peut plus être requise pour la pénultième note réelle de la terminaison , et cette note peut tomber sur une syllabe de valeur quelconque , ainsi qu'il est dit dans la règle spéciale. On n'aurait pu parer à cet inconvénient que par une anticipation qui aurait produit plusieurs syllabes survenantes de suite , chose contraire à nos usages.

On s'est pareillement abstenu de marquer par une note queutée l'accent final dans les exemples de médiations des 1ᵉʳ et 6ᵉ Tons terminées par un monosyllabe ou un mot hébreu , attendu que cet accent est tout-à-fait insensible dans les dites médiations.

IV. REMARQUES DIVERSES

Sur les médiations et les terminaisons.

PREMIÈRE REMARQUE. — On a dit que les médiations et terminaisons commençaient à proprement parler sur la dernière note de la teneur qui les précède, parce que c'est sur cette note que la voix commence réellement à s'appuyer pour rendre avec plus d'assurance et de gravité la médiation ou la terminaison (*a*). Comme conséquence, il faut remarquer que lorsque cette dernière note tombe sur une syllabe pénultième brève, c'est sur celle qui la précède que l'on doit s'appuyer, et traiter la brève comme une syllabe superflue quand elle ne peut se placer sur la première note de la médiation ou de la terminaison. C'est surtout pour les médiations et terminaisons dont la première note s'abaisse au-dessous de la teneur, qu'il importe de bien marquer la note précédente, car cette première note s'infléchissant ne peut retenir suffisamment la voix.

Exemples de médiations.

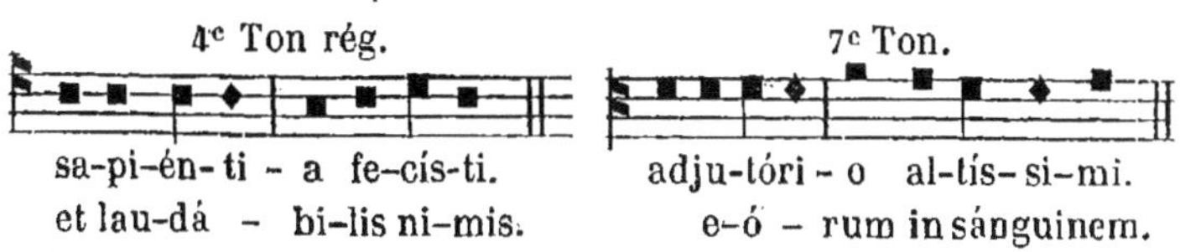

(*a*) « Nota quòd mediationes et terminationes incipiunt in primâ ipsorum mediationum et terminationum notâ quæ præcedit notam egredientem de recto cantu vel tono dominanti. » *Forma psallendi.*

10.

Exemples de terminaisons.

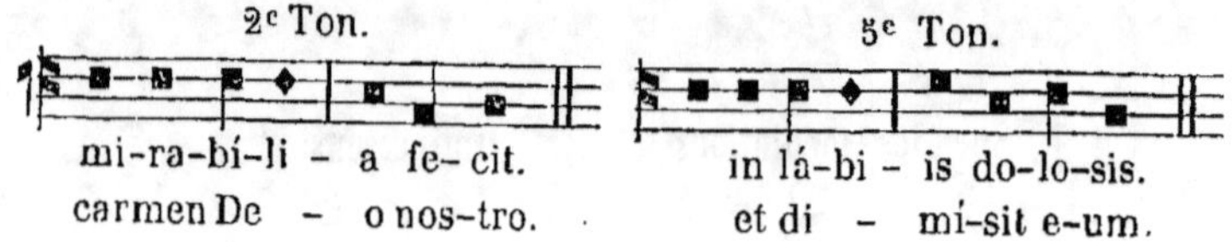

DEUXIÈME REMARQUE. — Il résulte des règles et des exemples qui précèdent que lorsque dans une médiation ou une terminaison, la première ou l'avant-dernière note doit correspondre à une syllabe accentuée ou au moins commune, et qu'elle tombe sur une pénultième brève, il y a lieu d'anticiper d'une syllabe, et, dans ce cas, la brève n'est pas comptée dans la supputation des syllabes ou notes fixes de la médiation ou de la terminaison, telles qu'elles sont indiquées dans le tableau du § précédent. Ces syllabes brèves, qui peuvent se rencontrer, tout au plus au nombre de deux, dans les médiations et terminaisons de quatre syllabes qui relèvent leur première note, et que l'on nomme syllabes *survenantes* ou *superflues*, donnent naissance à autant de notes supplémentaires. Nos anciennes Méthodes n'indiquent aucune règle pour la manière de chanter ces notes, et il ne ressort rien de précis, à cet égard, des nombreux exemples que contient notre *Forma psallendi;* tantôt, dans des cas semblables, les notes superflues se trouvent sur le degré de la note qui précède, tantôt sur le degré de la note qui suit. La plupart des auteurs donnent pour règle générale de chanter les notes superflues sur le degré de la note suivante. Toutefois, la règle qui semble être le plus habituellement suivie parmi nous, et qui est la plus coulante dans la pratique, est de placer la note superflue sur le degré de la note suivante, quand cette note s'abaisse, et, au contraire, de la placer sur le degré précédent, quand la note suivante procède par élévation.

Exemples de médiations.

2ᵉ Ton.

4ᵉ Ton.   7ᵉ Ton.

Exemples de terminaisons.

2ᵉ Ton.

8ᵉ Ton. 4ᵉ termin.   5ᵉ Ton.

Cette règle peut admettre quelques exceptions, mais il n'y a pas lieu d'y insister davantage, attendu que les syllabes superflues se prononçant rapidement, la différence entre les deux méthodes est très-peu sensible, surtout lorsque ces syllabes se trouvent entre deux notes de degrés immédiatement voisins, ce qui est le cas le plus général.

Cependant il est considéré comme défectueux de redoubler la note qui précède quand l'inflexion est plus forte, comme dans la terminaison du 5e Ton, et de chanter :

Car la syllabe sur laquelle se fait l'élévation doit se trouver seule sur cette note, afin de la faire mieux sentir (a).

TROISIÈME REMARQUE. — Outre les noms hébreux et étrangers indéclinables, il est encore des noms déclinables, ainsi qu'on l'a dit en traitant de l'accentuation, qui, d'après nos usages, s'accentuent dans le chant, *more hebraico*, c'est-à-dire doivent être considérés comme portant l'accent sur la dernière syllabe, et se chanter d'après les règles spéciales aux noms hébreux indéclinables.

Pour prévenir tout embarras à cet égard, on va indiquer tous les noms propres indéclinables et déclinables, et autres mots qui, placés à la fin des médiations et terminaisons des psaumes et cantiques, sont soumis à ces règles spéciales. Ce sont :

1º Tous les noms propres hébreux ou étrangers indéclinables, ou employés comme tels, savoir :

Aaron	*Cades*	*Edom*	*Jerúsalem*	*Philistíim*
Abiron	*Cham*	*Endor*	*Joseph*	*Selmon*
Abraham	*Chánaan*	*Ethan*	*Lot*	*Silo*
Adam	*Cisson*	*Horeb*	*Mádian*	*Sion*
Amalec	*Cedar*	*Isaac*	*Melchisedech*	*Tharsis*
Basan	*Dathan*	*Israel*	*Néphtali*	*Zeb*
Beélphegor	*David*	*Jacob*	*Pharan*	

Le mot hébreu *Amen* se chante, par exception, comme un mot latin, dans les psaumes seulement.

2º Les noms déclinables terminés en *a*, savoir : *Bosra*, *Ephrata*, *Sálmana*, *Sisára* ; sont exceptés *Sichima* et *Juda* qui se chantent *more latino* ; ce qui s'observe, quant à *Juda*, lors même qu'il est employé comme indéclinable.

(a) C'est la règle que donne la Méthode *Forma psallendi*, en particulier pour cette terminaison : « Terminatio unica δ¹ toni fit per duo *si*, quoties nota quæ sequitur *ré* cadit in penultimam brevem ; et finitur per duo *la*, quando terminatio corripitur. »

3º Les deux noms déclinables en *es*, *Manasses-e*, *Móyses-i*.

4º Le génitif grec *Táneos*, de *Tanis*.

5º L'adverbe *adhùc*. L'adverbe *illìc*, de même genre, qui habituellement prend aussi l'accent sur la dernière syllabe, se chante, par exception, comme un mot ordinaire dans la terminaison du 4ᵉ verset du psaume 86 : *hi fuérunt illìc*.

6º L'adverbe *ùsquequò*, qui suivant nos usages, s'accentue exceptionnellement *more hebraico*.

Quant aux autres noms déclinables, ils se chantent tous comme des mots latins.

On rappelle enfin que les mots composés *mecum*, *tecum*, *nobiscum*, se chantent comme des mots simples ordinaires ; il en est de même de la médiation *sequemùrque*, terminée par l'enclitique *que*.

QUATRIÈME REMARQUE. — Les diverses dérogations à la règle des accents que l'on a signalées dans le cours de l'exposition du chant des psaumes, et qui se rencontrent également, plus ou moins nombreuses, dans les diverses autres méthodes de chant, paraissent n'être que la conséquence d'un principe admis dès l'antiquité et qui est exprimé dans un ouvrage intitulé *Instituta Patrum de modo psallendi sive cantandi* ; cet ouvrage, retrouvé dans un ancien manuscrit provenant du monastère de St Gall, est cité et commenté par la plupart des auteurs modernes. Il établit, en principe, qu'il faut se conformer à la règle des accents quand elle se prête facilement à reproduire la mélodie de la médiation ou de la terminaison des psaumes ; mais qu'on doit l'abandonner lorsqu'elle ne peut avoir son application sans compliquer les formules et dénaturer leur mélodie.

Quelques Méthodes, aujourd'hui en usage, reprochent à ce principe de consacrer des fautes choquantes contre la quantité prosodique des syllabes, et ne craignent pas, pour s'y soustraire, d'adopter des formules souvent très-compliquées. Mais, à ce reproche, on peut répondre que dans la plupart des chants liturgiques, et surtout dans le chant des psaumes qui, de sa nature, doit être accessible aux plus humbles intelligences, ou du moins être affranchi, dans la pratique, de tout effort et de toute contention d'esprit, si contraires au recueillement, la facilité d'exécution est d'une importance telle, que l'on conçoit aisément qu'on lui fasse céder, dans une juste limite, les difficultés grammaticales. Du reste, ce qui fait règle en fait de prononciation, ce n'est pas le goût privé, mais plutôt l'usage; et on vient de voir que celui qui subordonne les règles de la quantité à la simplicité et à la régularité du chant, est le plus ancien et le plus respectable.

La Commission de Reims et de Cambrai, dont le travail de restauration du chant Grégorien passe pour le meilleur de ceux qui ont paru jusqu'à ce jour, a su s'affranchir de pareilles difficultés; elle a adopté, pour l'exécution du chant des psaumes, le principe rapporté plus haut, et a admis, en particulier, ce point capital, qu'on pourrait placer, ainsi que nous le faisons nous-mêmes, la dernière syllabe d'un mot sur la première note des médiations et terminaisons de plus de deux syllabes qui commencent par une élévation.

D'où il résulte, une fois de plus, qu'après bien des détours, il faut en revenir aux traditions; et que notre chant, dans son antique simplicité, se rapproche aujourd'hui des méthodes les plus récentes et les plus accréditées. Ce qui est bien fait pour nous fortifier dans le respect et l'amour de nos usages et de nos saintes règles qui, en ceci comme en bien d'autres choses, nous ont prémunis et nous prémunissent encore chaque jour contre les écueils de l'inconstance humaine.

§ 4e. DES VERSETS DÉFECTUEUX.

On appelle *versets défectueux* ceux dont la première ou la dernière partie n'a pas assez de syllabes pour compléter, soit:

1° En même temps l'intonation et la médiation dans le premier verset d'un psaume ;

2° La médiation ou la terminaison dans tous les autres cas.

On va parler d'abord de ce second genre de défectuosité comme étant le plus simple et le plus commun.

1re Règle. — *Lorsqu'un verset, autre que le premier d'un psaume dans sa première partie, est défectueux, on ne prend dans les dernières notes de la médiation ou de la terminaison, selon le cas, que le nombre de notes nécessaires pour les paroles que l'on a à chanter.*

Exemples :

Versets défectueux dans leur première partie.

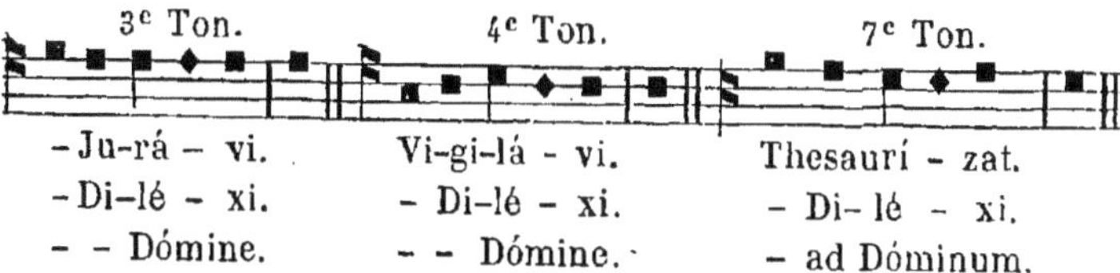

Versets défectueux dans leur dernière partie.

2e Règle. — *Lorsque c'est le premier verset d'un psaume qui est défectueux dans sa première partie, il y a deux*

manières de le chanter, soit en ne faisant que l'intonation, soit en ne faisant que la médiation.

Le psaume *Dilexi* et le *Magnificat* sont les seuls pour lesquels on suive, dans notre chant, la première méthode.

Exemples :

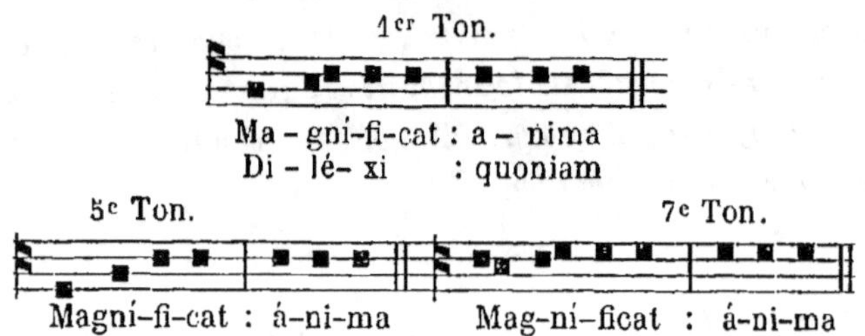

Le psaume *Dilexi* n'a même d'intonation que celle du 1er Ton, aux Vêpres fériales du lundi ; dans tous les autres cas, il se chante sous l'antienne du psaume qui le précède, et se trouve alors soumis à la première règle.

Pour les psaumes *Deus, Deus meus* et *Salvum me fac Deus*, dont le premier verset est défectueux dans le 4e Ton, ainsi que pour le cantique *Ego dixi*, dans les 4e et 7e Tons dont il use quelquefois, l'usage et le goût ont prononcé en faveur de la médiation au préjudice de l'intonation. On entonne donc ces psaumes de la manière suivante, dans les Tons précités :

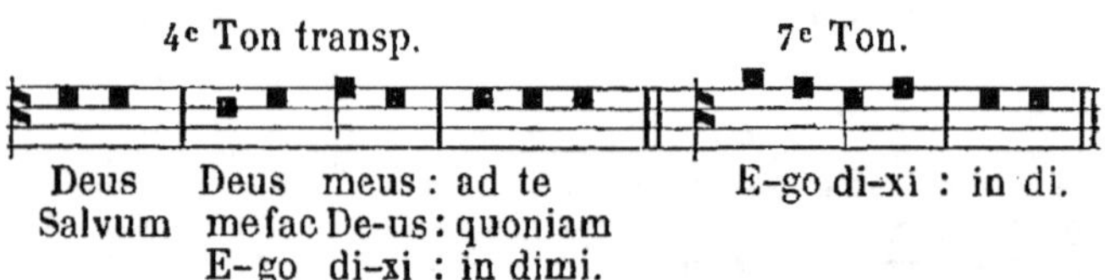

Le cantique *Ego dixi* se chante, de plus, d'une manière exceptionnelle sur le 3e Ton, le mardi à Laudes ; il prend, outre l'intonation, deux notes de la médiation :

Cette irrégularité, qui rend la médiation du 5e Ton semblable à celle du 8e, est cause que l'on est exposé à chanter, au deuxième verset, une médiation pour l'autre.

Enfin, on peut encore classer parmi ces exceptions le cas où l'antienne d'un psaume commence par les paroles du premier verset ; dans ce cas, l'antienne sert généralement d'intonation, et les paroles qui suivent se prennent sur la dominante jusqu'à la médiation.

Exemples :

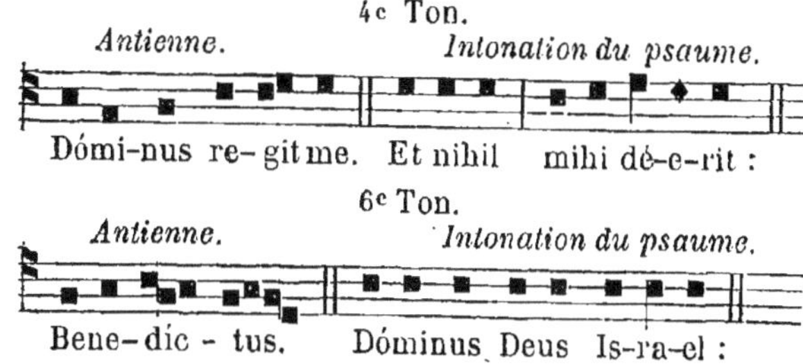

Quelquefois cependant, dans le même cas, l'intonation se chante, mais les paroles se prennent toujours à la suite de l'antienne, conformément à ce qui est prescrit par une rubrique de notre bréviaire.

Exemple :

Ces intonations particulières sont toujours indiquées dans nos livres, quand elles doivent avoir lieu.

Par exception à la rubrique précitée, il convient de ne pas répéter le premier mot du psaume *Domine probasti me*, des Vêpres du jeudi, dans l'octave de la fête de N. P. S. Bruno, bien que l'antienne *Domine quinque talenta* ne soit pas tirée de ce psaume, parce qu'il est défectueux de chanter deux fois de suite le même mot sur les mêmes notes, ce qui aurait lieu dans ce cas. Ce psaume doit donc s'entonner de la manière suivante :

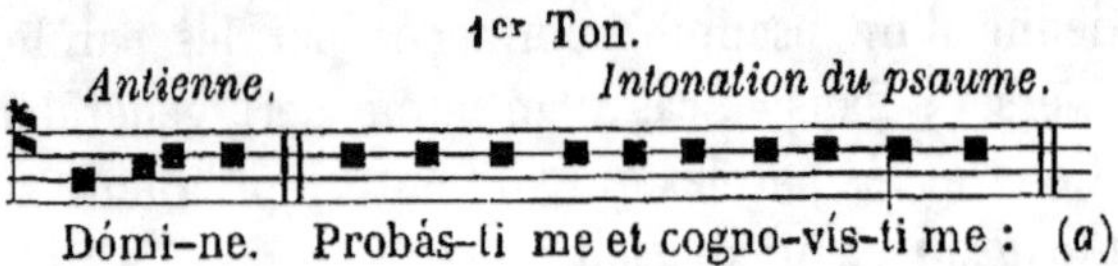

Pour clore l'article de ces exceptions et irrégularités, citons le dernier verset du cantique *Populus qui ambulabat*, qui, à cause de son peu d'étendue, est écrit sans médiante dans nos livres et nos bréviaires, et doit se chanter comme la seconde partie d'un verset :

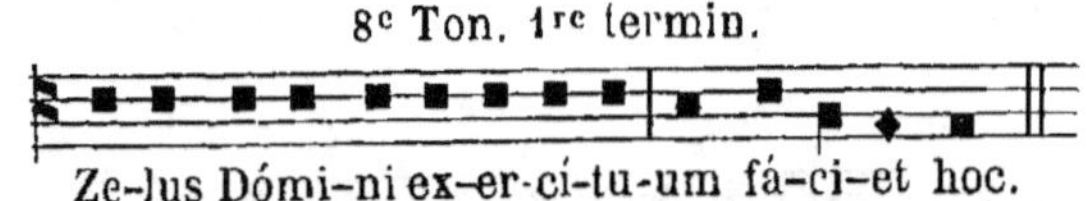

§ 5e. DU CHANT DES CANTIQUES *MAGNIFICAT* ET *BENEDICTUS*.

Le chant de ces cantiques diffère de celui des psaumes par les points suivants :

1° Il est toujours plus solennel ;

2° L'intonation se répète à chaque verset dans tous les Tons, excepté dans le 4e et le 5e, et dans le 8e pour les 2e et 4e terminaisons (*b*) ;

(a) Le Psautier offre une autre exception à la rubrique précitée, dans l'intonation du psaume *Dominus illuminatio mea*, 2e noct. du dimanche.

(b) En résumé, il n'y a que les trois intonations ordinaires suivantes qui se répètent :

3º L'intonation et la médiation du 2e Ton, ainsi que celles
du 8e Ton, mais pour les 1re et 5e terminaisons seulement,
éprouvent une variation d'un caractère plus solennel , de la
manière suivante :

TONS SOLENNELS DU *MAGNIFICAT* ET DU *BENEDICTUS*.

TONS	INTONATIONS	TENEUR	MÉDIATIONS	TENEUR	TERMINAISONS.
2e Ton	1 2 3		1 2 3 4 5		1 2 3
8e Ton	1 2 3		1 2 3 4 5 *(a)*		1re. 1 2 3 4 / 3e. 1 2 3 4

Intonations.

La formule est exactement la même pour les deux Tons ;
seulement la clef et les notes sont différentes. Elle n'offre
rien de particulier dans l'application, on suit la règle donnée
pour les psaumes.

(a) On peut remarquer que les formules de ces intonations et médiations sont les mêmes que celles employées pour le verset de psaume
qui suit les Introït des 2e et 8e Tons; seulement les règles de l'accentuation ne sont pas toujours suivies dans ces dernières , comme cela a
lieu d'ailleurs, le plus souvent, dans toutes les pièces du Graduel. —

Exemples :

Médiations.

La formule est également la même pour les deux Tons ; mais on doit remarquer sa complication, exceptionnelle dans notre chant. Ainsi, ces médiations demandent au moins cinq syllabes ; trois de ces syllabes, les première, deuxième et quatrième, portent sur des notes liées ; la pénultième doit être accentuée, conformément à la règle générale; et, de plus, les première et deuxième liaisons ne peuvent se faire que sur une syllabe au moins commune ; ce qui peut porter à sept, le nombre des syllabes nécessaires à ces médiations. Les mots hébreux et les monosyllabes suivent la même règle que dans les psaumes (a).

Exemples :

Cinq syllabes.

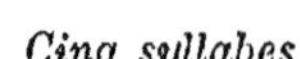

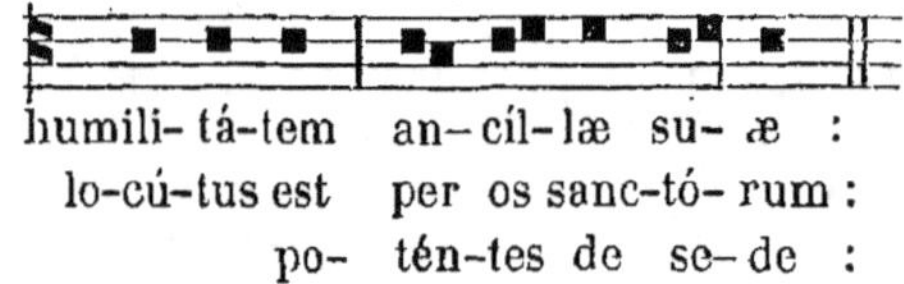

(a) Dans le Romain, le *Magnificat* et le *Benedictus* ont, de même que chez nous, des intonations et des médiations spéciales pour le 2e et 8e Tons ; les formules en sont tout-à-fait semblables aux nôtres, mais on ne les emploie qu'aux fêtes doubles. Chez nous, bien que nos Antipho-naires donnent ces formules comme solennelles, elles sont cependant employées sans distinction de fêtes, même les jours fériaux.

Six syllabes.

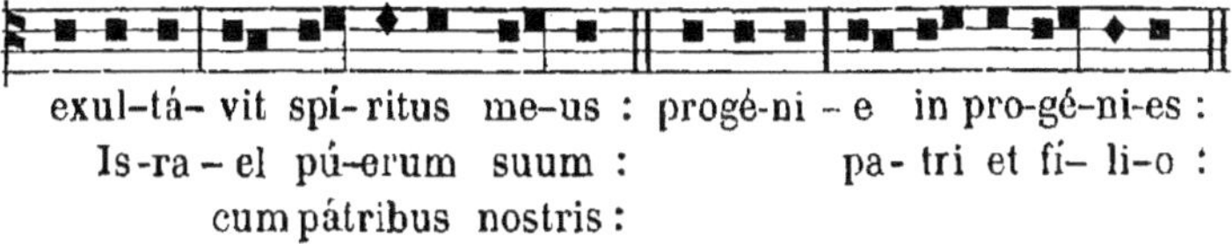

Sept syllabes.

Mots hébreux et monosyllabes.

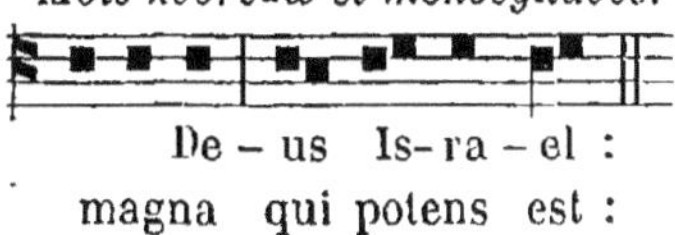

Le premier verset du *Magnificat* n'a point de médiation, suivant la règle donnée au § précédent; la reprise de la deuxième partie de ce même verset offre quelque chose de particulier dans le 8ᵉ Ton, c'est qu'au lieu de se faire simplement sur la dominante jusqu'à la terminaison, elle relève et lie sa première syllabe, ainsi qu'il suit :

8ᵉ Ton.

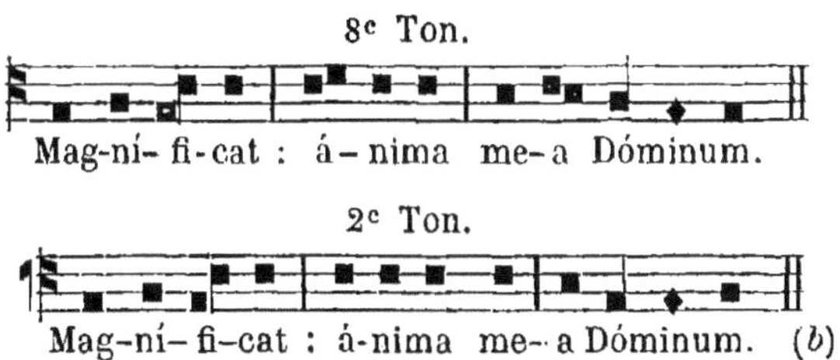

2ᵉ Ton.

(*a*) Cette médiation est une application de la règle donnée pour les 4ᵉ et 5ᵉ terminaisons du 3ᵉ Ton qui commencent pareillement par une liaison; on ne doit point placer sur cette liaison une syllabe pénultième brève. (Voir les exemples des dites terminaisons, page 108, et la 2ᵉ remarque qui les suit). Ce cas est le seul qui se rencontre dans les cantiques évangéliques.

(*b*) Cette petite différence a sans doute pour but de distinguer les deux Tons; mais elle peut être aussi une réminiscence de la méthode que l'on

Terminaisons.

Ces terminaisons se font, en tout point, d'après les règles ordinaires. Celles du 8e Ton diffèrent de leurs correspondantes des psaumes par la liaison faite sur la deuxième syllabe, qui possède ainsi deux notes au lieu d'une.

REMARQUE. — Lorsqu'une antienne du *Magnificat*, à chant solennel, doit servir pour un psaume ordinaire, ce qui arrive fréquemment aux jours de solennités, on emploie pour chanter ce psaume, l'intonation, la médiation et la terminaison du Ton ordinaire correspondant au Ton solennel.

Réciproquement, lorsque l'antienne d'un psaume qui se chante sur le 2e Ton, ou sur l'une des 1re et 3e terminaisons du 8e Ton, doit servir pour le *Magnificat* ou le *Benedictus*, on emploie, pour chanter ces cantiques, le Ton solennel correspondant à celui du psaume.

ARTICLE III.

RÈGLES DE L'EXÉCUTION DU CHANT DES PSAUMES.

—

§ 1er. RÈGLES GÉNÉRALES.

Dans l'article précédent, on a eu principalement pour objet de déterminer le rapport qui doit exister entre les syllabes et les notes dans les diverses parties de la psalmodie, eu égard à l'accentuation ; il reste à indiquer

suit encore dans un grand nombre d'Eglises, et qui consiste à faire la médiation sur le mot *anima* :

les règles, non moins importantes, de l'exécution du chant des psaumes, sans lesquelles on ne saurait arriver à l'accord et à l'ensemble désirables.

I. Or, voici les règles que donne, à cet égard, notre Statut:

« *Psalmodiam non multùm protrahamus, sed rotundâ et vivâ voce cantemus. Principium, medium et finem versûs simul intonemus, et simul dimittamus. Punctum, hoc est ultimam syllabam, seu notam medietatis et finis versûs, nullus teneat, sed citò dimittat.*

Post medium versûs, bonam pausam faciamus. Nullus ante alios incipere, et nimis currere præsumat; aut post alios nimium trahere, vel punctum tenere. Simul cantemus, simul pausemus; semper ad voces aliorum auscultantes. » (1. Stat. 18. 3 et 4.) (a).

Dans ces quelques lignes se trouvent toutes les règles nécessaires pour arriver à la perfection du chant; il faut donc s'en bien pénétrer et s'efforcer de les appliquer à la lettre. On va à cet effet entrer dans quelques développements.

II. Et d'abord, il est indispensable de préciser la valeur des termes par lesquels commence la citation précédente : « *Psalmodiam non multùm protrahamus, sed rotundâ et vivâ voce cantemus.* »

Or, pour connaître exactement l'esprit du Statut à cet égard, il faut se rappeler qu'en divers autres passages il prescrit de s'acquitter des Offices, en toutes circonstances, avec *gravité* et *dévotion*; et pour ne citer qu'un de ces passages, voici celui qui est relatif aux jours des *minutions*, pendant lesquels il semblerait qu'on eut dû accorder quel-

---

(a) Ces règles ne nous sont pas particulières ; les numéros 3 et 4 du Chap. 18 de nos Statuts qui les contiennent, sont la continuation de la citation de St Bernard commencée au numéro 2 précédent ; et St Bernard les a lui-même tirées d'un ancien statut de Cîteaux. (*Dict. de plain-chant-Psalmodie*).

que relâche au sujet des Offices ; cependant le Statut s'exprime ainsi : « *Statuimus ut minutionum diebus prœdictis divinum Officium diurnum pariter ac nocturnum eâdem gravitate ac devotione persolvatur, quâ cœteris diebus ferialibus super annum solet persolvi.* » (2 Stat. 11. 2.)

Il résulte du rapprochement de ces deux textes que, si d'un côté il faut éviter dans le chant des psaumes cette lenteur qui engendre la tristesse et le dégoût, on doit se garder, avec non moins de soins, de tomber dans la précipitation, tout-à-fait contraire à l'esprit de notre état. Que si nous devons chanter d'un ton vif et rond, comme s'exprime le Directoire des Novices, ce doit toujours être en même temps d'une manière grave et recueillie, ainsi qu'il convient à des Religieux spécialement consacrés au chant des Offices, et en tenant compte du degré de solennité de chaque fête. La perfection se trouve donc dans de justes bornes, ainsi que le dit notre V. P. D. P. Sutor qui résume ses considérations sur cette question de la manière suivante : « *Itaque, ut bonus psallendi modus teneatur, opus est extrema quœdam vitare, scilicet prœcipitationem et lentitatem morosam, quœ gravi modo psallendi adversantur.* » (De vitâ Cartusianâ, lib. 2. tract. 4. cap. 2.) (a). Et pour donner une règle pratique à cet égard, voici les conditions que doit remplir le chant des psaumes dans les Offices fériaux :

1o Toutes les syllabes de la teneur doivent être prononcées *distinctement*, comme on le fait dans une *lecture posée* ; car le chant doit rendre la prononciation plus forte et non l'altérer.

2o Le repos de la médiante doit toujours être suffisant pour permettre de respirer à l'aise, de la manière indiquée dans le numéro suivant.

(a) Ce qui revient en outre à cette prescription du Statut : « Cantores... debent... alios qui nimis lentè, vel festinanter nimis... psallere et cantare præsumpserint... corripere ac emendare. » (1 Stat. 10. 1).

III. Un autre point, non moins important, et qui se lie intimement au précédent, est celui qui concerne le repos de la *médiante*, c'est-à-dire la pause que l'on doit faire dans toute espèce de psalmodie entre les deux parties du verset; « *post medium versûs bonam pausam faciamus.* » Cette pause doit être telle, que l'on puisse compter 1. 2. 5. sur le mouvement des syllabes de la teneur; de telle sorte que si le chant est solennel, la pause soit plus longue, et plus courte, au contraire, dans l'Office férial et celui des morts (a). L'observation de la médiante est indispensable pour donner à la psalmodie l'ensemble, la gravité et l'harmonie qui lui conviennent, et pour permettre de recueillir son esprit et de rappeler son attention; ce repos est encore nécessaire pour soulager la voix, en donnant le temps de

(a) Cette manière de mesurer la *médiante* est indiquée par notre *Forma psallendi*, en ces termes: « Quæ ut meliùs serventur, declaramus *bonam pausam*, quæ servanda statuitur, esse *naturalem et quietam respirationem*, tantamque pati moram ut possit trina, ut musici vocant, mensura suspiriorum fieri, quorum unum quodque minimæ nigræ æquivalet notæ. Nota diligentissimè, in horum trium suspiriorum mensurâ exactè observatâ, totum cantûs decorem existere. Indè sciendum, quod ad eorum mensuram pertinet, tria illa suspiria tribus notis et syllabis toni dominantis æquivalere debere; ita ut si psalmodia lentè procedat, ut in solemnitatibus, lentè etiam suspirandum; si leviùs, ut diebus dominicis et festivis, etiam leviùs; si levissimè, ut in Agendâ, gratiis agendis et similibus, etiam levissimè; ad ea pausandum omninò, ut suprà dictum est ad prolationem et mensuram trium notarum aut syllabarum in tono dominanti positarum. »

La même Méthode donne encore une autre manière de marquer la médiante, c'est de prononcer les mots *Ave Maria gratiâ plena.* Cette manière, plus connue parmi nous, est sans doute très-pieuse, mais elle est moins pratique; il est difficile, en effet, de prononcer avec mesure et proportion, suivant les divers mouvements de la psalmodie, *dix syllabes*, dans un espace de temps aussi court. Pour qu'une pause puisse se faire avec régularité, il faut que ses éléments soient égaux à ceux du chant lui-même, comme dans le plain-chant figuré.

respirer suffisamment au milieu du verset, faute de quoi on perd bientôt haleine et on précipite de plus en plus le chant. Il faut donc éviter, pour se conformer à cette règle, soit de traîner la voix sur la dernière syllabe de la médiation, soit de reprendre trop tôt la partie suivante du verset, en n'observant pas le silence déterminé ci-dessus ; ces deux excès y nuisent également. La médiante ne s'observe pas toutefois complètement après la médiation du premier verset d'un psaume entonné par le chantre ; car ce dernier, aux termes du Statut, doit reprendre, après une courte pause, la seconde partie du verset, et le chœur le suivre aussitôt sur le même ton et le même mouvement.

IV. Toutes les notes des diverses parties de la psalmodie n'ont pas la même valeur. Et d'abord, la première note du verset, comme celle de la reprise, se fait toujours longue, conformément à la règle générale, afin d'attendre ceux qui sont en retard et de partir avec ensemble, ce qui doit s'observer toutefois sans affectation et surtout sans forcer le ton de la dominante (a). En outre, pour donner plus de gravité au chant, la dernière note de la teneur et toutes les notes de l'intonation, de la médiation et de la terminaison, autres que celles qui tombent sur des syllabes pénultièmes brèves, se font longues ; il faut observer toutefois d'appuyer davantage sur la pénultième note de la médiation et de la terminaison, que cette note appartienne à la dernière ou à l'avant-dernière syllabe, car c'est de l'observation de cette tenue à la fin, de chaque fraction du verset, que dépend en grande partie la bonne

(a) Certaines Méthodes prescrivent d'appuyer sur la seconde syllabe lorsqu'elle est accentuée, en passant plus légèrement sur la première ; *Măgnĭfĭcat*, Lăudáte. La règle que nous donnons d'après nos anciens manuscrits, et les divers exemples qui se trouvent à la fin du Missel de 1771, est plus simple et plus uniforme ; elle est d'ailleurs conforme au principe général qui régit notre chant, et d'après lequel nous pouvons faire les tenues sur les syllabes de valeur commune.

exécution de la psalmodie ; cependant dans les médiations terminées par un monosyllabe ou un mot hébreu tel que *Israel, Jerusalem*, etc., bien que la tenue doive se faire sur la pénultième syllabe, il faut éviter d'y appuyer avec affectation ; cette dernière observation s'applique à la psalmodie simple, au chant des leçons et autres parties de l'Office du même genre.

On passe au contraire plus rapidement sur les syllabes brèves superflues ; mais il ne faut pas les confondre avec les syllabes brèves non superflues, c'est-à-dire qui occupent une note réelle de l'intonation, de la médiation ou de la terminaison, et auxquelles on doit donner une valeur au moins *commune* ; on a représenté ces dernières syllabes par une carrée dans les exemples donnés ci-après ; il faut toutefois excepter de cette règle la syllabe brève des terminaisons telles que *éripe me*, *libera nos*, etc., sur laquelle on doit au contraire faire la tenue, ainsi qu'on l'a déjà dit.

Quant à la dernière note de la médiation et de la terminaison, elle se fait toujours brève, même lorsque la syllabe qui lui correspond porte l'accent, comme dans les mots hébreux et les monosyllabes ; la règle du Statut citée plus haut est formelle à cet égard ; c'est afin d'éviter ce que l'on nomme vulgairement les *queues*, qui rendent le chant lourd et fatiguant, et détruisent bientôt l'ensemble (*a*).

(*a*) On ne doit pas traîner sur la dernière note, mais il faut cependant qu'elle soit sensible. Quelques-uns semblent croire que pour se conformer à l'expression employée par le Statut « sed citò dimittat » il faut la quitter aussi brusquement qu'on lâche un objet brûlant. C'est là évidemment une exagération contraire à la gravité et à la bonne exécution du chant, et notre ancien *Traité de Chant* s'élève avec raison contre cette manière de faire. Il convient même de distinguer deux cas à ce sujet : ainsi, dans les médiations qui se terminent par un mot hébreu ou un monosyllabe et dont le chant reste sur l'élévation, de même que dans les quelques terminaisons qui finissent en s'élevant, on est obligé d'ap-

Enfin la *teneur*, qui comprend tout ce qui se chante *recto tono* sur la dominante, se poursuit d'un bout à l'autre sur un mouvement uniforme, tout en faisant cependant sentir légèrement l'accentuation ; et ce mouvement est plus ou moins vif, selon le caractère de l'Office, mais de manière à permettre toujours de prononcer distinctement toutes les syllabes (a).

puyer un peu plus sur la dernière note, que lorsqu'on arrive à cette note en s'abaissant. C'est là une nécessité naturelle de la voix.

Dans les exemples qui suivent, on a donné à la dernière syllabe la valeur d'une carrée.

(a) Pour donner plus d'autorité à toutes ces règles, on va citer le texte de la Méthode *Forma psallendi* d'où elles ont été tirées :

« Notandum etiam dici expeditam quidem sed æqualem, *quantùm debita non curiosa lex pronuntiationis permittit*, syllabarum et notarum mensuram et detentionem ; exceptis notis principii et finis utriusque partis versuum prout cantores, nostræ intentionis et artis non ignari, notabunt et observabunt. Hæc enim regula, ut plurimùm observari solet in cantu plano, ut prima syllaba semper fit longa ad expectandum eos qui tardiùs incipiunt, ut concorditer et uno ore simul ab omnibus cantetur ; similiterque penultima semper sit longa, ut omnes simul finiant. »

« Verumtamen, in psalmodiâ, syllabæ intonationum, mediationum et terminationum omnium tonorum notis albis designantur, nisi cadant in penultimam brevem ; prima etiam syllaba initii et resumptionis versûs semper fit longa ; ultima tamen nota mediationum et terminationum semper et ubique corripitur ad vitandum quod vulgò dicitur caudas, quæ odiosam in divino Officio pariunt deformitatem. »

« Declaramus ergò, juxtà prædicta, singulas syllabas et notas suum singularem habere sonum et, ut quidam dicunt, syllabicaliter et mensurabiliter cantari debere, et penè ad formam Franciscanorum Capucinorum ; exceptis initio, medio et fine, cessantibus interìm gravitate prolationis affectatâ, omni præcipitatione, necnon dimidiatione et impetu vocis ; in solemnitatibus tamen, magis cantûs gravitas est servanda, et pro qualitate diei mensura moderanda. »

Il résulte, en particulier des termes par lesquels commence cette citation, que le chant de la teneur doit se faire d'un bout à l'autre d'un mouvement égal et non saccadé, tout en faisant cependant sentir légèrement l'accentuation. Notre ancien *Traité de chant*, qui concorde en général

V. Pour faciliter l'intelligence et l'application de toutes ces règles, on va donner quelques exemples dans lesquels seront figurées les diverses valeurs à donner aux notes.

avec la Méthode *Forma psallendi*, en diffère sur ce point, et prescrit de faire égales toutes les notes de la teneur, sans distinction de syllabes longues ou brèves;

Exemple :

Ce seul exemple suffit pour montrer qu'une telle règle ne doit pas être prise à la lettre, car sa parfaite exécution semble bien difficile ; et on se serait abstenu d'en parler, si elle n'était donnée, dans la *Dissertation* de M. l'abbé Petit, comme une règle générale suivie aujourd'hui parmi nous. D'ailleurs, outre les termes de notre *Forma psallendi* cités plus haut, ce qui ne laisse aucun doute sur l'ancien usage, c'est que le Psautier dont nous nous servons, et qui est exactement de la même date que l'ancien *Traité de Chant* (1701), a été accentué en entier, évidemment pour qu'on observât les règles de l'accentuation, partout au moins où elles ne sont pas contraires aux règles particulières de notre chant.

Mais, en résumé, toutes les règles qui précèdent doivent être appliquées simplement, sans efforts, ni exagération; l'essentiel est de toujours avoir l'oreille attentive, afin de se conformer exactement au ton et au mouvement du chœur, et de bien observer le repos de la médiante, comme le dit notre *Forma psallendi* en terminant cet article : « dummodò observentur quæ de trium suspiriorum mensurâ superiùs dicta sunt, in cujus observatione maximè elucere debet cantorum industria; in hoc, enim, et syllabicaliter et uniformiter canendo, religionis nostræ devotio et simplicitas consistit. »

12

Exemples de l'exécution du chant des psaumes.
1er Ton.   3e terminaison.
Laudá- te Dóminum de cœlis: laudáte e-um in ex-célsis.
1. 2. 3.   6e terminaison.
Qui-a ip-se dixit et fac-ta sunt: (Médiante) ip-se mandá-vit et creá – ta sunt.
2e Ton.
Qui regis Is-ra-el in-tén-de: qui de-dúcis ve-lut o-vem Joseph.
1. 2. 3.
Be-nedíctus Dó-mi-nus De-us Is- ra-el: (Médiante) qui fa-cit mira-bí-li- a so-lus.
3e Ton.   2e terminaison.
Dó-mi- ne ne in fu-róre tu-o   ár-guas me : neque in i- râ tu-â corrí- pi- as me.
1. 2. 3.   5e terminaison.
Qui e-dúxit Is ra-el de médi- o e- ó-rum: (Médiante) quóni-am in æ-ternum mise-ri- cór-di-a e-jus.

Exemples (suite) :

Exemples (suite) :

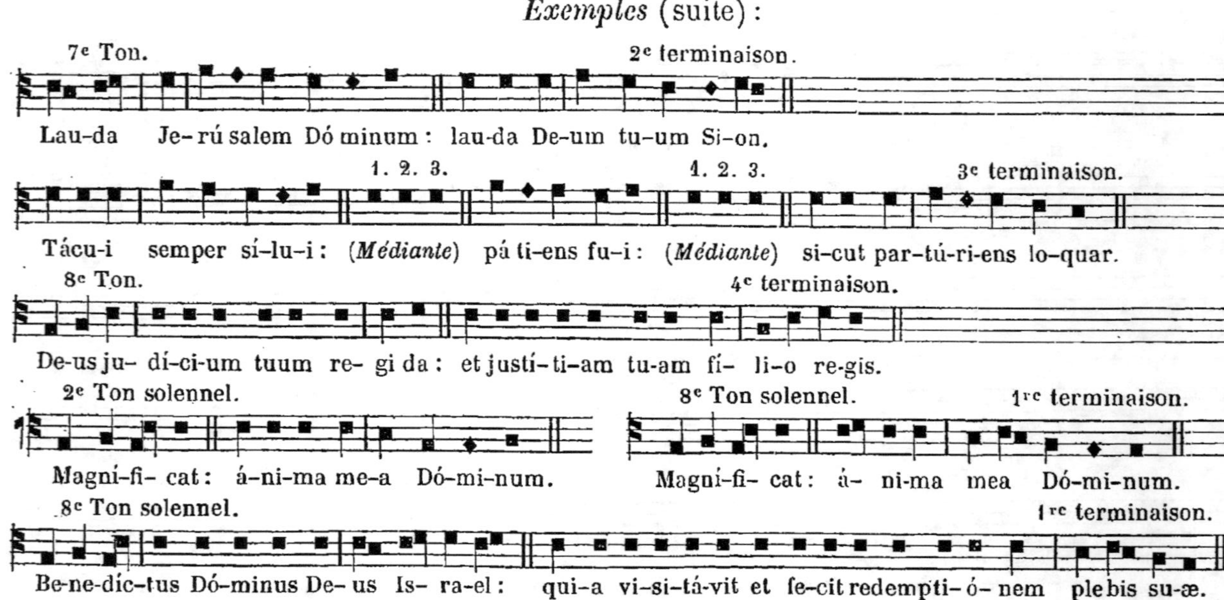

OBSERVATIONS.

I. Dans les exemples précédents, les brèves de la teneur ne sont point distinguées par des losanges comme celles des médiations et terminaisons ; c'est afin qu'on ne les traite pas de la même manière dans la pratique. Car s'il convient de faire sentir l'accentuation dans le chant de la teneur, ce ne doit être que légèrement, comme dans une lecture *recto tono*, tandis que, dans les médiations et terminaisons, les syllabes brèves superflues doivent être prononcées plus rapidement, afin de ne point interrompre le rhythme de la mélodie. Cette observation s'applique aux exemples du chant des Leçons, de l'Evangile, etc.

II. Généralement, dans les liaisons de notes qui se rencontrent dans le chant des psaumes, il convient de faire sentir un peu plus la note la plus élevée ; mais cette distinction s'effectuant naturellement, il n'y a pas lieu de s'en préoccuper.

III. On a donné pour règle générale, d'appuyer sur la pénultième note de la médiation et de la terminaison, que cette note appartînt à la dernière ou à l'avant dernière syllabe. Il y a exception pour la 6e terminaison du 1er Ton, dans laquelle il est mieux, suivant l'usage, de faire la tenue sur la première des quatre notes liées qui la terminent, ainsi qu'on l'a indiqué dans le deuxième des exemples qui précèdent (a).

§ 2e. RÈGLES ET OBSERVATIONS DIVERSES.

I. L'intonation des psaumes doit se faire à une hauteur convenable et, autant que possible, constante dans toute la

(a) C'est ainsi que cette terminaison est notée dans le petit Antiphonaire dont il est parlé dans la note de la page suivante. Les liaisons de notes y sont pareillement figurées comme dans les exemples précédents.

suite d'un même Office ; à cet effet, la dominante de tous les psaumes, quel qu'en soit le Ton, doit être prise à la même hauteur, comme cela s'observe quand on est accompagné par un instrument. Le ton ordinaire et le plus convenable pour la *dominante du chœur*, ou *corde chorale*, est le *SOL* du diapazon, ou un demi-ton plus bas, selon la nature des voix qui composent le chœur. Pour les solennités, on prend un peu plus haut, comme on l'a dit dans les principes généraux.

II. Celui qui donne l'antienne d'un psaume doit le faire de telle sorte, que le chantre puisse entonner convenablement le psaume sur le même ton.

Exemples :

Dans le premier cas, l'antienne commençant par la dominante du Ton auquel elle appartient, et qui est indiquée par l'intonation du psaume qui la suit, doit être prise sur le ton même de la dominante du chœur ; dans le second cas, l'antienne commençant une quinte au-dessous de la dominante du Ton, doit être prise beaucoup plus bas, c'est-à-dire une quinte au-dessous de la dominante du chœur.

L'imposition des Antiennes doit, de plus, être faite d'une voix ferme et soutenue, et non avec hésitation et précipitation ; et pour cela il convient, au besoin, de les préparer à l'avance (a).

(a) Il existe encore, à la Grande Chartreuse, quelques exemplaires d'un très-joli petit livre intitulé *Antiphonarium abbreviatum pro Ordine Car-*

III. Quand plusieurs psaumes se chantent sous une même antienne, si le chantre au commencement de l'un de ces psaumes élève la voix pour relever le ton, le chœur doit se taire et le laisser chanter seul la première partie du verset. A cet égard, il est d'usage de relever ordinairement le ton de deux en deux psaumes ; et il convient que les chantres n'y manquent pas, toutes les fois que cela est nécessaire. Si le ton n'a pas trop baissé, ils poursuivent promptement les premiers sur ce même ton, afin d'éviter l'hésitation qui se produit toujours dans le chœur, quand les chantres n'élèvent pas la voix aux lieux accoutumés. En relevant ainsi périodiquement le ton, on soulage les voix, on réveille l'attention et on rompt la monotonie de la psalmodie.

IV. Le chœur d'où part l'intonation d'un psaume, doit avoir soin d'en chercher à temps la terminaison, afin de pouvoir la chanter sans hésitation et avec ensemble.

tusiensi, imprimé à Lyon en 1650, par les soins de cette maison. Ce petit Antiphonaire, fait pour être entre les mains de tous les Religieux, contient l'intonation des antiennes pour toute l'année, avec l'intonation et la terminaison des psaumes qui les accompagnent. Il témoigne combien tout ce qui tenait au chant était en honneur parmi nos Pères, et avec quel zèle chacun préparait, à l'avance, son Office. Il serait bien à désirer que ce livre fût encore en un nombre suffisant d'exemplaires pour se trouver dans toutes les cellules. On en a extrait, et l'on donne à l'Appendice, Exercice N° 10, l'intonation des antiennes et des psaumes des Laudes du Commun des Saints, qu'il importe le plus que les jeunes Religieux connaissent.

Il n'est pas sans intérêt de savoir, à l'égard des intonations, que, outre le rapport de *tonalité* qui existe nécessairement entre les antiennes et les psaumes, les antiennes qui accompagnent les psaumes d'une même terminaison, commencent le plus souvent par les mêmes notes ; quelques auteurs avancent même, qu'à l'origine du chant Grégorien, ce rapport était de principe, ce qui devait faciliter beaucoup les intonations. Mais comme il existe dans notre chant bon nombre d'exceptions à cette règle, on se borne à en signaler l'existence, laissant à chacun le soin d'en reconnaître l'application.

V. La reprise des antiennes à la fin des psaumes, doit se faire sur un ton convenable, sans se préoccuper de celui par lequel le chant du psaume se termine, surtout quand ce ton a baissé sensiblement. C'est le moyen de donner au chant des antiennes plus d'uniformité et plus de relief, et de préparer le ton de l'antienne suivante (*a*).

VI. Le verset *Gloria Patri*, à la fin de chaque psaume, doit toujours être chanté un peu plus lentement que les versets précédents, conformément aux principes généraux. C'est, en outre, un moyen très-propre pour renouveler l'attention après chaque psaume, comme prescrit de le faire notre Directoire des Novices (*b*).

VII. Les cantiques de l'Ancien Testament qui se chantent chaque jour à Laudes, et au 3e Nocturne des jours de fêtes, sont entièrement assimilés aux psaumes, et en suivent les règles. Les psaumes divisés dans l'Office férial, se chantent en entier et de suite, lorsqu'ils sont employés dans un Office festival; c'est le contraire pour le cantique *Domine audivi*, dont les divisions ne s'observent que dans les fêtes qui l'emploient pour le 3e Nocturne, et qui doit se chanter, sans coupures, le vendredi à Laudes.

VIII. On ne doit faire en principe aucune pause dans le cours de chaque partie du verset, même lorsque le chant est solennel; les plus longs versets se trouvant divisés, dans nos livres, en trois et même en un plus grand nombre de

(*a*) Notre Statut (1 Stat. 20. 15), tout en conseillant de reprendre les antiennes sur le ton par lequel le chant du psaume se termine, laisse cependant toute latitude à cet égard. Ce n'est, en effet, que dans les chœurs soutenus pas des instruments, qu'il est possible de conserver le même ton d'un bout à l'autre de l'Office.

(*b*) Plusieurs anciennes règles monastiques prescrivent même de se prosterner à terre pour dire le *Gloria Patri*, à la fin de chaque psaume, afin de donner ainsi une marque plus profonde de respect à la T. S. Trinité.

parties, l'observation de cette règle n'offre en général aucune difficulté, et si, pour un motif particulier, on est obligé d'interrompre le chant, on doit le reprendre au point où en est alors arrivé le chœur, ainsi qu'on l'a expliqué aux principes généraux.

IX. Outre la distinction générale du mouvement à observer dans le chant des psaumes, suivant le degré des Offices, les diverses Heures canoniales ont un mouvement particulier dont il est nécessaire de tenir compte. Ainsi, en tout temps, *Laudes* se chantent plus gravement que *Matines*; l'heure de *Tierce*, qui précède la messe conventuelle les jours de fêtes, se chante toujours très-gravement; *Vêpres* se chantent aussi chaque jour, comme *Laudes*, un peu plus gravement que les autres Heures. Le symbole *Quicumque*, à *Prime*, qu'il soit chanté ou psalmodié, demande aussi un peu plus de gravité que les psaumes qui le précèdent.

X. Quand on ne peut chanter, il faut éviter de psalmodier à voix intelligible pendant que le chœur dont on fait partie, chante; car on produit ainsi un bourdonnement du plus fâcheux effet.

ARTICLE IV.

DE LA PSALMODIE SIMPLE.

La psalmodie *simple* ou *recto tono*, c'est-à-dire celle qui ne quitte pas la dominante, est en usage dans l'Office des morts, la sépulture des défunts, le *Miserere* des prières, etc. Le nom de *psalmodie* est plus communément donné à ce chant, bien que le sens du mot convienne davantage au chant composé des psaumes.

Les règles générales de la psalmodie composée, et notamment celles données par le Statut, lui sont applicables. Cependant, dans l'Office des morts, le chantre n'entonne point seul le premier verset des psaumes, mais toute la partie du chœur qui commence, part ensemble, dès que l'antienne a été donnée. A cet effet, celui qui impose les antiennes doit le faire sur un ton convenable, afin que le chœur puisse s'y conformer ; et, à son défaut, le chantre doit élever le premier la voix pour rectifier le ton et prévenir toute hésitation (*a*). Dans tous les autres cas de psalmodie, les psaumes n'étant pas accompagnés d'antiennes, le Prêtre hebdomadaire ou le chantre entonne seul la première partie du premier verset, comme dans la psalmodie composée.

La médiation se fait comme dans les 1er et 6e Tons du chant composé, c'est-à-dire que le prolongement de la voix a lieu sur la dernière syllabe accentuée ; et que, dans les médiations terminées par un monosyllabe ou un mot hébreu indéclinable, on fait la tenue sur la pénultième syllabe, dans tous les cas. La terminaison est semblable à la médiation (*b*).

La médiante suit également les mêmes règles ; et il est aussi nécessaire de bien marquer ce repos dans la psal-

---

(*a*) Notre Statut, en prescrivant que, dans l'Office des morts, toute la partie du chœur d'où part l'antienne, commencerait en même temps le premier verset, n'a certainement pas voulu abandonner au hasard le ton de la psalmodie, ce qui serait contre toutes les règles ; le chantre doit donc partir assez à temps pour indiquer ou rectifier le ton, au besoin. Telle est l'interprétation donnée, par notre Révérend Père, à l'article du Statut en question. (1 Stat. 19. 2.)

(*b*) C'est la règle, déjà citée, que donne la Méthode *Forma psallendi* : « Quando versus terminantur vel mediantur per dictionem monosyllabam aut hebraicam semper penultima fit longa, sine exceptione ; quod est etiam observandum in 1i et 6i tonorum mediatione. »

modie, que dans le chant composé; car, sans lui, les voix perdent bientôt tout accord, et ne produisent qu'un bruit confus.

Le ton habituel de la psalmodie, et en particulier celui de l'Office des morts, doit être assez relevé, quoique cependant un peu plus bas que la dominante du chant des psaumes, afin de remédier à la monotonie de cet Office. On doit, de plus, s'en acquitter avec la même attention et le même respect que des autres Offices; il se chante un peu plus rondement, mais d'une voix ferme, uniforme et distincte (*a*), et sans précipitation, chaque partie du chœur ne commençant que lorsque l'autre partie a entièrement terminé; l'Office de la veille de la *Commémoraison des morts* se chante gravement, par exception.

Comme dans la psalmodie composée, on donne au *Magnificat* et au *Benedictus* un peu plus de gravité dans le mouvement.

Les leçons du *Dirige* sont soumises aux mêmes règles, quant au ton et au mouvement. Les Répons et Versets qui les accompagnent, se chantent avec des points en tout semblables à ceux des leçons; les Répons, sur un ton un peu plus bas (*b*). Les antiennes sont entonnées avec un point circonflexe, mais sont reprises et terminées *recto tono*; les versicules se chantent sur le ton des antiennes, d'après les règles qui leur sont propres.

(*a*) C'est un grand défaut, et des plus désagréables dans un chœur, que de chanter en psalmodiant, c'est-à-dire de faire des inflexions de voix au commencement et à la fin des parties de chaque verset. Tout doit être dit *recto tono*, d'un bout à l'autre; et le moyen de prévenir ce défaut, est de prendre toujours la psalmodie sur un ton suffisamment relevé.

(*b*) L'ancien *Traité de chant* prescrit de prendre les Répons une *tierce* ou une *quinte* au-dessous de la dominante des leçons, afin de mettre un accord plus parfait entre ces diverses parties.

Exemples de la psalmodie simple.

Antienne.   1. 2. 3.

Exul-tábunt ℣ Mi-sé-re-re me-i Deus : (*Médiante*) secúndum magnam mise-ri-córdi-am tu-am.

1. 2. 3.

Qui-a a-pud Dóminum mise-ri-córdi-a : (*Médiante*) et co-pi-ó-sa a-pud e-um redémpti-o.

1. 2. 3.

Qui-a ip-se di-xit et facta sunt : (*Médiante*) ip-se mandávit et creá-ta sunt.

1. 2. 3.

Dómine ne in fu-ró-re tu-o ár-gu-as me : (*Médiante*) neque in i-rá tu-â corrí-pi-as me.

1. 2. 3.

Te decet hymnus Deus in Si-on : (*Médiante*) et ti-bi reddé-tur votum in Je-rú-salem.

Antienne.   *Versicule.*

Exultábunt Dómino ossa humíli-á ta. Audívi vocem de cœlo dicéntem ℣ Beáti mórtui qui in Dómino moriúntur ℣

OBSERVATIONS.

I. — Les Heures de *Sexte* et de *None* qui, dans certaines circonstances, se psalmodient, les jours de sépulture (1 Stat. 34. 36, 37), ont cela de particulier, que l'hymne et l'antienne se chantent également *recto tono*, tandis que le Capitule, les Prières et l'Oraison conservent leurs inflexions accoutumées ; le Versicule se chante avec un point circonflexe. Il en est de même pour *Sexte* et *None*, le jour de l'installation d'un Prieur, dans les cas où ces Heures doivent être psalmodiées (*a*).

II. — L'Office privé dont on s'acquitte à deux ou en plus grand nombre, est soumis aux règles de la psalmodie, toutes proportions gardées cependant, en ce qui concerne le ton et le mouvement ; les paroles doivent être prononcées distinctement, sans précipitation, et en observant pareillement la médiante. Dans ce genre d'Office, les leçons, les antiennes, les versicules, etc., se disent *recto tono* (*b*).

CHAPITRE IV.

DU CHANT DES LEÇONS.

ARTICLE PREMIER.

DES POINTS.

§ 1er. DÉFINITIONS.

Le chant des Leçons comprend plusieurs inflexions ou modulations de la voix, faites aux divers repos amenés par

(*a*) Les expressions *submissâ voce*, *submissè*, employées pour ces derniers cas par le Statut (2 p. 2. 43), doivent se prendre, conformément à l'usage, pour *recto tono*, comme aux jours de sépulture.

(*b*) Les antiennes fériales qui figurent sans notes, dans nos livres de chœur, à la suite des Heures de *Prime* et de *Tierce*, n'ont d'objet que pour l'Office privé, attendu que ces Heures ne se chantent au chœur que les jours de fêtes, et, par conséquent, avec des antiennes propres.

la ponctuation, et qui ont pour objet de rompre la monotonie de la lecture, de lui donner plus de dignité, et d'en faciliter l'intelligence. L'ensemble des modulations de cette nature, en usage dans notre Ordre, tant pour le chant des Leçons que pour celui de l'Epître et de l'Evangile, nous sont devenues, par leur variété, à peu près particulières; elles ont un caractère très-remarquable d'harmonie et de gravité.

On nomme *Points*, en même temps, les diverses sortes de repos auxquels se font les modulations du chant, dans nos livres liturgiques, et les groupes de notes qui expriment ces modulations (a).

Les différents Points en usage sont :

Le *Point circonflexe*,	(⌐)	qui l'un et l'autre s'emploient concurremment pour la virgule, le point et virgule et les deux points.
Le *Point élevé*,	(:)	
Le *Point d'interrogation*,	(?)	
Le *Point final*,	(.)	qui sert aussi pour le point d'exclamation.

La simple virgule et le point et virgule que l'on rencontre aussi dans le cours des leçons, ne donnent lieu à aucune modulation, mais seulement aux repos ordinaires qu'indiquent ces signes, repos que l'on doit aussi observer après les points spéciaux,

On nomme *conclusion*, une certaine phrase par laquelle on termine habituellement chaque leçon. Il existe deux

---

(a) Dans les anciens livres, comme dans ceux qui nous sont propres, le mot *punctum* est pris dans trois acceptions différentes; tantôt il signifie la note qui termine certaines modulations telles que les médiations, terminaisons et autres· « *punctum, hoc est ultimam syllabam seu notam..... nullus teneat* » (1 Stat. 18. 5), et quelquefois même une note quelconque, comme dans *geminatio puncti* (ibid N° 1); tantôt il désigne les divers repos auxquels se font les modulations dans la lecture chantée, ou, enfin, le groupe de notes qui exprime chacune de ces modulations : « *Nec fit punctum elevatum in medio versûs in quo est interro-* » *gatio* » (ibid N° 5); *quatuor sunt, apud nos, punctorum genera, diversis nominibus et notis designata.* » (Missel, Edit. 1771).

phrases de cette nature: *Tu autem.... Hæc dicit....* dont la seconde est réservée pour les leçons tirées des prophètes; mais il convient de remarquer que ce genre de conclusions ne s'emploie que lorsque la leçon a été précédée d'une bénédiction. Dans le cas contraire, on termine simplement les leçons par un point final particulier, comme cela a lieu pour les leçons de l'Office des morts, pour celles que l'on chante en certains temps à la messe, et généralement pour toutes les leçons, pendant les trois derniers jours de la Semaine Sainte. L'Epître et l'Evangile se concluent de cette seconde manière.

Comme dans la psalmodie, on nomme *teneur*, dans les leçons, tout ce qui se chante, *recto tono*, sur la dominante.

§ 2e — RÈGLES GÉNÉRALES DU CHANT DES POINTS.

Le chant des leçons et celui des psaumes étant du même genre, les règles auxquelles ils sont soumis, ont naturellement entre elles une grande analogie; la plupart des remarques faites sur la psalmodie composée sont également applicables aux leçons ; on ne reproduira donc ici que les règles les plus essentielles, concernant la formation et le chant des Points.

I. — *Ton; Dominante; Intervalles.*

Toutes les leçons sont chantées dans le 1er Ton, sur la dominante *la*; c'est donc à partir de cette note que doivent se compter les différents intervalles que comprennent les points. Le dernier *la* de la teneur est, en même temps, la première note de chaque point, sur laquelle la voix doit s'appuyer suffisamment pour rendre, avec justesse et précision, les notes qui suivent.

II. — *Effet des syllabes brèves.*

1º Dans tous les points, la pénultième note doit être placée sur la dernière syllabe accentuée du membre de phrase;

2º La première note de chaque point, ou le dernier *la* de la teneur, doit se placer sur une syllabe au moins commune, à l'exception du point circonflexe qui, n'ayant que deux notes, exige, pour la première, une syllabe accentuée; quant aux autres notes, entre la première et la pénultième, elles peuvent tomber sur une syllabe quelconque;

5º Lorsque la première ou l'avant-dernière note du point tombe sur une syllabe pénultième brève, il y a lieu à anticipation, afin de placer sur l'antépénultième accentuée, l'une ou l'autre de ces notes.

III. — *Effet des monosyllabes et des mots hébreux.*

1º Le point circonflexe ne se fait jamais sur un monosyllabe, ni sur un mot hébreu indéclinable ou tout autre se chantant *more hebraico* : car ce point, comme l'accent circonflexe dont il est une expression, se composant d'une note fortement accentuée, suivie d'une seconde note basse et faible, il serait contradictoire de l'employer sur des mots dont la dernière syllabe porte exceptionnellement l'accent;

2º Le point élevé, terminé par l'un de ces mots, s'arrête sur sa pénultième note, comme les médiations de même nature, et perd ainsi sa dernière note.

5º Dans le point d'interrogation, le monosyllabe ou la dernière syllabe du mot hébreu, prend et lie les deux dernières notes du point, ce qui est une autre manière de mettre en relief l'accent final;

4º Le point final perd ses deux dernières notes, et la conclusion des leçons de l'Agende s'arrête, dans le même cas, sur sa pénultième note;

5º Dans les divers points terminés par un monosyllabe, par un mot hébreu ou autre se chantant *more hebraico*, on fait longue, dans tous les cas, la pénultième syllabe.

6º Toutes ces règles s'appliquent aux points terminés par deux monosyllabes.

IV. — *Points défectueux ou incomplets.*

On nomme ainsi les points dont toutes les notes ne peuvent être produites, faute d'un nombre de syllabes suffisant, dans le membre de la phrase auquel ils s'appliquent. On suit, pour le chant des points défectueux, la règle qui a été donnée, dans le chant des psaumes, pour les versets de même espèce, c'est-à-dire que l'on prend, à partir de la dernière note du point, autant de notes qu'il en faut pour les syllabes à chanter.

V. — *Syllabes superflues.*

On a vu, au n° II du présent §, que lorsque la première ou l'avant-dernière note d'un point tombe sur une syllabe pénultième brève, c'est sur l'antépénultième que l'une ou l'autre de ces notes doit s'appuyer ; dans ce cas, les syllabes brèves ne sont pas comptées dans le nombre des syllabes ou notes fixes du point, et on les nomme pour cela *superflues*. Ces syllabes donnent naissance à des notes supplémentaires qui suivent la règle donnée, dans la psalmodie, pour les syllabes et notes de même nature ; c'est-à-dire qu'elles se chantent sur le degré de la note suivante toutes les fois que cette note s'infléchit, ce qui a généralement lieu dans les points des leçons, et sur le degré de la note précédente, lorsque cette note s'élève, comme dans le point d'interrogation (*a*).

VI. — *Accentuation.*

Les règles de l'accentuation données pour le chant des psaumes, sont en tout applicables au chant des leçons. Ainsi,

(*a*) Dans la Méthode *Forma psallendi* et le Missel, on trouve quelques exemples de syllabes superflues notées sur le degré précédent, dans le cas où la note s'infléchit :

mais cette méthode satisfait moins l'oreille, et est aujourd'hui généralement abandonnée.

on doit s'étudier à observer ces règles, principalement dans le chant des points ; toutefois, dans ce qui se lit *recto tono*, il convient de ne faire sentir l'accentuation que légèrement et non par saccades, de manière à prononcer distinctement toutes les syllabes

On trouvera dans les exemples qui suivent, l'application de toutes les règles qui viennent d'être données, et la solution des cas particuliers qui peuvent se rencontrer dans les leçons. Les diverses valeurs des notes y sont indiquées de la même manière que dans la psalmodie.

Exemples du chant des divers points des Leçons (a).

1° *Point circonflexe* (⌐)

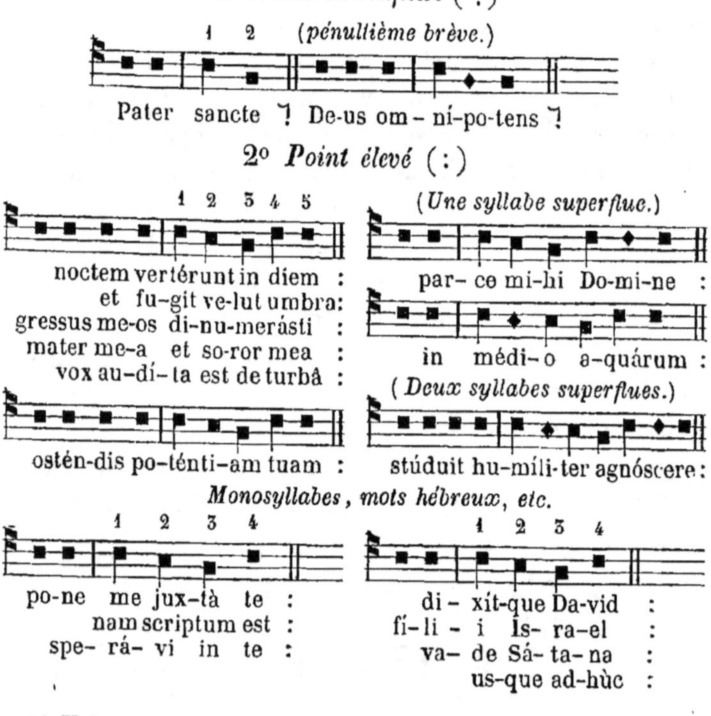

(a) Voir, en outre, à l'Appendice, les exercices Nᵒˢ 6 et 7 sur le chant des leçons, ainsi que les exemples et exercices donnés à la fin du Missel de 1771.

Points défectueux.

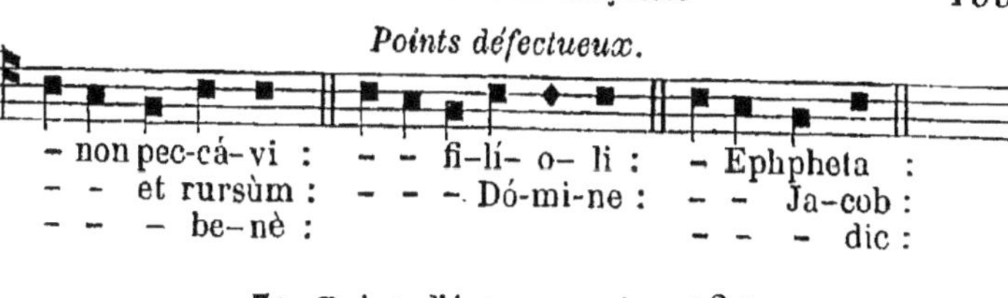

3° *Point d'interrogation* (?)

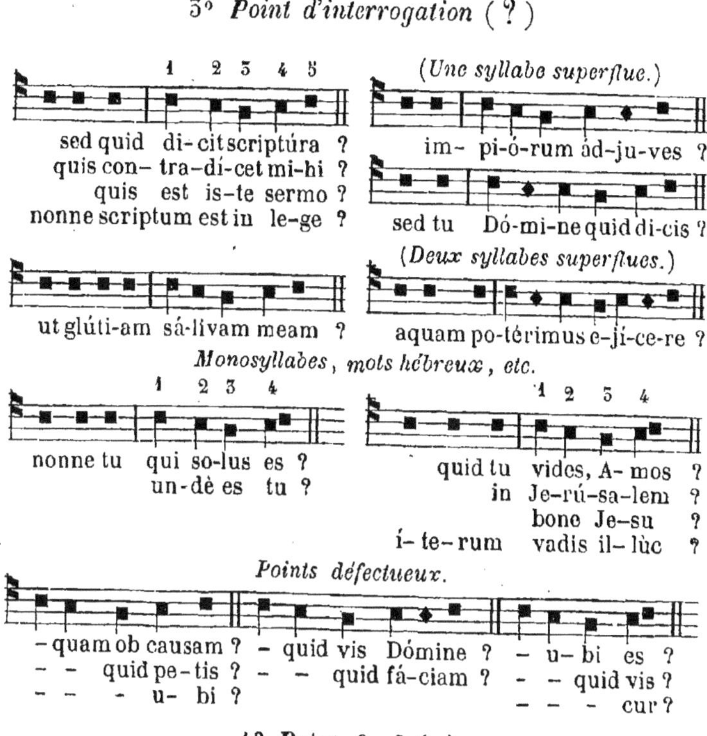

Points défectueux.

4° *Point final* (.)

Monosyllabes, mots hébreux, etc.

Points défectueux.

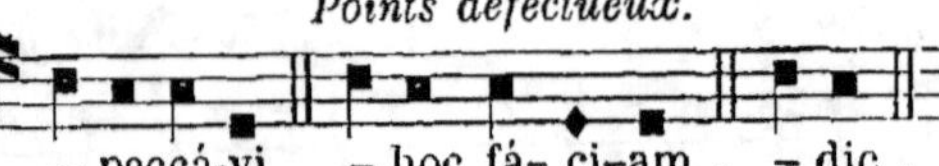

5º *Conclusion des Leçons de l'Agende et des autres Leçons en certains temps.*

Monosyllabes et mots hébreux.

Points défectueux.

6° *Conclusions ordinaires des Leçons de l'Office.*

Conclusion des Leçons ordinaires.

Tu autem Dómine mise-ré-re nostri. ℟. De-o grati-as.

Conclusion des Leçons tirées des prophètes.

Hæc di-cit Dóminus. Converti-mini ad me : et salvi é-ritis (*a*).

Conclusion du Martyrologe.

Et á-li-bi a-li-ó-rum pluri-mórum sanctórum ⁊ Már-ty-rum

et Confessó-rum : atque sanctárum Vír-ginum (*b*).

(*a*) Il serait plus conforme à nos règles particulières de ponctuation données dans l'art. 4 ci-après, de commencer cette conclusion par un point circonflexe : *hæc dicit Dominus* ⁊ ; mais tel n'est pas l'usage.

(*b*) Les Cisterciens chantent les leçons comme nous, sauf une petite différence dans le point final qu'ils notent ainsi :

Et en général, au moyen-âge, la lecture liturgique n'était pas, comme aujourd'hui, un débit monotone, mais un véritable chant qui admettait, à l'instar du nôtre, au milieu et à la fin des périodes, des élévations et des inflexions bien marquées et en rapport avec l'accentuation.

Dans le Romain, les leçons se chantent de la manière suivante :

deux points. point d'interrog. point final.

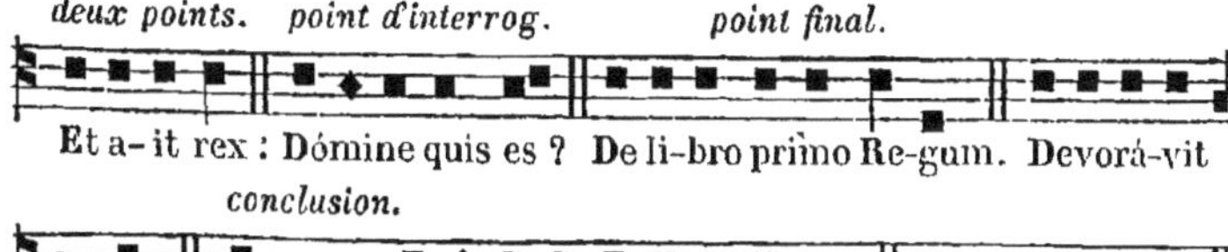

Et a-it rex : Dómine quis es ? De li-bro primo Re-gum. Devorá-vit

conclusion.

Jo-seph. Tu autem Dómi-ne mise-re-ré nostri. ℟. De-o gráti-as.

Nota. — C'est ainsi que les leçons sont notées dans le *Directorium chori* de *Guidetti* ; et désormais, toutes les citations de chant romain que l'on aura occasion de faire, seront uniquement tirées de cette source,

ARTICLE II.

RÈGLES DE L'EXÉCUTION DU CHANT DES LEÇONS.

—

I. — Le mouvement et l'élévation de la voix à donner au chant des leçons, doivent être en rapport avec le degré de l'Office. Il est d'usage de lire l'Ecriture-Sainte un peu plus vite que les Ecrits des SS. Pères, mais toujours d'une manière bien intelligible. Le *Jube Domne benedicere* se prend, ordinairement, une tierce au-dessus du ton du Prêtre hebdomadaire, si le ton de ce dernier n'est pas extraordinaire, mais dans tous les cas, au moins un ton au-dessus; toutes les leçons d'un même Office doivent, autant que possible, être chantées sur le même ton. Les leçons de l'Office des morts se chantent un peu moins haut et un peu plus rondement que celles de l'Office canonial. Il convient, pendant qu'on lit, de se tenir modestement, sans s'appuyer ni se balancer.

II. — On doit commencer chaque membre de phrase franchement par le *la*, sans aucune inflexion, et continuer ainsi, *recto tono*, jusqu'à la première syllabe du point qui, pour plus de facilité, est habituellement indiquée dans nos livres, par un double accent ('') tracé à la main. Toutes les notes des points doivent se faire distinctement, et en observant régulièrement leurs intervalles; et il importe de remarquer, à cet égard, que le point *circonflexe* doit comprendre une *tierce majeure*, *la-FA*, et qu'il est essentiellement différent de celui en usage dans les prières canoniales, qui ne consiste qu'en une *tierce mineure*, *fa-RÉ*. L'emploi de

car il existe en France, selon les diocèses, de trop nombreuses variétés dans le chant des parties de l'Office dont il reste à traiter, pour qu'on puisse les indiquer toutes.

ce dernier point et des autres fausses inflexions qui en dérivent, produit, dans le chant des leçons, un effet désagréable, et en change le caractère (a).

III. — Comme on le voit par les exemples qui précèdent, on prolonge généralement les syllabes qui composent les points, à l'exception des pénultièmes brèves *superflues* représentées par des losanges, sur lesquelles il faut, au contraire, passer plus rapidement; mais il convient de faire la distinction de ces dernières d'avec les pénultièmes brèves non superflues, qui comptent pour une syllabe effective dans le point, et sur lesquelles on doit appuyer un peu plus ; ces syllabes sont représentées par une carrée dans les exemples précédents et ceux du numéro suivant.

Dans les points où deux notes se suivent sur le même degré, il convient, pour rendre le chant moins lourd, de passer un peu plus légèrement sur la syllabe la moins forte ; cette règle n'a d'objet, pour les leçons, que dans le point

(a) Dans tous nos livres liturgiques, les points des leçons sont notés dans le 1er Ton (dominante *la*, finale *ré*). C'est donc s'écarter de cette notation traditionnelle que de chanter les leçons, comme on le fait quelquefois, dans le 5e Ton, savoir :

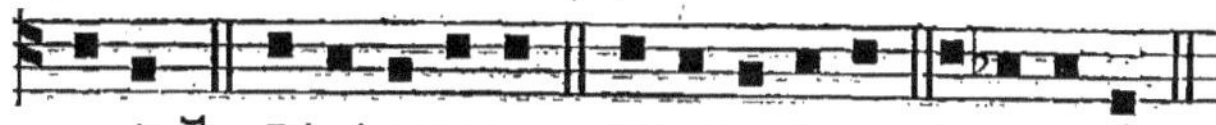

Dans l'Antiphonaire de Pavie, les points des leçons sont cependant notés sur la dominante *sol*; c'est là une anomalie difficile à expliquer autrement que par la tendance que l'on a généralement, en Italie, à atténuer les intervalles ; la note *sol* n'est, dans le plain-chant, la dominante d'aucun Ton régulier, et elle produit, en particulier dans le chant des leçons, des inflexions tout-à-fait étrangères à nos usages. Dans toutes les vieilles éditions françaises que nous possédons encore, les leçons sont notées comme dans les exemples donnés plus haut; ce sont :

Les éditions du Missel de 1679, 1713 et 1771 ;

Les éditions de l'Antiphonaire diurnal de 1689 et de 1789 ;

Les deux anciennes Méthodes de chant, mentionnées dans cet ouvrage.

final, mais elle s'applique aussi aux points élevés de l'Epître, de l'Evangile et des Oraisons.

Enfin, il faut éviter, avec soin, de prolonger la voix sur la
dernière syllabe ; c'est sur l'avant-dernière qu'on appuye
plus particulièrement, ou, si elle est brève, sur celle qui
précède (a).

IV. — Il est important de remarquer que la dernière
syllabe pénultième brève, dans tous les points, est toujours
superflue, et donne toujours naissance à une note supplémentaire. Mais il n'en est pas de même de la syllabe brève
qui survient au commencement du point, dans les points
élevés et d'interrogation ; car cette syllabe, tantôt occupe
une note du point et tantôt est superflue, selon le nombre
et la nature des syllabes qui suivent.

Exemples :

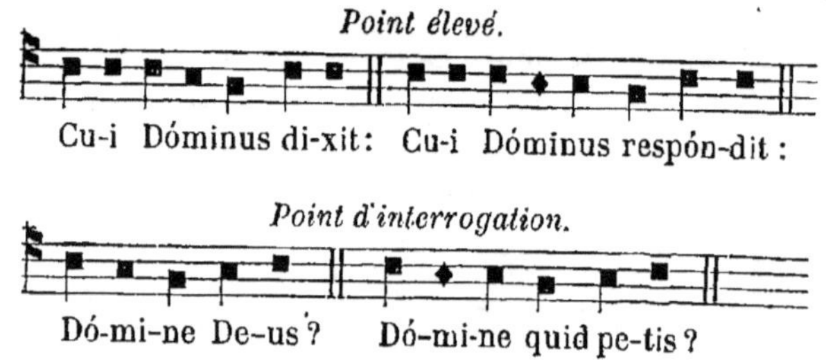

(a) Voici la règle que donne à ce sujet notre *Forma psallendi* : « Notæ
quibus constant lectionum, epistolarum, evangeliorum et orationum
puncta, ultimâ semper exceptâ, producuntur, nisi cadant in penultimam brevem : excipitur tamen primum *sol* puncti finalis lectionum,
quod semper corripitur ; in evangeliis et epistolis, primum *sol* puncti
elevati semper quoque corripitur ; in orationibus verò Vesperarum,
Laudum et Missæ, primum *sol* puncti elevati producitur, et secundum
corripitur. »

Tous les exemples donnés dans le Missel, édit. 1771, sont notés conformément à ces diverses prescriptions.

Quand la première brève est superflue, elle est marquée, à la main, dans quelques uns de nos livres, du signe (⌣), et alors toute difficulté disparaît ; mais comme le plus souvent cette indication n'existe pas, si l'on n'y prend garde, l'on omet de redoubler le *sol*, et l'on est obligé de répéter le point pour le chanter correctement. Il convient donc de s'arrêter suffisamment sur la première syllabe de ces points pour pouvoir reconnaître ce que l'on a à faire ; c'est là une des principales difficultés qu'offre le chant des leçons (*a*).

Cette difficulté n'a pas lieu pour le point final ; car ce point n'étant composé que de quatre notes essentielles, la première brève comme la dernière ne compte jamais, et donne toujours lieu à une note supplémentaire, comme on le voit dans les exemples de l'article précédent.

V. — En ce qui concerne le chant des *points défectueux*, on est habituellement averti de leur présence, dans les livres du chœur, par un double trait horizontal (═) placé sur la première syllabe ; et, le plus souvent, ce signe est même surmonté du nom de la note par laquelle le point doit commencer. Mais comme ces signes n'existent pas toujours, il faut s'habituer à compter d'un coup d'œil le nombre de syllabes que contient la phrase, afin de leur appliquer les notes du point qui leur conviennent.

VI. — La lecture du Martyrologe et des Epîtres de St Paul qui se fait au Chapitre, et en général tout ce qui se lit tant au Chapitre qu'au réfectoire, y compris l'Evangile qui suit le lavement des pieds, le Jeudi Saint, est soumis aux mêmes règles que les leçons. Le martyrologe a, toutefois, une

______

(*a*) On peut remarquer à cet égard que le point élevé et le point d'interrogation étant composés, dans le cas ordinaire, de cinq notes essentielles, la première pénultième brève compte dans les syllabes de ces points, ou devient superflue, selon que le mot qui suit contient trois syllabes de valeur, ou deux seulement. Lorsque ces points sont terminés par un monosyllabe ou un mot hébreu, ils ont une syllabe de moins.

conclusion particulière qui a été indiquée dans l'article précédent. L'annonce de la Commémoraison des Bienfaiteurs, le jour de St Etienne, la nomenclature des Reliques, ainsi que toutes les lectures qui se font, le Jeudi Saint, au Chapitre et au réfectoire, se terminent par le point final qui conclut les leçons de l'Office des morts, avec cette distinction pour le martyrologe, que c'est à la fin de sa conclusion propre que se place ce point final. La conclusion *Hæc dicit Dominus* ne s'emploie jamais au réfectoire, elle est exclusivement réservée pour la lecture des prophètes qui se fait au chœur; et même, dans ce cas, lorsqu'une leçon se termine à la fin d'un prophète, c'est la conclusion *Tu autem* que l'on emploie, par exception, après la mention de l'*Explicit*.

VII. — Les règles de la ponctuation, c'est-à-dire l'ordre dans lequel les divers points doivent se succéder, ainsi que les règles pour la distinction des noms propres déclinables qui, d'après nos usages, se chantent *more hebraico*, sont données dans les articles 3 et 4 ci-après (*a*).

VIII. — Quand on est repris par le correcteur dans le cours d'une leçon, on doit s'arrêter aussitôt, et reprendre au commencement de la phrase. Un Religieux doit toujours recevoir la correction avec humilité et patience, et se garder de s'excuser, eût-il d'ailleurs raison. Ce serait une grosse faute que de résister à la correction ou de la recevoir avec humeur, surtout dans le lieu saint; et nos Statuts prescri-

---

(*a*) Les commençants ne doivent pas trop se préoccuper de ces règles particulières d'accentuation qui regardent surtout ceux qui sont chargés de ponctuer des livres, ou de lire dans des livres non ponctués. Quand la lecture se fait, comme habituellement, dans des livres ponctués, et dans lesquels la première syllabe de chaque point est marquée d'un double accent, il est généralement facile, avec un peu d'attention, de se guider sur la place qu'occupe cet accent, pour chanter régulièrement le mot final, quel qu'il soit.

vent de ne pas laisser impuni celui qui s'oublierait au point de donner un pareil scandale (1. Stat. 21. 1) (*a*).

En résumé, il faut reconnaître que nos leçons, pour être chantées correctement, offrent d'assez nombreuses difficultés (*b*) ; et à moins d'une longue habitude, on doit toujours les préparer avec soin, si l'on ne veut s'exposer à se trouver en défaut, et à manquer au respect dû au lieu saint, ou même à la Communauté, par des hésitations, des balbutiements, des répétitions, de fausses inflexions dans les points, et autres fautes de tout genre auxquelles est particulièrement sujette cette partie de l'Office (*c*).

ARTICLE III.

TABLEAU DES NOMS PROPRES DÉCLINABLES QUI, SUIVANT LES USAGES DE NOTRE ORDRE, SE CHANTENT COMME LES NOMS INDÉCLINABLES, *more hebraico.*

On a dit, en traitant de l'accentuation latine, qu'outre les noms hébreux et étrangers indéclinables, il existait un assez grand nombre de noms propres déclinables ou employés

(*a*) Le V. P. D. P. Sutor rapporte, dans son ouvrage *De vitâ Cartusianâ*, que St Bernard, indûment repris dans le cours d'une leçon, et recevant l'ordre du correcteur d'accentuer la syllabe pénultième du mot *lápidem*, obéit aussitôt et sans la moindre hésitation. (Lib. 2, Tract. 4, cap. 3.) On signale ce chapitre qui est tout entier consacré aux règles de la lecture ; il est fort curieux et des plus instructifs.

(*b*) A toutes les difficultés déjà signalées vient se joindre celle des abréviations que l'on rencontre fréquemment dans nos livres liturgiques, dans les **SS. PP.**, et surtout dans les anciens auteurs de notre Ordre, et qui demandent, pour être lues couramment, une certaine habitude. On donne à l'Appendice, note **F**, le tableau de celles de ces abréviations qui sont le plus usitées.

(*c*) On rapporte que St François de Sales assistant à l'Office, à la Grande Chartreuse, et étant invité à lire la leçon d'honneur, s'y refusa très-modestement, donnant pour raison qu'il ne s'était pas préparé.

comme tels, qui, suivant nos usages, devaient se chanter *more hebraico*, c'est-à-dire porter l'accent sur la dernière syllabe toutes les fois qu'ils se rencontrent à la fin des médiations et terminaisons des psaumes et des divers points des leçons.

Voici le tableau de ces noms, dans lequel on fait figurer, en opposition, ceux qui demeurent soumis à la règle générale des noms déclinables, et se chantent *more latino* (a).

Noms propres déclinables se chantant *more hebraico*, y compris ceux faisant exception aux règles de la colonne ci-contre.	Noms propres déclinables qui, suivant la règle générale, se chantent *more latino*, y compris ceux faisant exception aux règles de la colonne ci-contre.
1	2
1° Terminaisons en *a*, *œa*, *ia*.	
Tous les noms propres d'*hommes* et de *lieux* de la Terre Sainte et des pays circonvoisins, terminés en *a*, tels que *Bela*, *Iscariota*, *Oza*, *Siba*, *Sisara*; — *Bosra*, *Ephrata*, *Gabaa*.	Sont exceptés : *Galgala*, *Pila*, *Gazara*, *Ptolemaida*, *Gomorrha*, *Sichima*, *Jerosolyma*, *Sodoma*, *Juda* (même employé comme indécl.), *Solima*.

(a) On ne peut disconvenir que ces règles exceptionnelles n'apportent une assez grande complication dans nos chants; aujourd'hui, il est partout d'usage de ne chanter *more hebraico* que les noms hébreux indéclinables. Il serait difficile actuellement de retrouver la raison de ces distinctions, mais on ne saurait douter qu'elles ne soient très-anciennes, nos Pères n'ayant jamais rien changé aux usages adoptés à l'origine de notre Ordre, et à ce titre, on a dû les reproduire ici telles qu'elles nous ont été transmises. Le plus ancien document où l'on trouve ces règles écrites est le *Cahier de Villeneuve*, daté de 1759; mais dans les livres dont on fait usage au chœur, à la Grande Chartreuse, et dont quelques-uns sont très-anciens, la syllabe initiale des points est partout marquée conformément à ces règles.

Noms propres déclinables se chantant *more hebraico,*	Noms propres déclinables se chantant *more latino.*
Tous les noms communs tirés de l'hébreu, terminés en *a,* tels que *Páscha, mammona.*	Excepté *Corbona.*
Excepté *Coa,*	Tous les noms propres d'*hommes* et de *lieux* terminés en *a,* qui ne sont point de la Terre Sainte ni des pays circonvoisins, tels que *Agrippa, Beda, Listra, Salamina.* Tous les noms propres de *femmes* terminés en *a,* tels que *Eva, Sara, Cethura, Margarita, Catharina, Martha.* Tous les noms propres en *œa,* tels que *Galilœa, Judœa.* Et tous ceux en *ia,* tels que *Bethania, Samaria;* y compris *Abia* et *Ahia,* lors même qu'ils sont employés comme indéclinables.

2° Terminaisons en *am, ar, as, ias.*

Les noms propres en *am,* tels que *Adam, Abraham.* Ceux en *ar,* tels que *Cæsar, Putiphar.*	

14.

Noms propres déclinables se chantant *more hebraico*.	Noms propres déclinables se chantant *more latino*.
Ceux en *as*, tels que *Michœas*, *Jonas*, *Satanas*, *Esdras*, *Æneas* ; auxquels il faut joindre les noms communs *Pater* et *Mater familiás*.	Sont exceptés : *Andreas*, *Lucas*, *Judas*.
	Les noms en *ias*, tels que *Abdias*, *Ananias*, *Zacharias*, *Ozias*, *Elias*.

3° Terminaisons en e, el, es.

Tous les noms terminés en *e*, tels que *Ninive*, *Magdalene*, *Parasceve*, *Pentecoste*, (*es, œ, en*).	Excepté *Enside*, bien qu'indéclinable.
NOTA. — Ne pas confondre *Magdalene*, *es* —	avec *Magdalena*, *œ*.
Tous les noms en *el*, tels que *Israel*, *Daniel*, *Ezechiel*,	
Ceux terminés en *es*, tels que *Agnes*, *Ecclesiastes*, *Fides* (virg. mart.), *Moyses*, *Manasses*, *Iscariotes*.	Sont exceptés : *Herodes*, *Holophernes*, *Joannes*.
	Tous les noms propres en *es*, tirés du grec, tels que *Hercules*, *Socrates*, *Diogenes*, *Aristoteles*, *Phœnices*, (gen. *is*).
	Les noms en *ites*, tels que *Levites*, *Thesbites*, *Galaadites*.

Noms propres déclinables se chantant *more hebraico.*	Noms propres déclinables se chantant *more latino.*
4° Terminaison en *is.*	
A l'exception de *Daphnis*, *Memphis*, *Taphnis* et *Tigris*,	Tous les noms propres terminés en *is*, tels que *Genesis*, *Apocalypsis*, *Sunamitis.*
5° Terminaisons en *o*, *on*, *or.*	
Excepté *Phorao*,	Les noms en *o*, tels que *Bruno*, *Hugo*, *Plato*, *Apollo*; y compris *Apollo* indéclinable, nom du compagnon de St Paul.
Tous les noms en *on*, tels que *Babylon*, *Salomon*, *Simeon*.	Excepté *Simon*, dans les litanies seulement.
Ceux en *or*, tels que *Gedor*, *Nicanor*.	
6° Terminaisons en *ul*, *ux*, *us*, *um*, etc.	
Les noms terminés en *ul*, tel que *Saul*.	
Ceux terminés en *ux*, tel que *Pollux*.	
Excepté *Jesus* et *Emmaus*,	Les noms en *us*, tels que *Thaddæus*, *Bartholomæus*, *Saulus*, *Eleazarus*, *Darius.*
Excepté *Capharnaum*, et autres employés comme indéclinables,	Les noms en *um*, tels que *Iconium*, *Lugdunum.*

Noms propres déclinables se chantant *more hebraico.*	Noms propres déclinables se chantant *more latino.*
Et généralement, tous les noms à désinence *u*, autres que ceux en *us* et en *um*, se chantent *more hebraico.*	

OBSERVATIONS.

I. — Tous les noms de la 2e colonne sont censés déclinables lorsqu'ils sont employés au nominatif; mais si on les trouvait employés comme indéclinables à quelques autres cas, on devrait les chanter à ces cas *more hebraico*, sauf les quelques exceptions indiquées dans la dite colonne.

II. — Les noms qui se chantent *hebraico modo* au nominatif, se chantent de même à tous les cas, à moins qu'ils ne soient imparisyllabiques; car, alors, il faut les chanter *more latino* à tous les cas qui augmentent d'une syllabe. Exemples : *Moyses, i*, se chante *more hebraico* à tous les cas, parce qu'il est parisyllabique ; *Salomon, onis*, se chante *more latino* à tous les cas autres que le nominatif et le vocatif, parce qu'il est imparisyllabique.

Cette règle est applicable à tous les noms que les SS. PP. emploient comme déclinables, quoiqu'ils ne le soient pas dans l'Ecriture Sainte. Mais la réciproque n'a pas lieu, c'est-à-dire, que les noms qui se chantent *more latino* au nominatif, se chantent de même à tous les cas, quoiqu'ils soient imparisyllabiques. Il n'y a d'exception que pour les génitifs grecs en *eos* des noms terminés en *is*, qui doivent se chanter *more hebraico*, tels que *Geneseos, Decapoleos*, bien qu'à tous les autres cas, y compris leur génitif en *is*, ces noms se chantent *more latino*; ainsi, au chœur, on chante *more latino* :

et au réfectoire, *more hebraico* :

III. — Il faut observer que plusieurs noms sont employés tantôt comme déclinables, tantôt comme indéclinables : tels que *Adam*, *Abraham*, *Israel*, *David*, *Pascha*, *Mammona*; et que d'autres se déclinent de deux manières, tels que *Agnes*, gen. *Agnis* ou *Agnetis*; *Pascha*, gen. *Paschæ* ou *Paschatis*; *Fides*, gen. *Fidis* ou *Fidei*, (*Ste Foi*, vierge et martyre); on devra faire, suivant ces divers cas, l'application de l'observation précédente.

IV. — Ces règles sont également applicables à la psalmodie; on a déjà indiqué au chapitre des psaumes, les quelques noms déclinables qui se rencontrent dans les médiations et les terminaisons, et que l'on doit chanter *more hebraico*.

ARTICLE IV.

RÈGLES DE LA PONCTUATION PARTICULIÈRE A NOTRE ORDRE, POUR LA LECTURE CHANTÉE.

La place que doit occuper chacun des Points dont nous faisons usage dans la lecture chantée, n'est pas seulement conforme aux règles de la ponctuation ordinaire, elle est encore assujettie à des règles particulières qu'il est nécessaire de connaître pour ponctuer, ou lire *in conventu*, des livres qui ne sont pas ponctués suivant l'usage de l'Ordre (*a*).

Dans l'article 1er de ce chapitre, on a déjà fait connaître les divers points et leurs rapports avec les signes de la ponctuation ordinaire ; voici les règles de leur emploi.

I. — L'ordre de succession des points le plus ordinaire, le plus simple, le plus coulant, est celui-ci :

> *le point circonflexe,*
> *le point élevé,*
> *le point final.*

II. — Quand une phrase n'est pas trop longue, on peut très-bien la lire tout entière *recto tono*, et la terminer seulement par le point *final*. On peut aussi placer un point *élevé* avant le point *final*.

III. — Le point *circonflexe* ne doit jamais précéder immédiatement le point *final* ; c'est toujours le point *élevé* qui le précède, quand il y a lieu, comme on vient de le dire. Le point *circonflexe* peut aussi se placer entre deux points *élevés* dont le dernier est suivi du point *final*.

IV. — Lorsque les phrases sont longues, on peut, selon leur étendue, répéter plusieurs fois de suite, avant le point *final*, l'accouplement du point *circonflexe* et du point *élevé* ; on le trouve dans nos livres jusqu'à cinq fois dans la même phrase.

V. — On peut aussi quand une phrase est longue, et que la nature de sa construction le permet, comme dans les

---

(*a*) Le principe de toutes ces règles se trouve exprimé dans le passage suivant d'un auteur du XIIIe siècle, Elie de Salomon, clerc de St Astère, dans le diocèse de Périgueux : « Si oratio prolixior est, expedit variare accentum, videlicet ut nunc gravis, nunc acutus fiat accentus, ne continuò in pausis ultimam syllabam deprimendo gravem, aut elevando, acutum reddamus accentum. Varietas enim multum habét venustatis, et jucundiorem facit lectionem.

énumérations, par exemple, faire de suite plusieurs points *circonflexes*, puis un ou deux points *élevés*, suivis d'un point *final*.

VI. — Quant au point *élevé*, on ne peut régulièrement le répéter plus de deux fois de suite. Il ne conviendrait pas non plus de répéter fréquemment le point *final* plusieurs fois de suite, à moins que le style ne soit coupé, comme il arrive dans plusieurs de nos livres saints.

VII. — On ne doit jamais faire de point *circonflexe* sur les monosyllabes, les mots hébreux ou ceux qui se chantent *more hebraico*; on passe sur ces mots sans inflexion, ou, si la phrase l'exige, on emploie le point *élevé*.

VIII. — Le point d'*interrogation* s'emploie seul, si la phrase interrogative est courte; il peut aussi être précédé d'un point *circonflexe*, mais jamais immédiatement du point *élevé* : car l'accouplement de ce dernier et du point d'*interrogation* est d'un effet désagréable à l'oreille (1 Stat. 18. 5.). Si la phrase interrogative est longue, on répète le point *circonflexe* plusieurs fois de suite avant le point d'*interrogation*.

Lorsque le sens du discours le demande, on peut sans inconvénient, répéter plusieurs fois de suite le point d'*interrogation*.

IX. — Le point d'*exclamation* est le même que le point *final*; il est soumis aux mêmes règles.

X. — Toutes les règles données ci-dessus sont applicables tant à la ponctuation des leçons qu'à celle de l'Epître, de l'Evangile et des autres parties de l'Office du même genre, selon l'étendue et la nature de chaque partie (*a*).

(*a*) Quand on ponctue des livres, il convient, pour plus de facilité, de commencer par la fin de chaque phrase, et de placer ensuite successivement, en remontant, les points convenables.

ARTICLE V.

RÈGLES DE LA PROSODIE LATINE, EN CE QUI CONCERNE, PLUS
SPÉCIALEMENT, LA QUANTITÉ DES SYLLABES PÉNULTIÈMES,
DANS LES MOTS DE PLUS DE DEUX SYLLABES.

—

Il résulte des règles de l'accentuation latine données dans l'article 1er du chapitre précédent :

1° Qu'il est toujours facile, avec un peu d'attention, d'observer régulièrement la quantité dans la lecture des livres accentués, puisqu'à part les syllabes pénultièmes prosodiquement brèves dans les mots de plus de deux syllabes, lesquelles se reconnaissent à la position de l'accent sur l'antépénultième, toutes les syllabes non accentuées se font *égales* et *communes* quelle que soit leur quantité prosodique, sauf un très-petit nombre d'exceptions ;

2° Que, quant à la lecture des livres non accentués, la difficulté se borne à connaître la quantité prosodique des syllabes pénultièmes dans les mots de plus de deux syllabes.

C'est afin de faciliter la lecture de ces derniers livres, que l'on donne ici les règles de la prosodie latine, dégagées de tout ce qui n'a pas d'application, au point de vue spécial de l'*accentuation*.

§ 1er. RÈGLES GÉNÉRALES.

1re Règle. — Toute voyelle est *longue* quand elle est suivie, dans le même mot, de deux consonnes, ou d'une des lettres doubles **X, Z, J**.

Exemples : *ornamēntum*, *minīster*, *synāxis*, *thezaurīzo*, *audivīssem*, *alicūjus*, etc.

Exception :

Si la deuxième consonne qui suit la voyelle est une des
deux liquides *l* ou *r*, et que les deux consonnes appartiennent en outre à la même syllabe, la voyelle qui, dans ce cas,
est douteuse, d'après les règles de la prosodie, se fait toujours *brève* dans la prononciation ordinaire ; Exemples :
latĕbra, *cathĕdra*, *tenĕbræ*, *pharĕtra*, *muliĕbris*, *volŭcris*,
locŭples, etc. Toutefois la voyelle reste longue, quand elle
appartient à une syllabe longue de sa nature ; Exemples :
arātor, *arātrum* ; *judicāre*, *judicātrix*.

2e Règle. — Toute voyelle, suivie d'une autre voyelle, dans
le même mot, est *brève*. Exemples : *impĭa*, *fatŭus*, *docĕo*.

Exceptions :

1° *E*, entre deux *i*, est *long* au génitif et au datif du singulier de la 5e déclinaison ; exemples : *diēi*, *faciēi*, *progeniēi*, etc.

2° *I* qui, d'après les règles de la prosodie, est douteux dans
les génitifs en *ius*, se fait toujours *long*, suivant la prononciation ordinaire, dans ceux de ces génitifs non précédés
d'un *r*, et toujours *bref*, au contraire, dans ceux en *rius*.
Exemples : *unīus*, *illīus*, *alīus* (génitif d'*alius*), *ipsīus*,
totīus, *ullīus*, *nullīus*, *solīus* ; — *utrĭus*, *alterĭus*.

3° Il faut encore excepter plusieurs noms propres tirés
du grec, ou ayant passé par une forme grecque, et qui ont
conservé leur accentuation originaire. Ce sont principalement
les noms en *ĭas*, gen. *ĭæ*, tels que *Ananĭas*, *Elĭas*, *Ezechĭas*,
Isaĭas, *Mathĭas*, *Ozĭas*, *Zacharĭas*, etc. Puis, quelques
autres noms propres, dont les plus usités sont : *Ænēas*, *An-
drēas*, *Archelāus*, *Menelāus*, *Nicolāus*, *Elisēus*, *Darīus*,
Alexandrīa, *Antiochīa*, *Marīa*, *Samarīa*. Et enfin quelques
noms communs, tels que *idēa*, *platēa*, *magīa*, *neomenīa*,
prophetīa, *bravīum*, *herōis*, et quelques autres moins
usités (*a*).

(*a*) Il convient de rappeler ici, comme se rattachant à ces exceptions,
que la première de deux voyelles prosodiquement brèves et qui se suivent dans un mot immédiatement avant la syllabe finale, devient longue
par position, conformément aux règles de l'accentuation ; car, suivant
ces règles, l'accent doit toujours se placer sur l'antépénultième syllabe

3ᵉ Règle. — Toute diphtongue est *longue* ; les plus usitées sont æ, œ, *au*, *eu* ; Exemples : *Idumæa*, *adhœret*, *thesaurus*, *Pentateuchus*.

§ 2ᵉ. RÈGLES DES CRÉMENTS.

1. *Des Créments considérés dans les noms et les adjectifs.*

Lorsqu'un substantif ou un adjectif a dans les autres cas une syllabe de plus qu'au nominatif, cette syllabe s'appelle *crément* ; ainsi dans *virtutis*, génitif de *virtus*, il y a un crément.

On compte autant de créments qu'il y a de syllabes de plus aux autres cas qu'au nominatif, mais la dernière syllabe ne compte jamais pour crément. Ainsi, dans *virtutis*, le crément est *tu* ; dans *virtutibus*, les deux créments sont *tu* et *ti*, que l'on numérote à partir du radical.

Il faut encore distinguer les créments du singulier, de ceux du pluriel.

1°. *Créments du singulier.*

1ʳᵉ Déclinaison.

Cette déclinaison n'a point de crément au singulier.

2ᵉ Déclinaison.

Règle. — Le crément du singulier est *bref* dans tous les noms de cette déclinaison. Exemples: *puer*, *pueri* ; *vesper*, *vesperi* ; etc. Sont exceptés les noms propres, *Iber*, *Iberi* ; *Celtiber*, *Celtiberi*.

3ᵉ Déclinaison.

1ʳᵉ Règle. — *A* et *O*, créments du singulier, sont *longs* dans la troisième déclinaison. Exemples : *pietas, pietatis* ; *animal, animalis* ; *dolor, doloris* ; *sermo, sermonis*, etc.

d'un mot, quelle que soit sa quantité prosodique, lorsque la pénultième est brève ; exemples : *pueri, fuero, audierim*, etc.

Exceptions :

A crément est *bref*:

1º dans les noms neutres terminés en *a* ; ex : *poema, mătis ; thema, mătis*, etc.

2º dans les noms en *as*, gen. *adis* ; ex : *lampas, pădis ; Pallas, lădis*, etc.

3º dans les noms propres masculins en *al* et en *ar* ; ex : *Annibal, bălis ; Cæsar, săris*, etc.

4º dans l'adjectif *par* et ses composés ; ex : *impar, păris ; compar, păris*, etc. ; et dans les substantifs *jubar, băris ; nectar, tăris* ; et quelques autres peu usités.

O crément est *bref*:

1º dans les noms neutres en *or*, *ur* et *us* ; Ex : *marmor, ŏris ; ebur, ŏris ; pectus, ŏris*, etc.

2º dans les noms propres en *or* qui viennent du grec. Ex : *Nicanor, ŏris ; Castor, ŏris*, etc. ; et dans les noms de peuples en *o* ; ex : *Macedo, dŏnis ; Saxo, ŏnis*, etc.

3º dans les noms *arbor, bŏris ; memor, mŏris ; rhetor, tŏris ; demon, ŏnis* ; et quelques autres moins usités : *compos, impos, inops, lepus, tripus, præcox.*

2e Règle. — *E, I, Y* et *U*, créments du singulier, sont *brefs*, dans la troisième déclinaison. Exemples : *seges, segĕtis ; munus, ĕris ; homo, ĭnis ; simplex, ĭcis ; martyr, ўris ; consul, ŭlis ; murmur, mŭris*, etc.

Exceptions :

E crément est *long*:

1º dans les noms en *en*, *enis* ; ex : *Siren, Sirēnis*, etc. — Excepté : *hymen, ĕnis.*

2º dans les mots : *hæres, ēdis ; merces, ēdis ; locuples, ētis ; quies, ētis ; vervex, ēcis ; magnes, ētis.*

3º dans les noms hébreux en *el* ; ex : *Daniel, ēlis ; Israel, ēlis*, etc.

4º dans les noms en *er* et en *es* qui, en grec, ont un *η* (êta) à la pénultième du génitif ; ex : *crater, tēris ; tapes, pētis*, etc.

<table>
<tr><td rowspan="3">I crément
est long :</td><td>1° dans la plupart des noms en ix ; ex : felix, ĭcis ; radix, ĭcis, etc. — Excepté : calix, ĭcis ; fornis, ĭcis ; filix, ĭcis ; salix, ĭcis.</td></tr>
<tr><td>2° dans les noms en in venant du grec (gen. ĭnis) ; delphin, īnis ; Salamin, īnis, etc. Et dans les noms de peuples : Quiris, ītis ; Samnis, ītis.</td></tr>
</table>

<table>
<tr><td rowspan="2">U crément
est long :</td><td>1° dans les noms en us qui ont le génétif en udis, uris, utis ; ex : palus, ūdis ; salus, ūtis ; tellus, ūris ; etc. — Excepté : pecus, ŭdis ; intercus, ŭtis ; Ligur, ŭris.</td></tr>
<tr><td>2° dans Pollux, Pollūcis.</td></tr>
</table>

4e et 5e Déclinaisons.

Le crément du singulier, dans les 4e et 5e déclinaisons, est soumis à la 2e Règle générale, d'après laquelle toute voyelle est brève, quand elle est suivie d'une autre voyelle dans le même mot ; exemples : fructus, tŭi ; quæstus, tŭi, fides, ĕi. Dans la 5e déclinaison, la voyelle e devient, en outre, longue lorsqu'elle est placée entre deux i, conformément à l'exception qu'admet la règle précitée ; exemples : dies, iēi ; species, iēi.

Remarque. Lorsqu'il y a deux créments dans un nom, ils sont l'un et l'autre brefs ; exemples : iter, itĭnĕris ; anceps, ancĭpĭtis.

2°. Créments du pluriel dans les noms et les adjectifs.

Les créments du pluriel se déterminent de la même manière que ceux du singulier, par la comparaison du nominatif avec les autres cas. Exemples : mensæ, nominatif pluriel, génitif mensarum, dont le crément est sa ; de même dans sermonibus, ni est le crément.

1re Règle. — Tout crément du singulier garde, au pluriel, la même quantité. Exemples : virtūtis, virtūtes ; tempŏris, tempŏra, etc.

2e Règle. — *A*, *E*, *O*, sont toujours *longs* aux créments du pluriel. Exemples : *flammārum, diērum, bonōrum*, etc.

3e Règle. — *I* et *U* sont toujours *brefs* aux créments du pluriel. Exemples : *fornacĭbus, artŭbus*, etc.

II. *Des créments considérés dans les Verbes.*

Pour connaître les créments des verbes, on part du nombre de syllabes que contient la seconde personne du présent singulier de l'indicatif actif; les autres personnes, dans toute l'étendue du verbe, auront autant de créments qu'elles auront de syllabes de plus; exemples : *amo*, 2e personne *amas*; *amamus* a un crément, *ma*; *amabamus* en a deux,

  1   2   1   2   3
ma et *ba*; *amabimini* en a trois, *ma*, *bi*, *mi*. Pour les verbes déponents, on suppose une seconde personne d'un indicatif actif; exemple: *hortor*, 2e personne supposée *hortas*; *hortaris* a un crément, *ta*.

1re Règle. — *A*, *E*, *O*, créments des verbes, sont *longs*. Exemples : *amāmus, resonāre*; *amēmus, tenēbant, conticuēre, audivērunt*; *amatōte, facitōte*, etc.

Exceptions:

A crément est *bref* :
{
Au premier crément du verbe *do* et de ses composés *circumdo*, *pessumdo*, etc.; ex: *circumdămus, circumdărem*; mais il est *long* au 2e crément; ex: *dabātur*.

E crément est *bref* :
{
1° dans tous les temps terminés en *ĕram, ĕrim, ĕro*; ex: *raptavĕram, legĕrim, audivĕro.*

2° dans les secondes personnes du futur passif en *bĕris, bĕre*; ex: *monebĕris, monebĕre; celebrabĕris, bĕre.*

3° au premier crément de tout présent de l'indicatif et de l'infinitif, ainsi que de l'imparfait du subjonctif, dans les verbes de la 5e conjugaison ; ex : *legor, gĕris; legĕre; legĕrem; legĕrer;* — mais le 2e crément est long; ex : *legerēris.*

15.

2e Règle. — *I et U*, créments des verbes, sont *brefs.*
Exemples : *vidĭmus, superavĭmus ; nolŭmus, adsŭmus.*

Exceptions :

I crément est long :

1° au premier crément des verbes de la 4e conjugaison ; ex : *audīmus, audivĭmus, audīmĭni, venīmus* (ind. présent) ; mais il est bref au parfait de ce dernier verbe, *venĭmus*, afin de le distinguer du présent.

2° au présent du subjonctif des verbes *volo, nolo, malo, sum* et ses composés ; ex : *velīmus, nolītis ; possīmus, adsītis.*

3° au premier crément des parfaits en *ivi* ; ex : *audīvi, quæsīvit.*

U crément est *long* à la pénultième des futurs en *rus, ra, rum* ; ex : *amatūrus, monitūrus.*

Prétérits.

Règle. — Dans les prétérits qui se forment en redoublant leur première syllabe , ces deux syllabes sont *brèves.*
Exemples : *pario, pepĕri ; cado, cecĭdi* ; etc. Excepté : *cædo, cecīdi.*

Supins.

1re Règle — Les supins en *utum*, qui ont plus de deux syllabes, ont la pénultième *longue*, ainsi que les participes qui en sont formés. Exemples : *indūtum, indūtus; tribūtum, tribūtus.* Excepté les composés de *ruo, obrŭtum, dirŭtum*, etc.

2e Règle — Les supins en *itum*, des verbes dont le parfait est en *ivi*, ont leur pénultième *longue*, ainsi que les participes qui en sont formés. Exemples *audītum, audītus ; quæsītum, quæsītus.* Excepté les composés de *eo, inĭtum, præterĭtum*, etc.

Mais les supins en *itum* des verbes dont le parfait n'est pas en *ivi* sont *brefs.* Exemples : *monĭtum, monĭtus ; agnĭtum, agnĭtus.* Excepté *recensĭtum.*

REMARQUE.

Quant aux syllabes pénultièmes qui ne sont point créments, et qui ne tombent pas sous l'application des règles précédentes, leur quantité échappant à des principes généraux, c'est à l'usage à y suppléer.

ARTICLE VI.

DE LA PRONONCIATION DU LATIN (*a*).

—

Il n'est nulle part plus nécessaire d'adopter des règles déterminées pour la prononciation du latin que dans un Ordre religieux, où l'on apporte, le plus souvent, de contrées diverses, une manière particulière de prononcer cette langue. Chacun doit donc, dès le début, s'appliquer à réformer ce que sa prononciation peut avoir de contraire aux usages reçus, et à mettre en pratique, en ceci comme en toutes choses, cette maxime bien connue :

> *Si fueris Romæ, romano vivito more;*
> *Si fueris alibì, vivito sicut ibì.*

On se bornera à indiquer ici les points qui donnent le plus fréquemment lieu à des divergences.

RÈGLES GÉNÉRALES.

D'après le principe qui vient d'être émis, la prononciation générale du latin, en France, doit être française: c'est-à-dire qu'à part les exceptions communément admises, et qui seront indiquées ci-après, toutes les lettres doivent avoir le même son qu'en français. La prononciation doit, de plus, être naturelle, sans affectation ni emphase. On doit lire

---

(*a*) Ces règles ont été tirées en grande partie d'un opuscule de M. l'abbé Rousselot, ancien professeur de Théologie au Séminaire de Grenoble, intitulé : *Règles pour la lecture du latin.*

posément, couper les phrases avec intelligence, observer la ponctuation et respirer suffisamment après chaque point.

Il faut faire sentir *distinctement et sans exception toutes les lettres*, quelle que soit leur place dans les mots ; c'est surtout aux consonnes doubles et aux consonnes finales que cette règle s'applique, car faute d'en tenir compte, on commet, dans la lecture, une foule d'amphibologies et de contre-sens ; ainsi, ne dites pas : *ama-te* pour *amat te*, *discipulo-meum* pour *discipulum meum*, *erant* pour *errant*, *colum* pour *col-lum*, *dicit* poùr *dis-cit*, etc. En outre, dans le chant et la lecture des textes liturgiques, on ne doit point faire d'élision de voyelles, mais il faut prononcer distinctement toutes celles qui se suivent, commes les consonnes ; ainsi ne dites pas, par exemple : *d'eorum societate* pour *de eorum societate*, etc.

On doit appuyer un peu plus, mais sans affectation, sur les syllabes accentuées, passer plus rapidement sur les syllabes pénultièmes brèves, et faire égales toutes les autres sylla-bes. Quand on lit des livres qui ne sont pas accentués, et que l'on doute sur quelle syllabe d'un mot doit porter l'accent, il faut passer également sur chaque syllabe de ce mot ; on évite ainsi de faire expressément long ce qui est bref, et bref ce qui est essentiellement long. Le ton de la voix doit toujours être tel que l'on puisse être entendu distinctement des parties les plus éloignées de l'auditoire.

RÈGLES PARTICULIÈRES.

I. Voyelles.

E est *fermé* ou *ouvert* ; le premier se prononce comme dans le mot français *été* ; le second, comme dans les mots *reste, terme* ; il n'y a point d'*e muet* en latin. L'*e* est fermé quand il termine une syllabe ou forme seul une syllabe : *érit, épistola, Dominé, Déus, miséréré* ; il est ouvert quand il est suivi d'une ou de deux consonnes formant syllabe avec lui : *pèr, sèptèm, rèstis, tèrra, diès.*

U. Toutes les fois que cette voyelle n'est ni précédée d'une des consonnes *g, q,* ni suivie de *m* ou de *n,* elle a sa valeur naturelle, comme dans le mot français *unité;* précédée ou suivie de l'une des dites consonnes, elle change de valeur, comme il est indiqué ci-après.

Y a la valeur de l'*i* simple et en suit les règles.

II. Diphtongues.

Æ, œ, ont le son de la voyelle *e* et en suivent les règles ; exemples : *ære, cœlum, œs,* prononcez : *é-ré, célum, ès.*

Ai, ei, ia, oi, ou, ui, ne sont pas ordinairement diphtongues en latin, et ces voyelles appartenant, le plus souvent, à des syllabes différentes, doivent être prononcées séparément ; exemples : *Dei, proin, prout, fui,* lisez: *De-i, pro-in, pro-ut, fu-i; eia, alleluia,* lisez : *e-ia, allelu-ia* et non *allelui-a* ou *allelui-ia.*

Au se prononce comme dans le mot français *cause* ; exemple : *aurum,* lisez: *au-rum.*

Eu se prononce de même comme en français ; exemples : *heus, heu, euge, Europa ;* lisez : *eus, eu, eu-ge, Eu-ropa ;* mais, le plus souvent, *eu* n'est pas diphtongue, et les deux voyelles se font entendre séparément ; exemples : *de-us, malle-us, re-us,* etc.

III. Voyelles nasales.

Les voyelles formant syllabe avec *m* et *n,* et qu'on nomme *voyelles nasales,* conservent ou perdent le son nasal, selon la position qu'elles occupent dans les mots.

Am, an, im, in, om, on, se prononcent comme en français, et conservent le son nasal au commencement et dans le milieu des mots; mais à la fin des mots, ces voyelles perdent le son nasal et se prononcent comme si elles étaient suivies d'un *e* muet; exemples : *impiam,* lisez : *eim-pi-ame ;*

pœnam lisez : *pé-name*; *nongenti*, *non*, lisez : *non-gen-ti*, *none*; *sint*, *imperarint*, lisez : *sainte*, *aimperarainte*; *in*, *sitim*, lisez : *ine*, *sitime*. Toutefois cet *e* muet figuratif, tant dans les cas précédents que dans ceux qui vont suivre, ne doit se faire sentir que fort légèrement.

Em, *en*, se prononcent comme dans le mot français *sein*, et suivent la même règle que les voyelles précédentes.

Um, *un*, se prononcent comme *on* dans le mot français *bonbon*, au commencement et au milieu des mots, et comme *ome*, *one*, à la fin des mots; exemples : *umbra*, *unda*, *facundum*, lisez : *on-bra*, *on-da*, *fa-con-dome*. C'est donc une faute de prononcer *seculoron*, *fructon*, les mots *seculorum*, *fructum*, etc. Toutefois, dans les monosyllabes *nunc*, *tunc*, *hunc*; dans *cunctus*, et, suivant un usage qui nous est particulier, dans *defunctus*, la nasale *un* se prononce comme dans le mot français *défunt*. Le nom propre *Nun*, seul mot qui se termine ainsi, doit se prononcer *nune*.

Toutes ces voyelles nasales suivies de *m* ou de *n* perdent leur son nasal, et se prononcent comme si elles étaient suivies d'un *e* muet; exemples : *columna*, *omnis*, *immensum*, *innocens*, lisez : *co-lom-na*, *om-nis*, *im-men-some*, *in-nocens*.

IV. Consonnes.

Ch se prononce toujours, en latin, comme *k* (*a*).

G a le son dur devant *a*, *o*, *u*, et se prononce comme dans les mots français *gargote*, *guttural*; il est doux devant *e*, *i* et se prononce comme dans *gémir*, *gibet*.

Gn se prononce, dans notre Ordre, comme dans les mots français *agneau*, *règne*.

(*a*) Jusqu'en 1851, l'usage, dans notre Ordre, était de donner le son doux au *ch*, et de le prononcer comme dans le mot français *machine*. Le Chapitre Général de la dite année décida que l'on abandonnerait cet usage; mais il ne crut pas devoir toucher en même temps à notre prononciation particulière du *gn*, qui est en usage dans presque tous les autres pays que la France.

Gu,

suivi de *a*, se prononce ordinairement *goua*, mais quelquefois aussi *gu-a*; ainsi *lingua* se prononce *lin-goua*; *arguam*, *argu-am*.

suivi de *e, œ, i*, se prononce *gu-é*, *gu-i*; exemples : *linguæ*, *argue*, *sanguis*, lisez : *lingu-é*, *argu-é*, *sangu-is*; *languens*, lisez : *langu-ens,*

suivi de *o*, se prononce *go* et quelquefois *gu-o*; ainsi *distinguo* se prononce *distin-go*, et *arguo* se prononce *argu-o*.

suivi de *u*, se prononce *gu-u*, et quelquefois comme dans *gon*; exemples : *arguunt, irriguus,* lisez : *argu-unt, irrigu-us; distinguunt,* *extinguuntur,* lisez : *distingont, extin-* *gontur*.

L'usage fait connaître ces divers genres de prononciation.

J se prononce comme en français dans le mot *jardin*, lors même qu'il est remplacé par un *i*, ainsi que cela arrive fréquemment dans les vieilles éditions : *Iesus, iam-iam, Ierusalem, iuvante, Ioele*, prononcez : *Jesus, jamjam, Jérusalem, juvante, Joele*; mais si l'*i* est précédé d'un *h*, comme dans *Hierosolyma, Hierony-mus*, on lui conserve sa prononciation propre.

Qu,

suivi de *a*, se prononce comme *cou* : exemple : *aqua*, lisez : *a-coua*.

suivi de *e, i, œ*, se prononce comme *cu*; exemples : *quæ, quem, qui*, lisez : *cué, cuem, cui*.

suivi de *o, u*, se prononce comme *k*; exemples : *quos, equus*, lisez : *kos, ekus*.

En latin comme en français, le *q* n'est jamais sans l'*u*, et ces deux lettres doivent être considérées comme n'en faisant qu'une; c'est donc une faute de prononcer *qu-ia* pour *qui-a*, *requ-iem* pour *requi-em*.

S ,   entre deux voyelles, a le son de *z*, comme dans le mot
raison. Cependant, dans un certain nombre de mots
composés, il conserve le son dur de *ss*, quoiqu'entre
deux voyelles ; voici les plus usités de ces mots, auxquels sont à joindre leurs dérivés :

Desarcino	*Desuesco*	*præseco*	*prosilio*	*reseco*
Deseco	*Desuetudo*	*præservio*	*prosisto*	*resequor*
Deservio	*Desumo*	*præsiguis*	*prosum*	*resuscito*
Desicco	*Desuper*	*proseco*	*resaluto*	
Desudo	*Desursùm*	*prosequor*	*resarcio*	

Quelques noms propres font aussi partie de cette exception,
tels que : *Melchisedech*, *Melchisna*, dans lesquels l's a le son
dur de *ss*.

Mais c'est toujours une faute de donner le son de *z* à l's
non placée entre deux voyelles, et de prononcer, par exemple,
Izrael au lieu de *Israel*. On doit aussi éviter de lier l's final
à la voyelle du mot suivant ; ne dites donc pas, *fontè-
zaquarum* pour *fontès aquarum*.

Ti   se prononce comme *ci*, lorsque l'*i* est suivi d'une autre
voyelle, et que le *t* n'est précédé ni de *s* ni de *x* ;
exemples : *actio*, *partium*, *Vincentius*, lisez : *ac-cio*,
parcium, *Vincen-ci-us* ; *hostia*, *mixtio*, lisez : *os-ti-a*,
mix-ti-o. Mais lorsque le *t* est suivi d'un *h*, il conserve
sa valeur naturelle dans tous les cas ; exemples :
absinthium, *struthio*, prononcez : *absin-ti-um*, *stru-
ti-o* (*a*).

X   a, en latin comme en français, tantôt le son dur de *ks*,
tantôt le son adouci de *gz*. Il a le son adouci de *gz*

(*a*) Jusqu'ici, il a été d'usage, dans l'Ordre, de donner par exception au *t* le son dur de *th* dans les trois génitifs *litium*, *natium*, *vectium* ;
mais le dernier Chapître Général, de 1866, a été d'avis de laisser tomber
cet usage en désuétude, tout en ne jugeant pas à propos de faire une
ordonnance à ce sujet.

dans tous les mots où il est précédé d'un *e* et suivi d'une voyelle quelconque ; il a le son dur, dans les autres cas. Exemples : *Examen, exæquo, exaspero, exaudio, exopto,* lisez : *eg-zamen, eg-zequo, eg-zaspero, eg-zaudio, eg-zopto,* etc. — *Xanthus, sex, crux, expungo, exspecto,* lisez : *Ksantus, seks, cruks, ekspungo,* etc. (a).

CHAPITRE V.

DU CHANT DE L'EPITRE ET DE L'EVANGILE.

—

Le chant de l'Epître ne diffère de celui de l'Evangile que par le point final ; tous les autres points, ainsi que la conclusion, leur sont communs.

Les règles générales données pour le chant des leçons étant applicables à celui de l'Epître et de l'Evangile, il suffira de donner ici la manière de chanter les divers points, accompagnée des quelques observations qui leur sont spéciales.

(a) Dans l'ouvrage du **V. P. D. P. Sutor**, *De vita cartusiana*, (2 lib. 4 Tract. cap. 5) on trouve une liste des mots dans lesquels l'*x* doit avoir le son radouci. Elle est suivie d'une seconde nomenclature des mots composés dans lesquels l'*s*, placée entre deux voyelles, conserve le son dur de *ss* ; mais quelques-uns de ces derniers n'ont généralement plus aujourd'hui la même prononciation, tels que *designo, desolor, resisto, resurgo,* dans lesquels l'usage actuel est de donner à l'*s* le son du *z*. Ces nomenclatures se trouvent reproduites dans une édition de l'*Ordinarium Cartusiense, Paris,* 1582, à la fin du chapitre 18 ; mais elles ont été supprimées dans l'édition de Lyon de 1641, dont nous nous servons aujourd'hui.

Exemples du chant des points de l'Épître et de l'Évangile.

1° *Point circonflexe* (⌐)

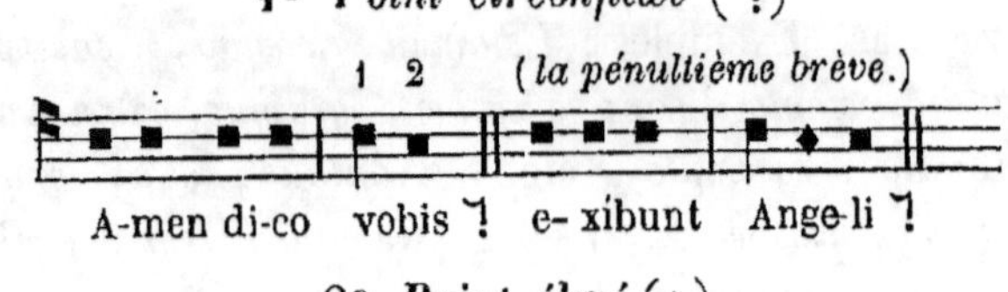

2° *Point élevé* (:)

Monosyllabes, mots hébreux, etc.

(a) Il convient, dans ce cas, de faire sentir la brève sur le degré de la dominante, si l'on veut produire la distinction du monosyllabe final. Mais, en général, dans les points de l'Epître et de l'Evangile, les syllabes brèves superflues se placent mieux sur le degré de la note suivante, lors même qu'elle s'élève, que sur celui de la note précédente. Dans les exemples du Missel, Edit. 1771, elles sont ainsi placées, dans presque tous les cas, à l'exception toutefois du point d'interrogation qui garde la pénultième brève sur le degré précédent.

3º Point d'interrogation (?)

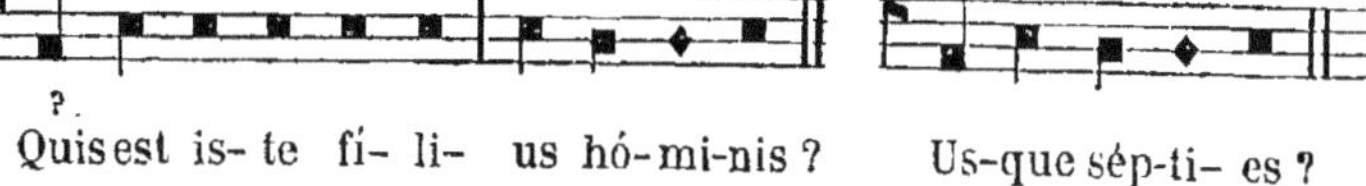

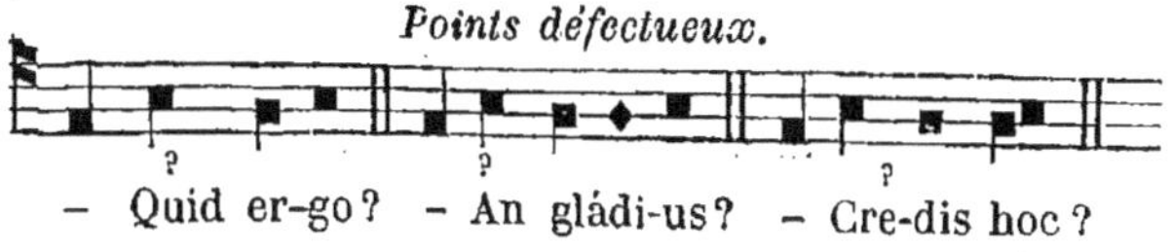

4º *Point final de l'Épître* (.)

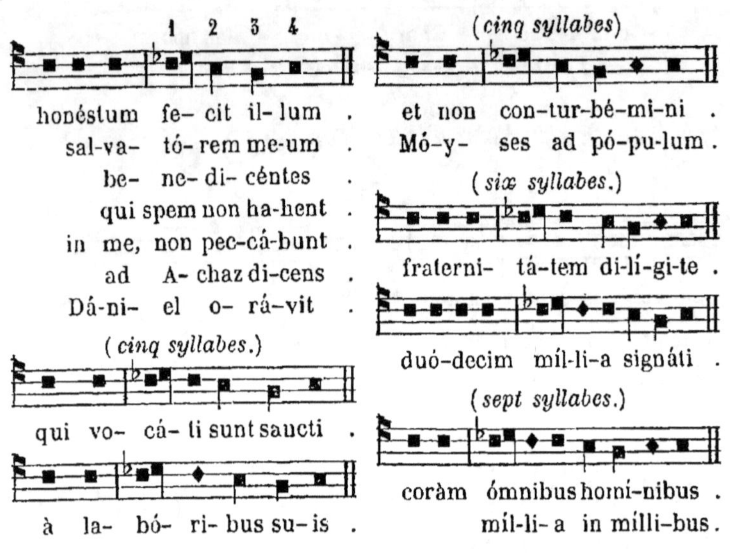

Monosyllabes, mots hébreux, etc.

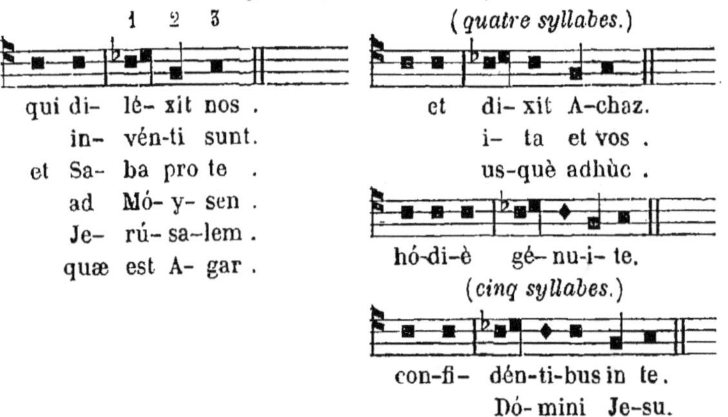

Points défectueux.

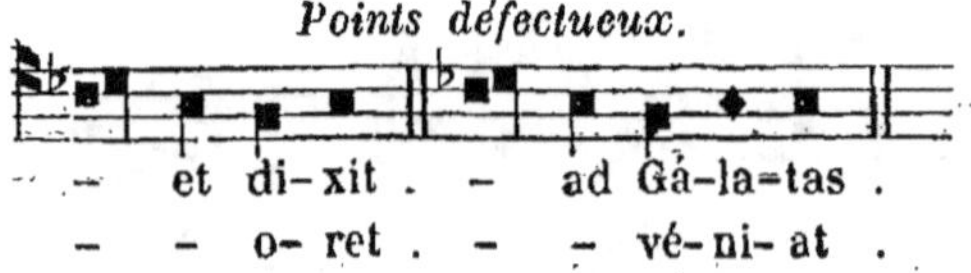

5° *Point final de l'Evangile* (.)

Monosyllabes, mots hébreux, etc.

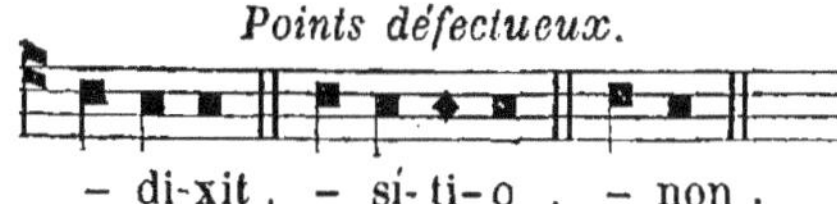

Points défectueux.

6° *Conclusion de l'Epître et de l'Evangile.*

Monosyllabes et mots hébreux.

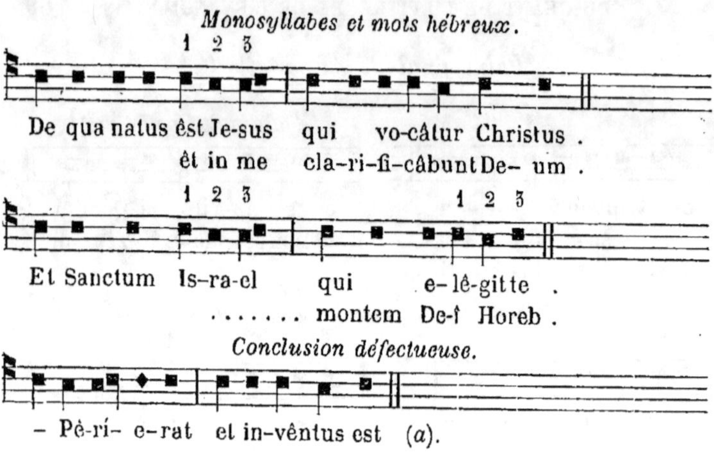

REMARQUES ET OBSERVATIONS.

I. Le point final de l'Epître doit, en principe, commencer par une syllabe accentuée, c'est-à-dire que la liaison ne

(a) Voir en outre, à l'Appendice, les exercices N⁰ˢ 8 et 9 sur le chant de l'Epître et de l'Evangile, ainsi que les exemples et exercices donnés à la fin du Missel de 1771

Suivant le Romain, l'Epître se chante *recto tono*, quel que soit le degré de la fête, à la seule exception *du point d'interrogation* qui se fait comme dans les leçons :

L'Evangile se chante de la manière suivante :

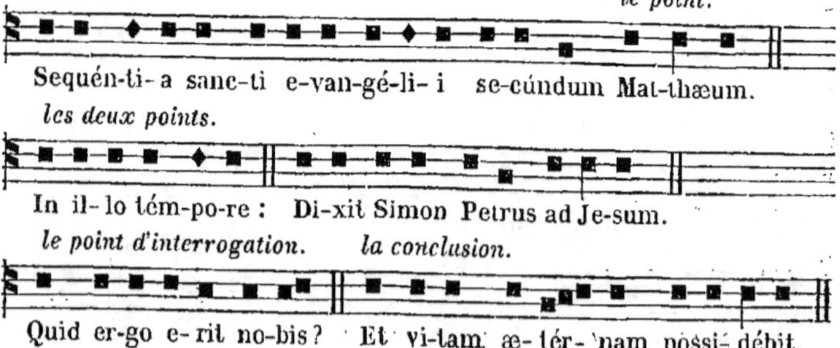

peut porter ni sur une pénultième brève, ni même sur la dernière syllabe d'un mot, à moins que ce ne soit un mot hébreu indéclinable ou un monosyllabe; ainsi il ne faut pas chanter, par exemple:

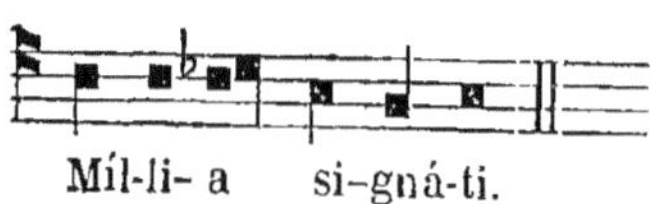

Cependant, quand le point peut se faire en entier avec un seul mot, on le commence par la syllabe qui tombe naturellement sur la liaison, comme dans les exemples *benedicéntes* et *non conturbémini.*

Cette règle est digne de remarque, car elle est unique dans notre chant où, comme on l'a vu, la première note des diverses modulations de la psalmodie et des leçons peut porter, dans tous les cas, sur la dernière syllabe d'un mot. Une telle exception est sans doute motivée par la liaison qui commence le point final de l'Epître, et sur laquelle on doit fortement appuyer; mais elle apporte, dans le chant de ce point, une complication particulière, ainsi qu'il ressort des exemples précédents, puisqu'il est des cas qui amènent trois syllabes superflues, et élèvent, de quatre à sept, le nombre des syllabes du point (a).

On doit avoir soin de bien faire sentir le *si* ♭ dans la liaison, en appuyant un peu plus sur cette note, et éviter de chanter *si* ♮ qui produit avec le *fa*, un triton du plus désagréable effet (b).

(a) C'est la règle qui est suivie, dans le chant Romain, pour les médiations et les terminaisons des psaumes; la seule application de cette règle admise dans notre chant pour le point final de l'Epître, suffit pour nous faire apprécier l'avantage d'être affranchis des difficultés d'exécution dont elle est la source. (Voir p. 97, note (a), et p. 107, note (a).)

(b) Notre ancienne Méthode manuscrite *Forma psallendi* admet même que l'on altère simultanément le *fa*: « In puncto finali epistolarum communiter non fit *fa* plenum, et nota *za* paulisper protrahitur. » Mais

Il est encore bon de remarquer que les syllabes superflues qui surviennent immédiatement après la liaison se placent toujours sur le degré intermédiaire *la*, au lieu de descendre sur le degré de la note suivante, comme cela a lieu dans les autres points.

II. Le point d'interrogation se chante sur une dominante particulière, le *sol*, et sa teneur varie d'étendue suivant les phrases interrogatives.

Il est habituellement précédé du point circonflexe ou du point final, ce qui permet de trouver facilement l'inflexion par laquelle il commence; on descend d'une tierce mineure au-dessous de la dernière note du point précédent, pour revenir aussitôt sur cette même note :

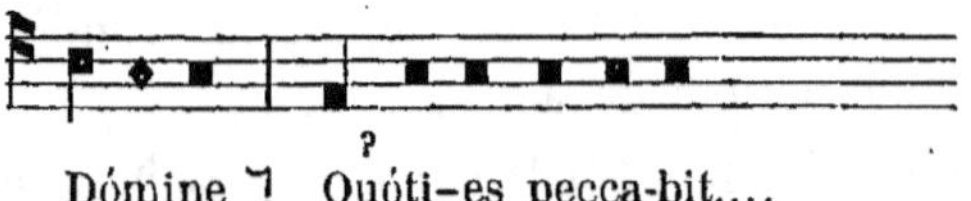

Mais s'il survient un monosyllabe ou un mot hébreu avant la phrase interrogative, on le chante *recto tono*, en prolongeant seulement un peu la dernière syllabe; exemple :

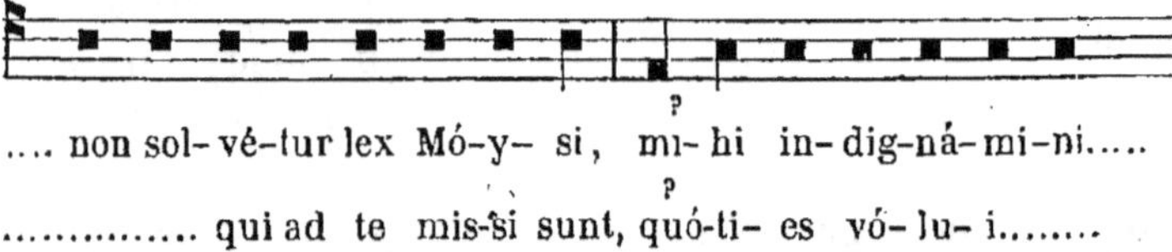

Pour indiquer le commencement de la phrase interrogative, la première syllabe sur laquelle se fait l'inflexion est toujours surmontée, dans nos livres, d'un point d'interrogation, comme on le voit dans les exemples précédents.

III. La conclusion se compose de deux parties bien distinctes; la pénultième syllabe de la première partie, qui porte sur la liaison, doit être une syllabe accentuée, comme

ceci n'est point nécessaire, et est même contraire aux vrais principes du plain-chant; il suffit de bien observer le *si* ♭ pour faire disparaître la dureté du triton.

la pénultième de la seconde partie, suivant la règle générale ; et si l'une ou l'autre partie se termine par un monosyllabe ou un mot hébreu, elle perd sa dernière note. Il est bon de remarquer que la dernière syllabe de la première partie sert, quelquefois, de première syllabe à la seconde, comme dans l'exemple donné : *Dicit Dóminús omnipotens*. Afin de faciliter la lecture, la première syllabe de chaque partie de la conclusion est surmontée d'un accent circonflexe, dans nos livres liturgiques ; mais lorsqu'on rencontre cet accent sur une syllabe pénultième brève, ce qui arrive assez fréquemment, il faut commencer la partie de la conclusion ainsi marquée, sur la syllabe précédente, conformément à la règle générale suivie pour la première note de tous les autres points, tant de l'Epître et de l'Evangile, que des leçons ; ainsi, la conclusion suivante : *dabit spiritum bonum peténtibus se*, doit se chanter : *dabit spiritum bonum peténtibus se* (a).

Il convient de ralentir toujours un peu le mouvement sur la conclusion ; on donne ainsi au chant de l'Epître et de l'Evangile plus de dignité.

IV. L'Epître se chante à peu près comme les leçons, en ce qui concerne le ton et le mouvement. L'Evangile doit être chanté plus posément et d'un ton un peu plus élevé que l'Epître, en tenant compte pour l'un comme pour l'autre, du degré de l'Office.

Le *Dominus vobiscum* et sa réponse, qui précèdent l'Evangile, se chantent *recto tono* sur le ton de la dominante ; il en est de même de l'*Amen* qui suit l'Evangile les jours de fête, après Matines.

(a) Ce qui est conforme aux exemples donnés par nos anciennes Méthodes, et à la conclusion de l'exemple de l'Evangile qui se trouve à la fin du Missel, Edit. 1771. On a, sans doute, placé ainsi l'accent circonflexe dans ces mots, afin de ne pas faire disparaître l'accent tonique de la syllabe précédente.

CHAPITRE VI.

Des autres parties de l'Office dont le chant appartient au deuxième genre.

CAPITULE, VERSICULES, PRIÈRES ET ORAISONS.

ARTICLE PREMIER.

DU CHANT DU CAPITULE.

Le Capitule est une leçon brève tirée de la Sainte Écriture, le plus souvent des Épîtres canoniques, et qui se dit à toutes les Heures, comme les leçons ordinaires à Matines. Dans la règle de St Benoît, il est désigné sous le nom de *Leçon,* mais on le nomme plus communément *Capitule,* parce qu'il forme comme un chapitre abrégé de l'Ecriture Sainte (a).

Le chant du Capitule est en tout semblable à celui des leçons, et n'offre aucune difficulté particulière. On lui donne un peu plus de gravité à Vêpres, à Laudes et à Tierce, en ayant toujours égard au degré de l'Office.

(a) Le Vén. Bède prétend que la coutume de réciter un Capitule à toutes les Heures, vient des Israélites qui, du temps d'Esdras, lisaient quatre fois le jour quelque chose des livres de la loi.

Exemple :

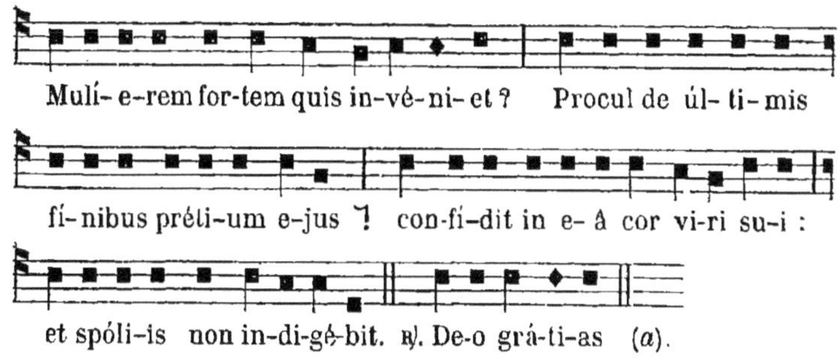

ARTICLE II.

DU CHANT DES VERSICULES.

—

Les Versicules sont des versets de psaumes qui se chantent, en forme de conclusion, à la fin des Offices et de leurs parties principales; ils sont divisés en deux, le versicule

(a) On doit éviter, dans le chant du Capitule comme dans celui des leçons, les fausses inflexions qui résultent de l'emploi de la *tierce mineure* au lieu de la *tierce majeure* et qui changent le caractère de ce chant. Voir ce qui est dit à cet égard au 2ᵉ Article des leçons, Nº II, p. 158.

Dans le Romain, le Capitule se chante *recto tono*, excepté les deux dernières syllabes :

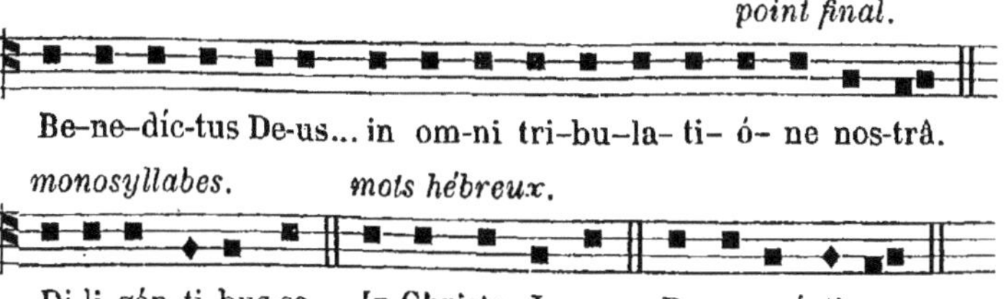

proprement dit, et sa réponse, et sont désignés, dans les livres, par les signes ℣. ℟. Dans le même article se range le chant du *Benedicamus Domino* et celui de l'*Ite missa est.*

On distingue deux sortes de versicules; ceux dont le chant se termine par un *neume*, et ceux qui se chantent sans *neume.*

I. Versicules avec neume.

Les versicules qui se chantent avec neume sont :

1° Celui qui suit la dernière antienne de chaque nocturne de Matines, ou le Capitule après le deuxième nocturne, les jours simples ;

2° Celui qui se chante immédiatement après l'hymne, à Laudes et à Vêpres ;

3° Celui qui suit le Capitule des petites heures.

Ces versicules se chantent ainsi :

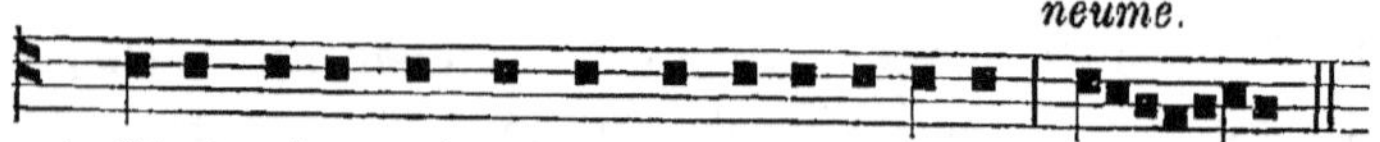

℣. Di-ri- gátur, Dó—mi— ne, o— rá-ti-o mea.
℟. Si-cut incén-sum   in   cons-péctu tu-o (*a*).

La réponse se chante de la même manière que le versicule et sur le même ton; toutefois, pendant le *temps Pascal*, elle est suivie de deux *alleluia*, et c'est sur la dernière syllabe du second *alleluia* que l'on fait le neume.

***

(*a*) Dans nos antiphonaires, le neume suit le versicule, sans pause intermédiaire ; mais l'usage, plus en rapport avec la nécessité de respirer après le versicule, pour pouvoir donner au neume la gravité qui lui convient, est de faire une petite pause avant ce dernier, comme le montre l'exemple ci-dessus. On fait pareillement une pause après chaque *alleluia* de la réponse des versicules, pendant le *temps Pascal.*

Exemple :

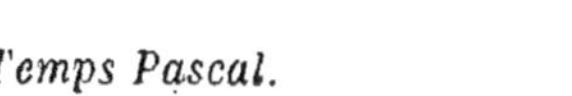

Le *Benedicamus Domino* qui termine les Offices de Laudes et de Vêpres, se chante de la manière suivante :

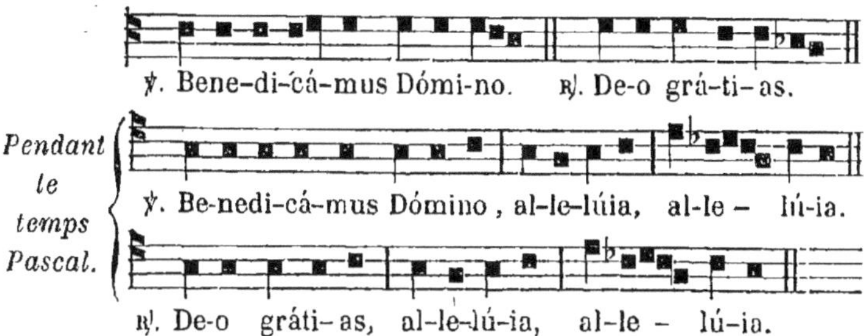

L'*Ite missa est*, et les autres versicules qui terminent la sainte messe, se chantent de la manière suivante :

Le chant du *Benenedicamus Domino* est le même à la fin de la messe qu'à la fin de Laudes et de Vêpres. On peut remarquer la petite différence qui existe entre le *Deo gratias* répondu au *Benedicamus Domino*, et celui qui suit l'*Ite missa est*.

Aux messes des morts :

Pendant les trois derniers jours de la semaine sainte, les versicules de Matines se terminent, comme toutes les leçons de ces jours, par la conclusion des leçons de l'Office des morts.

Exemple :

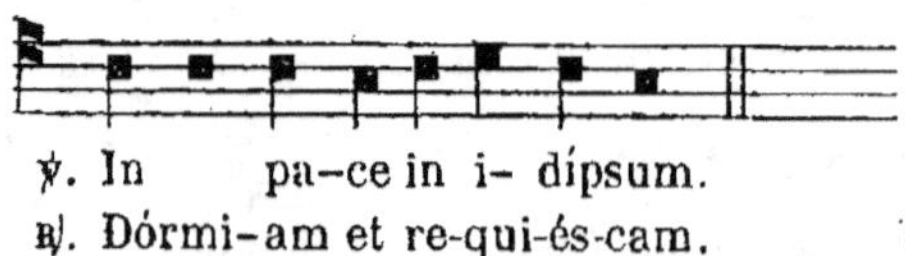

II. Versicules sans neume.

Les versicules sans neume sont ceux qui se chantent après les commémoraisons, tant propres que communes, et ceux de l'Office des morts.

Ils se terminent par un point circonflexe; on allonge un peu la dernière syllabe accentuée, et l'on abaisse la dernière syllabe, d'une *tierce mineure*; si la pénultième syllabe est brève, elle se fait sur le degré de la dernière syllabe.

Exemple :

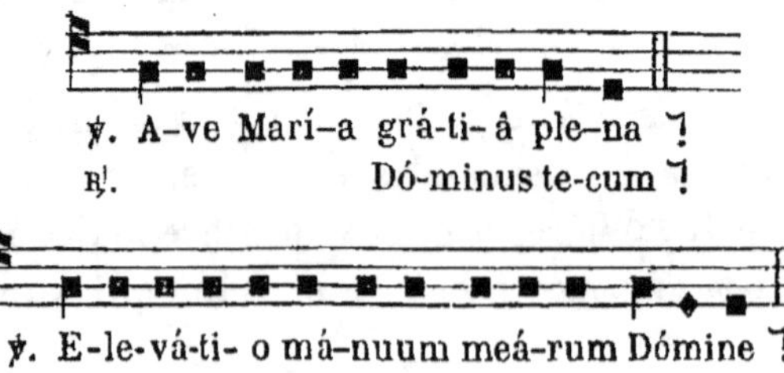

Si le versicule ou sa réponse, se termine par un monosyllabe ou un mot hébreu indéclinable, on les chante en entier *recto tono*, attendu que le point circonflexe ne se fait jamais sur l'un de ces mots.

Exemple :

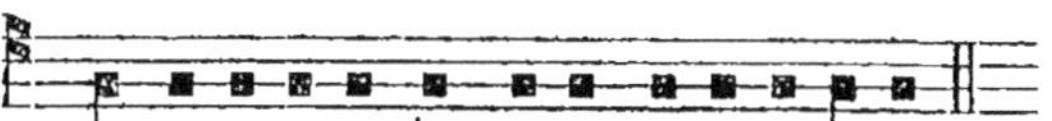

Pendant le *temps Pascal*, les versicules des commémoraisons communes ne changent pas; mais la réponse de ceux des commémoraisons propres est suivie de deux *alleluia*, et se chante *recto tono* de la manière suivante :

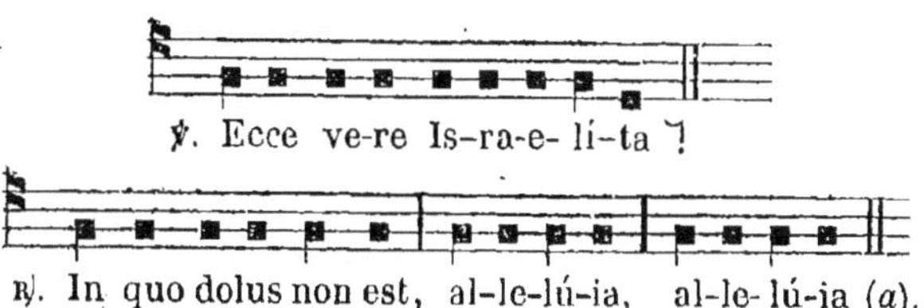

(a) **Dans le Romain**, les versicules avec neume se chantent comme il suit :

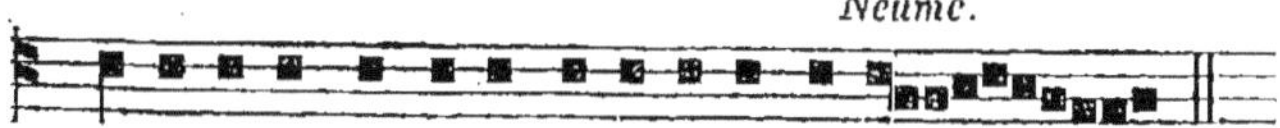

Les versicules sans neume se chantent comme les nôtres, à l'exception de ceux terminés par un monosyllabe ou un mot hébreu que l'on chante ainsi :

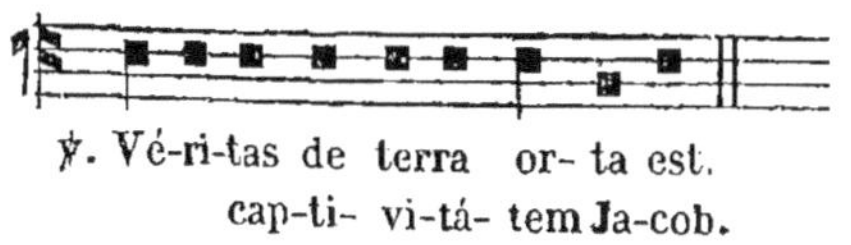

OBSERVATIONS.

Les versicules doivent se chanter posément, d'une voix ferme et en ralentissant un peu le mouvement sur le neume dont toutes les notes doivent être liées; ceux qui suivent les nocturnes et les hymnes se prennent sur un ton moyen et non trop haut; ceux qui suivent le Capitule se prennent sur le ton de ce dernier. Le *Benedicamus Domino* et l'*Ite missa est* se chantent sur le ton du *Dominus vobiscum* qui précède, ou un ton plus haut.

Les versicules sans neume qui suivent les commémoraisons se chantent également sur un ton moyen, de manière que le Célébrant puisse, autant que possible, prendre l'oraison qui suit, sur le même ton (*a*). Les versicules de l'Office des morts se chantent sur le même ton que l'antienne qui les précède.

On ne doit pas apporter moins de soin dans le chant des versicules que dans celui des autres parties de l'Office; il convient donc de les chercher à temps, lorsqu'on ne les a pas sous les yeux, pour ne pas faire défaut à la réponse.

ARTICLE III.

DU CHANT DES PRIÈRES CANONIALES.

—

On nomme ainsi les prières par lesquelles se termine chacune des Heures de l'Office canonial, et qui sont compo-

---

(*a*) D'après l'Antiphonaire, il faudrait prendre les versicules des commémoraisons une tierce mineure au-dessus de leur finale, de manière à retomber sur cette même finale. Mais de cette sorte les versicules seraient généralement chantés trop bas, et il est mieux, conformément à l'usage, de les prendre sur le ton des oraisons.

sées de versicules, de psaumes, et d'autres prières telles que le *Pater*, le *Credo*, le *Confiteor* (a).

On range encore dans la même catégorie les prières par lesquelles commence chaque Heure de l'Office, savoir : le *Deus in adjutorium* et ce qui le suit, notamment à Matines et à Laudes ; les prières et les bénédictions qui précèdent les leçons, à Matines ; les prières qui se disent au Chapitre après Prime, les jours de Fêtes ; enfin celles par lesquelles commence la sainte messe.

I. *Des prières par lesquelles commence l'Office.*

A toutes les Heures, le *Deus in adjutorium* avec ce qui suit jusqu'à *Alleluia* ou *Laus tibi Domine*, se chante *recto tono* ; il est entonné par le Prêtre hebdomadaire, et poursuivi par le chœur tout entier.

A Matines, le *Deus in adjutorium* est suivi du ℣. *Domine, labia mea aperies*, entonné par le chantre, et qui se répète trois fois en alternant d'un chœur à l'autre ; puis vient le psaume *Domine quid multiplicati sunt* qui se psalmodie sur

(a) L'ordre et la composition des prières canoniales fixées par notre bréviaire, suffiraient pour montrer que parmi tous les Ordres Religieux, nous avons reçu, pour fonction plus spéciale, la prière ; car nous sommes à peu près les seuls à accompagner toutes les Heures de l'Office, et en tout temps, de prières qui, le plus souvent, ont presque autant d'étendue que la partie principale. Les Cisterciens terminent simplement chaque Heure par trois *Kyrie, Christe*..... et par un *Pater* dit à voix basse, suivis de l'oraison ; dans le bréviaire Romain, il n'y a ordinairement de prières qu'après *Prime* et *Complies*, et seulement en dehors des fêtes doubles.

Une des raisons que donne notre **V. P. D. P.** Sutor pour expliquer l'usage de l'Ordre de continuer la récitation des prières canoniales même les jours de fêtes, c'est que nous avons pour mission d'assister de nos prières les pauvres pécheurs qui, trop souvent, convertissent les jours de fêtes en jours de débauche, et ne distinguent les plus grandes solennités que par de plus grands désordres. (*De vitâ Cartusianâ. Lib. 2. Trat. 4. cap. 4.*)

17.

le même ton et avec la même inflexion à la médiation que
le ℣. *Domine, labia mea aperies.* Enfin, quand le *Venite* ne
se chante pas, c'est-à-dire tous les jours fériaux d'été,
depuis l'octave de la Pentecôte jusqu'au Dimanche le plus
voisin des Calendes de Novembre, le psaume *Venite exul-*
temus du psautier, qui le remplace, se poursuit encore sur
le même ton et de la même manière que le précédent (*a*).

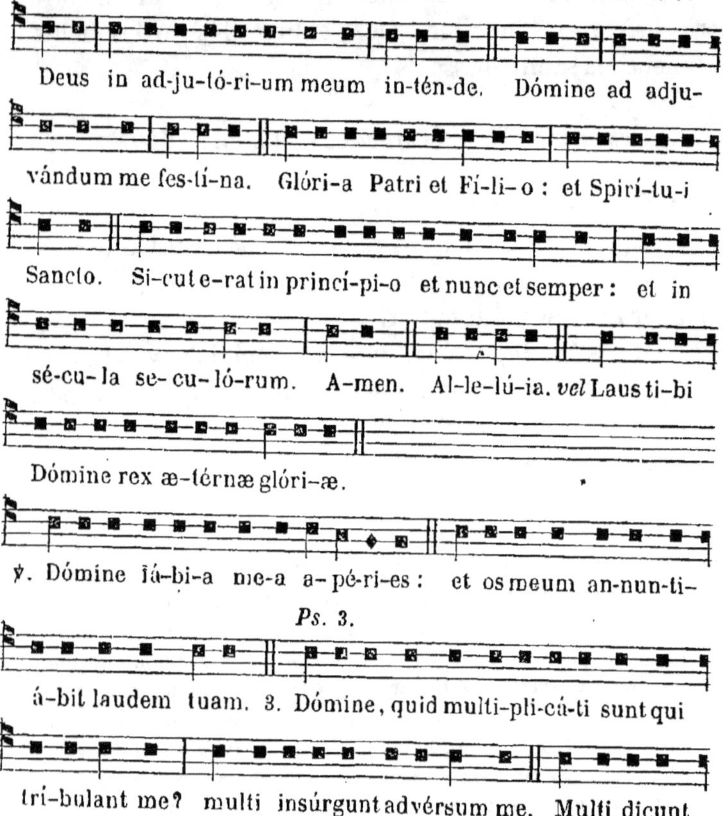

<hr>

(*a*) **Voir**, à l'Appendice, la note G sur les différents textes de la Vulgate,
comme explication des variantes qui existent entre les deux psaumes.
Venite exultemus, et, en général, entre les textes des livres liturgiques et
ceux des livres Saints.

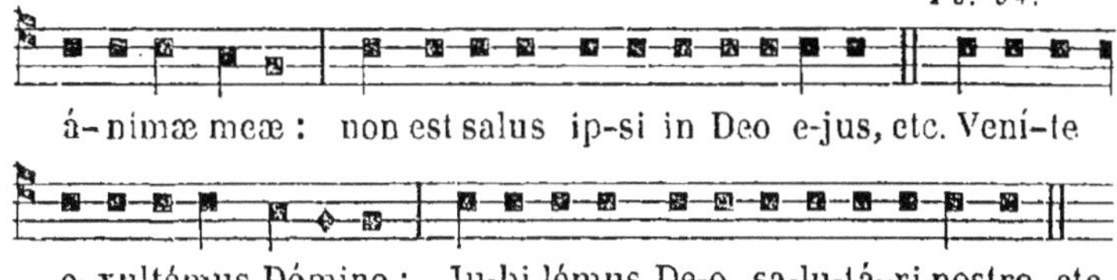

A Laudes, on ne répète pas *Domine labia mea aperies* après le *Deus in adjutorium,* mais le psaume 66, *Deus misereatur nostri* qui le suit, se psalmodie de la même manière que les précédents.

II. *Des prières canoniales proprement dites.*

Ces prières commencent par le *Kyrie eleison,* *Christe eleison,* etc. qui se chante *recto tono* par les deux chœurs alternativement, le premier *Kyrie* partant toujours du chœur de droite.

Le *Pater* ne se dit à haute voix par le Célébrant qu'à la fin de Laudes et de Vêpres ; à toutes les autres Heures il se dit à voix basse et est suivi, dans ce cas, de l'*Ave Maria.* Le *Pater* se chante en alternant le point circonflexe et le point élevé ; mais ce point élevé, qui se fait avec une inflexion particulière, ne doit pas être confondu avec celui des leçons, car il n'est régulièrement en usage que dans le courant des prières et lorsqu'il n'est pas suivi d'un point final.

Le *Credo*, à Prime, se dit toujours à voix basse.

Le *Confiteor*, au contraire, toujours à haute voix, et de la manière indiquée par notre Statut pour le *Confiteor* qui précède la sainte messe.

Lorsque le psaume *Miserere mei* doit être ajouté aux prières, on le psalmodie en entier *recto tono* ; il est entonné par le Célébrant.

En général, tout ce qui est *versicule*, c'est-à-dire marqué des signes ℣. ℟., se chante par le Célébrant et le chœur alternativement, de la même manière que les versicules sans neume de l'article précédent, c'est-à-dire qu'on les termine par un point circonflexe dont l'inflexion est d'une tierce mineure *fa-RÉ*; ceux terminés par un monosyllabe, un mot hébreu ou autre semblable, se chantent *recto tono*, mais en allongeant toujours, dans ce cas, la pénultième syllabe, comme dans la psalmodie simple, conformément aux exemples donnés par nos anciennes Méthodes, et à ce qui est indiqué par le livre de l'Hebdomadaire depuis longtemps en usage à la Grande Chartreuse (*a*).

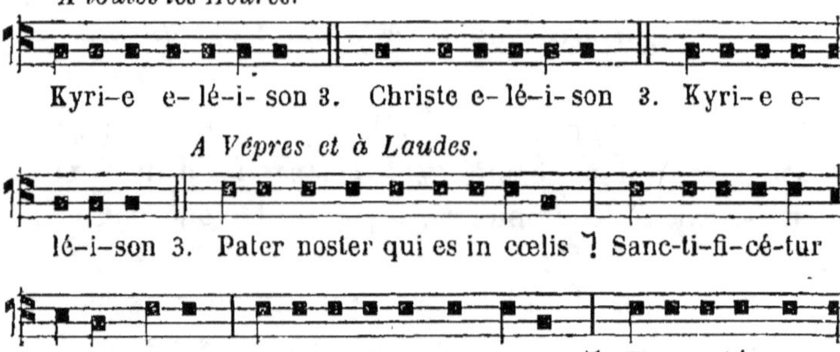

(*a*) Le chant des prières canoniales n'est noté nulle part dans nos livres; l'inflexion d'une *tierce mineure* attribuée au point circonflexe qui y est en usage, se déduit de l'inflexion semblable des versicules sans neume notés dans l'Antiphonaire diurnal, et de la coutume immémoriale constatée par les exemples qui se trouvent dans nos anciennes Méthodes. Notre *Forma psallendi*, en particulier, fait précéder les exemples de prières qu'il donne, de la note suivante : « Nota quòd in originali, istæ omnes preces cantantur per *FA-RE*, non verò per *LA-FA*; et reverâ sic omnes cantant per *FA-RE*, id est, deprimitur circumflexum tono cum dimidio, non verò duobus tonis. » Quant au point élevé spécial employé aussi dans les prières, il découle du point circonflexe, et du Ton même dans lequel les prières sont chantées, c'est-à-dire le 2ᵉ Ton dont la dominante est *fa*.

Dans le Romain, les prières se chantent de la même manière que chez nous.

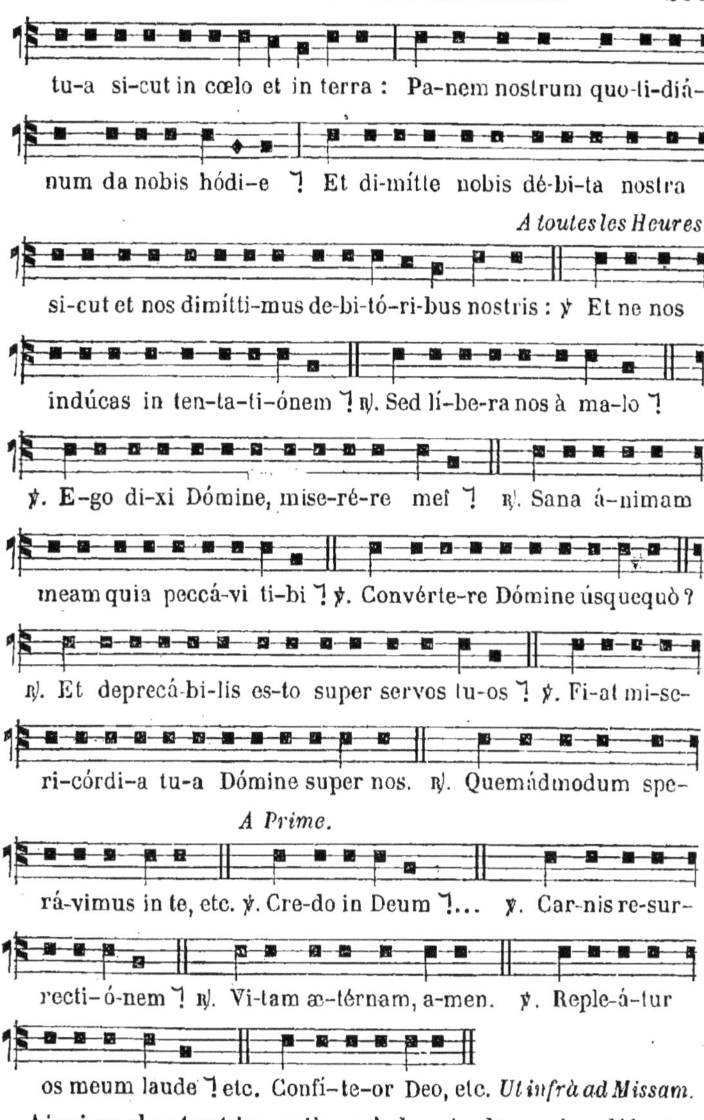

Ainsi se chantent les prières à la *sépulture des défunts*,
celles qui précèdent les *œuvres communes*, le *spaciement*,
etc., et en général toutes les prières dont les versicules
sont terminés par un point circonflexe.

III. *Des prières et des bénédictions qui précèdent les leçons de Matines.*

Elles se chantent de la même manière que les prières précédentes; l'*absolution* seule, que chante le Célébrant avant les leçons du premier Nocturne, dans les Offices de douze Leçons, alterne le point circonflexe et le point élevé, comme le *Pater*.

Les prières et les bénédictions qui précèdent et qui suivent les repas se chantent de la même manière.

IV. *Des prières qui se disent au Chapitre, après Prime, les jours de fêtes.*

Toutes ces prières suivent encore les mêmes règles que les précédentes.

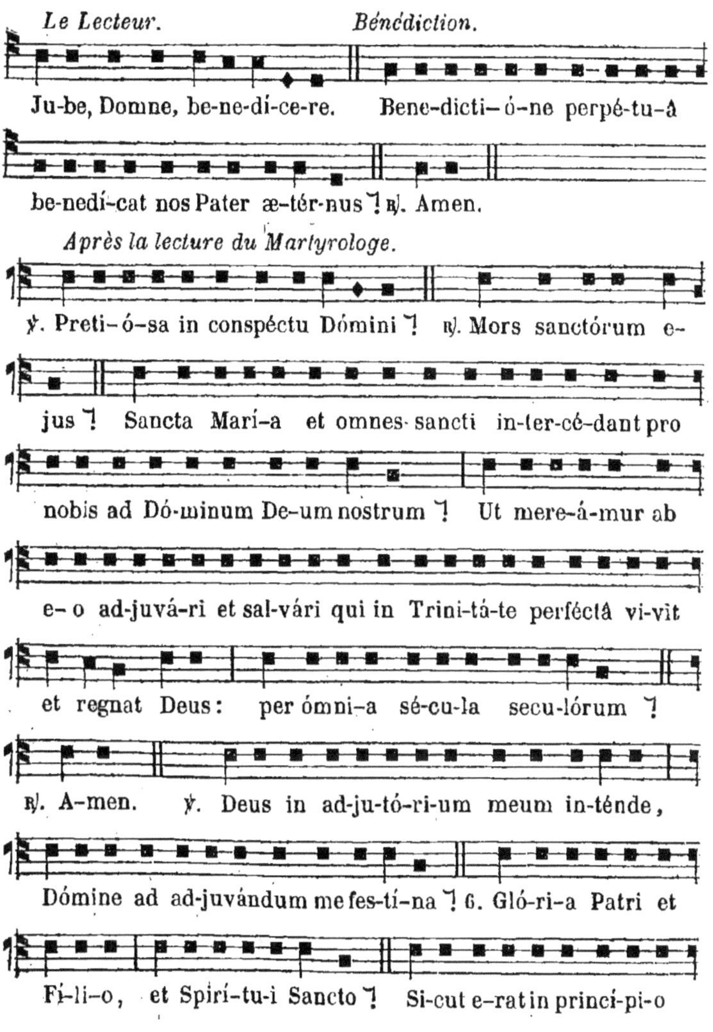

V. *Des prières par lesquelles commence la Ste Messe.*

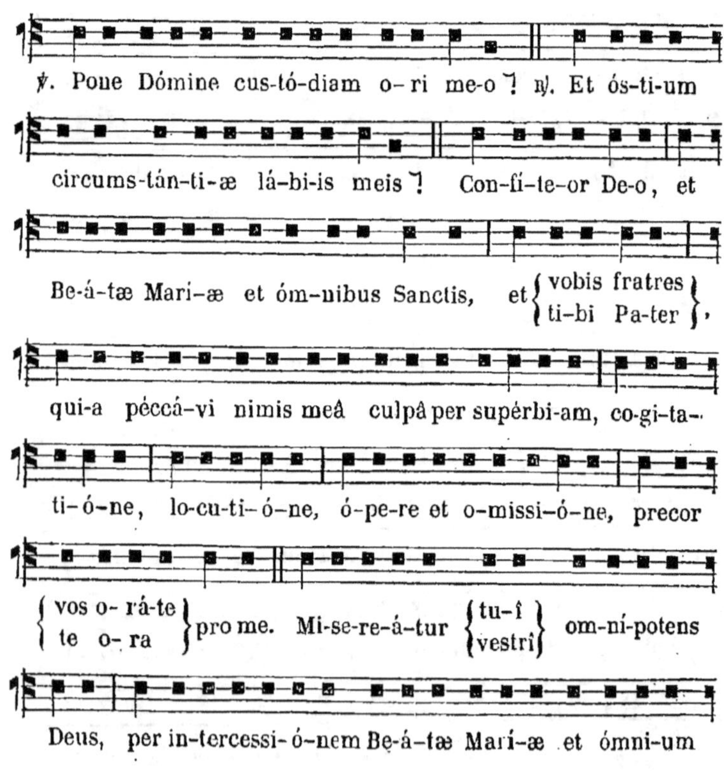

C'est ainsi que le Statut prescrit de diviser le *Confiteor*, et l'on doit observer exactement ces pauses tant à Prime qu'à la sainte messe (*a*).

OBSERVATIONS.

I. — Le *Deus in adjutorium* est entonné par le Célébrant, à toutes les heures, avec gravité et d'une voix ferme et distincte (*b*), un peu plus gravement toutefois à *Laudes*, à *Tierce* et à *Vêpres*; et tout le chœur doit poursuivre sur le même ton avec ensemble et vigueur. Le chantre entonne de la même manière le *Domine, labia mea aperies* et le *Deus misereatur nostri*, en corrigeant, s'il est nécessaire, le ton pris par le Célébrant.

II. — Les prières canoniales doivent se chanter sur un ton moyen, uniforme et soutenu; c'est au chantre du chœur de droite à indiquer ce ton, en entonnant assez à l'avance le *Kyrie eleison* pour que toute cette partie du chœur parte avec accord et ensemble. C'est en particulier dans le chant des prières qu'il est nécessaire d'observer les règles générales qui prescrivent au chœur: 1º de pren-

(*a*) Dans tous les exemples donnés dans ce Chapitre et dans les suivants, chaque barre indique un repos.

(*b*) *Gravi atque clará voce*, dit le Statut. (1 p. 24. 1.)

dre constamment et de conserver le même ton que le Célébrant; 2º de ne point commencer à répondre avant que ce dernier, ou la partie du chœur opposée, n'ait terminé; 5º de ne point traîner sur les dernières syllabes. Sans l'observation de ces règles, le chant des prières, qui de sa nature est un peu monotone, devient bientôt un chant confus et discordant, très-peu digne du lieu saint. De son côté, le Célébrant doit s'attacher à prendre un ton convenable, et lorsqu'il s'aperçoit d'un désaccord entre lui et le chœur, il convient, pour le faire cesser, qu'il modifie insensiblement son ton.

III. — Le *Pater* doit se prendre sur un ton un peu plus élevé que le *Kyrie eleison*, ou au moins sur le même ton mais jamais plus bas; il en est de même de l'*Et ne nos inducas*, quand le *Pater* se dit à voix basse. Il est aussi d'usage de relever le ton au *Confiteor* et au psaume *Miserere mei*.

IV. — Quand le psaume *Miserere mei* est ajouté aux prières, le Célébrant doit conserver le ton du chœur en reprenant le *Domine Deus virtutum*, sauf à relever ce ton pour l'oraison, si cela lui est absolument nécessaire. Il doit faire de même, le Dimanche, après le symbole *Quicumque*, et dans l'Office des morts, en reprenant le *Requiem æternam*.

V. — Les prières et les bénédictions qui précèdent les leçons à *Matines* se prennent sur un ton médiocre, de manière que le *Jube Domne benedicere* puisse s'entonner facilement une tierce au-dessus, ou au moins un ton, ainsi qu'on l'a dit au chapitre des leçons.

VI. — Le *Pone Domine custodiam ori meo*, au commencement de la sainte messe, est entonné par le Célébrant de la même manière et sur le même ton que le *Deus in adjutorium* des Heures canoniales.

VII. — Enfin, les prières, comme tout le reste de l'Office, suivent, quant au ton et au mouvement, la qualité du jour ou de la fête dont elles font partie.

VIII. — Dans les Offices dont on s'acquitte en commun hors du chœur, au spaciement par exemple, les prières, comme toutes les autres parties, se récitent *recto tono*.

ARTICLE IV.

DU CHANT DES ORAISONS OU COLLECTES.

—

Le nom de *Collecte* qui signifie *assemblée*, est aussi donné aux *Oraisons* parce qu'il en est qui se font sur l'assemblée, et sont un précis de ce que le prêtre doit demander à Dieu pour les fidèles réunis ; telle est, par exemple, l'oraison qui termine les messes du jeûne, pendant le Carême, et qui, dans notre Missel, porte le titre de : *super populum*. Mais ce mot de *Collecte* signifie encore *recueil, sommaire*, parce que l'oraison réunit en effet, le plus souvent, les prières et les vœux du peuple, et qu'elle est le sommaire de ce que le prêtre demande à Dieu en son nom. Toutefois, le nom de *Collecte* est plus habituellement donné à l'oraison propre qui précède l'Epître (a). Nous nommons encore *suffrages* ou *commémoraisons communes* les oraisons votives que l'on ajoute aux diverses oraisons propres de la messe.

Il y a deux manières de chanter les Oraisons.

La première, plus solennelle, est en usage à la *Messe*, à *Vêpres* et à *Laudes*, tant après les prières qu'après les commémoraisons, et à *Matines* après l'Évangile seulement.

La seconde manière est employée dans tous les autres cas.

(a) On peut voir à ce sujet le P. Lebrun, *Explic. des cérém. de la messe*, et le *Dictionnaire* de l'abbé Bergier. Notre livre de Chœur qui contient les Epîtres et les Oraisons de l'Office canonial, a pour titre : *Liber Collectarum et Epistolarum*, etc., ce qui montre que le nom de *Collecte* s'applique à toutes les oraisons.

1. Chant des Oraisons à la *Messe*, à *Vêpres* et à *Laudes*.

Il se compose de deux sortes d'inflexions; l'une pour le point circonflexe, l'autre commune au point élevé et au point final.

Exemples :

1° Point circonflexe (⌐)

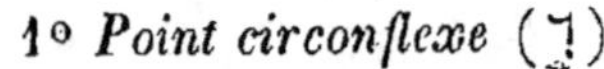
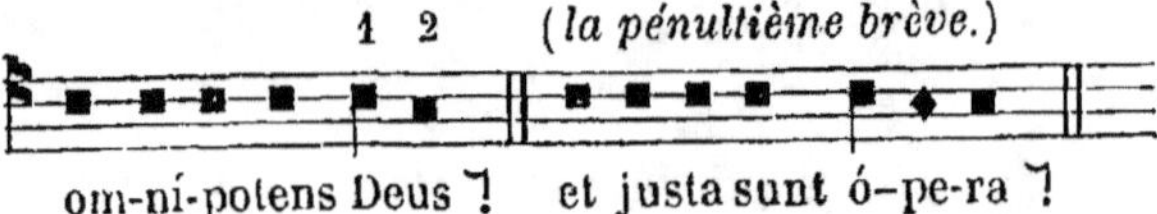

2° Point élevé et Point final (:)

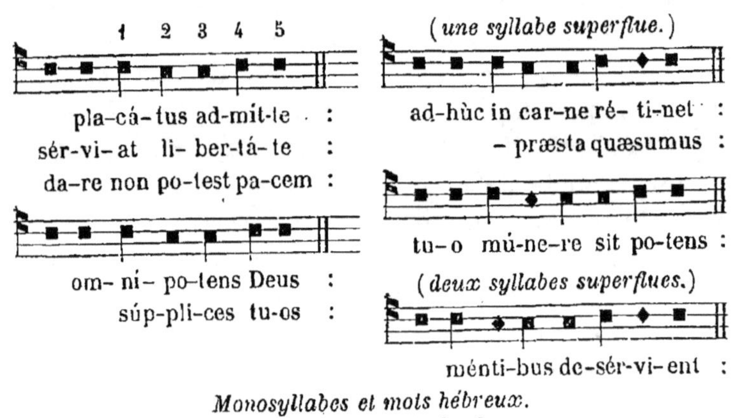

Monosyllabes et mots hébreux.

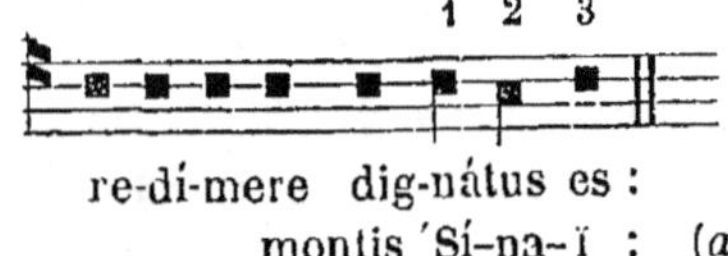

(a) Il est utile de se rendre compte du rapport qui existe entre ces points et ceux correspondants des leçons et de l'Evangile. Le point circonflexe est le même que celui de l'Evangile ; le point élevé ne diffère de celui de l'Evangile que par le redoublement de sa dernière note, et il ne s'écarte de celui des leçons que par sa troisième note qui, au lieu de descendre au *fa*, reste sur le *sol* ; le point élevé sur un monosyllabe ou un mot hébreu est le même que celui de l'Evangile.

Le point final étant en tout semblable au point élevé, l'un et l'autre sont indiqués, dans nos livres, par un double point, pour toutes les oraisons qui se chantent de cette manière.

Le *Dominus vobiscum* et le mot *Oremus* qui accompagnent ces oraisons, se chantent comme dans l'exemple suivant.

A LA MESSE.

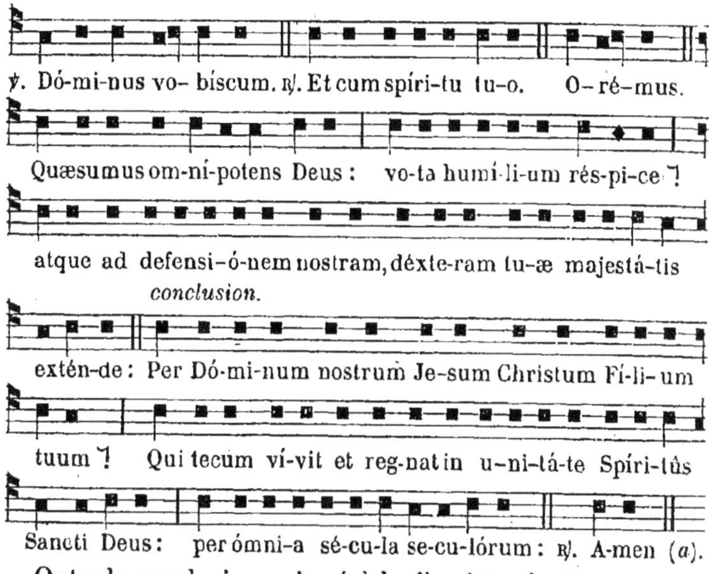

conclusion.

Outre la conclusion qui précède, il existe plusieurs autres manières de conclure les oraisons, suivant leur contenu.

Ainsi, si l'oraison s'adresse à Dieu le Père, et qu'au com-

(a) C'est ainsi que, régulièrement, on doit chanter le *secula seculorum* à la fin de l'oraison ; cependant, dans l'exemple donné à la fin du Missel de 1771, le point est terminé par trois *la* :

C'est sans doute une erreur, ou une imitation de la manière dont ces mots sont notés dans les chants de la *Préface* et du *Pater*. La différence est d'ailleurs à peine sensible.

18.

mencement il y soit fait mention de N. S., la conclusion se fera de la sorte : *Per eumdem Dominum nostrum*, etc.; si le Saint-Esprit y est nommé, on conclura ainsi :.... *in unitate ejusdem Spiritûs Sancti Deus*, etc. Ces deux additions sont toujours indiquées à la fin des oraisons quand elles doivent avoir lieu, et elles ne changent d'ailleurs rien à la disposition des points telle qu'elle est donnée dans l'exemple qui précède.

Mais si c'est vers la fin de l'oraison que l'on fait mention de N. S., ou que l'oraison elle-même s'adresse à lui, la conclusion est changée, et le point final est immédiatement précédé du point circonflexe.

Exemple :

Quelques oraisons ont une conclusion particulière différente de toutes celles qui précèdent, mais, dans ce cas, elle est intégralement donnée dans nos livres.

A la *Messe*, la première des oraisons est toujours suivie de sa conclusion complète, sauf dans quelques fêtes où cette oraison propre est double; mais toutes les oraisons qui suivent, quel qu'en soit le nombre, se chantent sous un seul *Oremus*, et se terminent par une seule et unique conclusion.

Quant aux oraisons de *Vêpres* et de *Laudes*, tant propres

que communes, la première, ainsi que la dernière, a toujours sa conclusion complète, et toutes les autres se terminent ordinairement de la manière suivante :

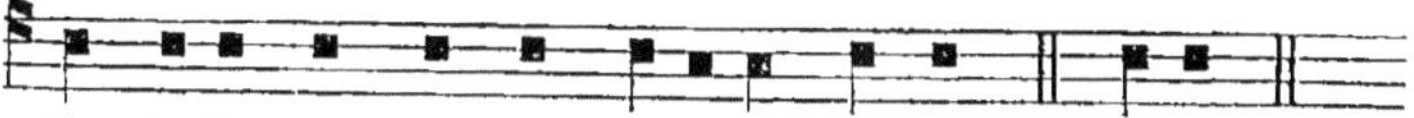

Per (e-úmdem) Christum Dóminum nostrum. ℟. A-men.

Cependant si une oraison quelconque des commémoraisons autre que la dernière, finit de l'une des manières suivantes : *Dominum nostrum Jesum Christum Filium tuum* : ou, *Dominus noster Jesus Christus Filius tuus* : ou, *Jesus Christus Filius tuus Dominus noster* : le chœur répond aussitôt *Amen*; et si l'une de ces oraisons se termine par *qui tecum vivit et regnat*, etc., ou *qui vivis et regnas*, etc., la conclusion s'achève toujours entièrement, de la manière indiquée plus haut pour ces cas.

Pendant le carême, aux messes du jeûne, les oraisons qui se disent avant les leçons, et la première avant l'Epître, sont précédées des mots *Flectámus genua*, *Levate*; la dernière oraison, *super populum*, est précédée de ceux *Humiliate capita vestra Deo*. Ces paroles sont chantées par le Diacre, de la manière suivante :

Le Célébrant. *Le Diacre.*

O-ré-mus. Fleclámus gé-nu-a. Le vá-te.

Le Célébrant. *Le Diacre.*

O-ré-mus. Humi-li-á-te cá-pi-ta ves-tra De-o.

L'oraison qui précède l'Epître, ainsi que la dernière, le samedi des IV Temps de carême, est exceptée de cette règle.

II. Chant des Oraisons à *Prime*, *Tierce*, *Sexte*, etc.

La seconde manière de chanter les Oraisons s'emploie dans tous les cas autres que ceux spécifiés pour la première manière, savoir: à toutes les Heures autres que *Vêpres* et *Laudes*, dans l'Office des morts, pour les différentes Bénédictions de l'eau, des cierges, etc., et pour la Profession des Novices. Elle est en tout semblable au chant des leçons.

A TIERCE.

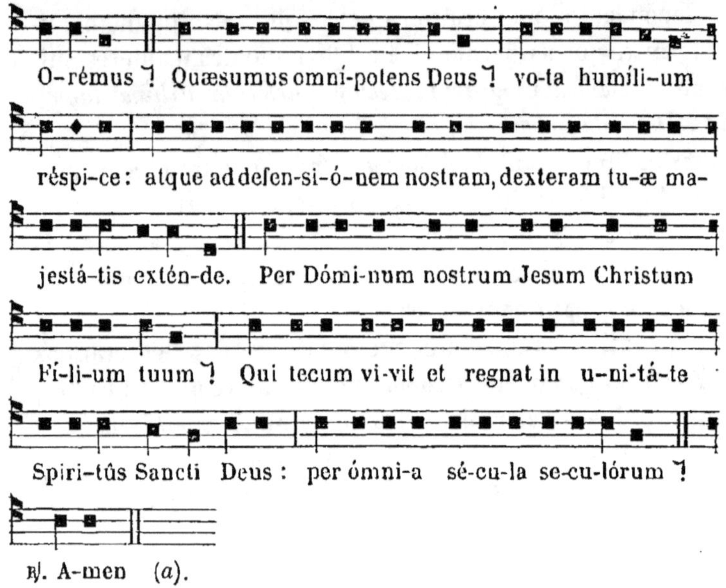

(a) C'est ainsi que cette oraison est notée, conformément à la prescrip-du Statut, et est donnée pour exemple à la fin du Missel, Edit. 1771; mais on doit reconnaître que cette manière de chanter les Oraisons est aujourd'hui observée peu régulièrement; l'usage à peu près général est de faire le point circonflexe et le point élevé comme dans les prières:

Il est vrai qu'il y a une certaine défectuosité à changer de Ton et à passer immédiatement de l'inflexion de la tierce mineure des prières, à celle de la tierce majeure pour les oraisons qui les suivent, et l'usage en vigueur ayant une raison d'être, peut être toléré; mais dans les cas qui ne sont pas précédés de prières, et en particulier pour l'exorcisme et la

Dans cette seconde manière de chanter les oraisons, la conclusion se modifie suivant les cas, comme dans la première manière; avec cette différence, cependant, que l'ordre des points reste le même dans tous les cas, c'est-à-dire que l'on fait toujours un point élevé après *in unitate Spiritûs Sancti Deus*, pour terminer par un point circonflexe.

OBSERVATIONS.

I. Pour chanter l'oraison à *Tierce*, il faut changer le point élevé en un point circonflexe et réciproquement, afin de pouvoir terminer par un point final avant la conclusion, ainsi qu'il ressort du rapprochement des deux exemples précédents. Il en est de même quand l'oraison de Vêpres doit être dite à *Sexte* ou à *None*, ainsi que pour toutes les oraisons des messes chantées *recto tono* (*a*). Toutefois, le point élevé fait sur un monosyllabe ou un mot hébreu ne change pas, car on ne doit pas faire de point circonflexe sur l'un de ces mots; dans ce cas on répète le point élevé.

II. Les oraisons qui sont chantées suivant la première manière, doivent l'être sur un ton assez élevé, à peu près

bénédiction du sel et de l'eau qui ont une grande étendue, il convient d'employer régulièrement les points des leçons, ainsi que le prescrit le Statut.

Or voici le texte du Statut à cet égard : « Quæ verò sequuntur cantari debent *sicut lectiones matutinarum* : Benedictio cereorum, cineris et ramorum, et orationes quæ istas benedictiones sequuntur.... Oratio super novitium.... Orationes exorcismi salis et aquæ.... Orationes post Nocturna diebus ferialibus, et diebus festis ad Primam, Tertiam, Sextam et Nonam, quotiescumque hujusmodi Horarum orationes dicuntur in conventu; orationes Agendæ et sepulturæ.... Exorcismus etiam salis et aquæ similiter cantatur, excepto quòd non terminatur puncto finali, sed circumflexo. » (1 Stat. 18. 6.)

(*a*) Les oraisons de *Sexte* et de *None* qui se chantent quelquefois à l'autel et qui se trouvent réunies à la fin du Missel, ne doivent subir aucun changement; la rubrique du Missel qui comprend dans une même catégorie ces oraisons et celles de *Tierce* est inexacte.

comme les leçons. A cet effet à *Laudes* et à *Vêpres*, le Célébrant a soin de relever convenablement le ton pour chanter le *Dominus vobiscum* qui précède l'oraison.

III. Aux différentes Heures où l'oraison est chantée d'après la seconde manière, on conserve le ton des prières qui précèdent ; mais dans tous les autres cas où cette seconde manière est en usage, on doit prendre le ton relevé des leçons (a).

CHAPITRE VII.

DU CHANT DES HYMNES.

—

Le psaume raconte les merveilles des ouvrages de Dieu, l'hymne fait retentir ses louanges. C'est de tous les chants de l'Eglise, dit le Cardinal Bona, le plus propre à toucher les cœurs et à inspirer la dévotion.

(a) Dans le Romain il y a aussi deux manières de chanter les oraisons. La première, *recto tono*, pour les jours de férie et les petites Heures ; la seconde, pour les dimanches et les fêtes, a deux sortes d'inflexions ;

Exemple :

L'usage des hymnes remonte , comme on sait , à la primitive Eglise ; mais c'est surtout à S. Ambroise que l'on doit de l'avoir introduit et popularisé dans l'Eglise latine, en même temps que la psalmodie alternative, à l'imitation des Orientaux. Un bon nombre des hymnes que l'on chante encore sont de la composition de cet illustre Prélat et de celle du pieux poète Prudence, et remontent, par conséquent, au IVe siècle. Toutefois, les hymnes étaient dans le principe des chants libres, et elles ne furent introduites dans les liturgies que successivement, suivant le génie et le goût des diverses contrées ; c'est ainsi que les Eglises de Lyon et de Vienne, par exemple, se refusèrent jusqu'au IXe siècle, à chanter les hymnes composées par les poètes (a).

Les anciennes hymnes ne sont pas des chefs-d'œuvres de poésie, dit l'abbé Bergier, mais elles sont respectables par leur antiquité, et elles servent à nous attester l'ancienne croyance de l'Eglise ; au reste, les prières et les chants religieux ne sont point destinés à flatter les oreilles et l'imagination , mais à inspirer des sentiments de foi et de piété.

C'est donc à ce point de vue que doivent être jugées les anciennes hymnes de notre Recueil, et qu'elles méritent de notre part une vénération toute particulière (b).

(a) Remarque du R. P. D. Mabillon (*Dictionnaire de Plain-chant.*)

(b) St Bernard dit dans une de ses lettres : Quod ad cantum spectat, hymnum composui metri negligens , ut sensui non deessem. (*Epist. ad Guidon. Abb.*) Et le R. P. D. Mabillon ajoute : Quod utinam imitarentur qui, ut metri regulas servent, sensus contorsos et implexos efficiunt et cantum exasperant, cum verba elidunt. (*Ann. Bened. l. 77. pag. 309.*)

Voici encore ce que dit à ce sujet M. l'abbé Petit :

« En vers et en prose, la plupart des compositions liturgiques du moyen-âge n'ont pas ces formes pompeuses, élégantes, exquises, qu'on admire, peut-être excessivement, dans les hymnes des nouveaux bréviaires ; mais elles renferment, comme le texte des livres sacrés, un fond

ARTICLE PREMIER.

FORME DU CHANT DES HYMNES.

—

Le chant des hymnes, sans être plus mesuré que le plain-chant proprement dit, est cependant assujetti à un certain rhythme.

En général, ce rhythme est produit par certaines valeurs alternatives des notes, analogues aux diverses formes des pieds métriques, et par les pauses périodiques faites soit au milieu, soit à la fin des vers. Mais comme il est dans nos usages de donner au chant des hymnes, à peu près comme au plain-chant proprement dit, un mouvement uniforme et égal, nous considérons aussi dans ce chant, au moins pour la généralité des cas, toutes les notes comme étant sensiblement égales, et nous ne faisons principalement sentir le rhythme que par les pauses périodiques, et en marquant un peu plus fortement la cadence finale de chaque vers, suivant la règle générale.

Les hymnes sont ordinairement composées de strophes

plus riche de saintes pensées et de sentiments pieux. Elles sont moins savantes, mais plus *déprécatoires*, selon l'expression du Comte de Maistre; et le judicieux auteur du *Thesaurus hymnologicus*, Daniel, tout protestant qu'il est, partage ce sentiment. Il semble même que le célèbre chanoine de St Victor, Santeuil, l'auteur des plus belles hymnes modernes, ait pressenti à cet égard le jugement de la postérité; car il disait qu'il donnerait volontiers tout ce qu'il avait fait de vers, pour une seule strophe du *Verbum supernum prodiens*, pour le quatrain suivant :

> *Se nascens dedit socium,*
> *Convescens in edulium,*
> *Se moriens in pretium,*
> *Se regnans dat in præmium.* »

(*Dissertation sur la psalmodie, etc., page 217.*)

de quatre ou six vers qui se chantent toutes sur la mélodie adaptée à la première ; elles appartiennent à différents genres de poésie qu'il est utile de connaître pour mieux en saisir le rhythme. Toutes nos hymnes se classent dans cinq genres différents.

PREMIER GENRE.

Strophes de quatre vers Iambiques.

Le plus grand nombre de nos hymnes sont composées de strophes de quatre petits vers *Iambiques*, ainsi nommés parce que l'ïambe en remplit souvent chacun des quatre pieds, et qu'il doit nécessairement composer les 2e et 4e ; les pieds impairs pouvant être ïambes ou spondées (*a*).

Exemple :

Dĕūs | crĕā | tŏr ōm | nĭum ,
Pŏlī | quĕ rēc | tōr vēs | tĭens
Dĭēm | dĕcō | rō lŭ | mĭne ,
Nōctēm | sŏpō | rīs ġrā | tĭa.

Dans ce genre d'hymnes , le chant de chaque vers doit être suivi d'une pause bien marquée.

Exemple :

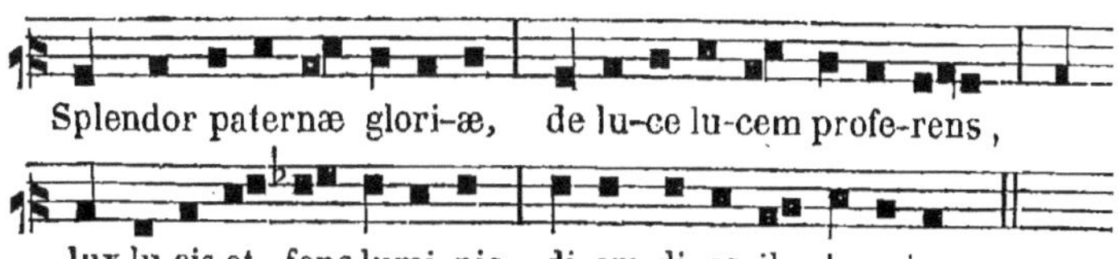

Tout en posant le principe de l'égalité des notes dans le chant des hymnes, nos anciennes Méthodes admettent cependant une exception à cette égalité en faveur de l'hymne

(*a*) On sait que les principaux pieds qui entrent dans la composition des vers sont : le *spondée* (– –), l'*ïambe* (◡ –), le *trochée* (– ◡), le *dactyle* (– ◡◡), et l'*anapeste* (◡◡ –).

Conditor alme siderum; elle est notée dans notre *Forma psallendi* en alternant une brève et une longue, de la manière suivante :

DEUXIÈME GENRE.

Strophes de trois vers Saphiques et d'un Adonique.

Un autre mètre, moins fréquent mais plus brillant que celui des vers ïambiques, est le mètre *Saphique*. Dans les

(a) Parmi les divers chants des hymnes, il convient de distinguer ceux qui sont *syllabiques*, c'est-à-dire dans lesquels toutes les syllabes, ou au moins le plus grand nombre, correspondent à une seule note ; et les chants plus ou moins variés, dans lesquels les syllabes sont chargées d'un nombre de notes plus ou moins grand. Ce dernier genre de chant se rapproche beaucoup du plain-chant proprement dit, et l'égalité des notes s'y observe sans peine ; mais dans la plupart des chants syllabiques, tels que ceux des hymnes, *Jam lucis orto sidere*, *Rector potens verax Deus* (férial), etc., il est plus difficile d'observer l'égalité des notes et de ne pas marquer, au moins en quelques points, le rhythme propre à chacune d'elles, ainsi que cela s'observe d'ailleurs partout. Aussi, malgré le principe admis, il est facile de reconnaître que, dans la plupart de ces hymnes, l'usage a prévalu de faire sentir davantage certaines notes, et de donner ainsi plus de force et d'expression à la mélodie. Mais comme il n'est pas dans nos traditions d'admettre d'autres exceptions au principe posé que celle de l'hymne *Conditor alme siderum*, laquelle est en effet la plus saillante, on se borne à cette simple observation pour constater l'usage suivi, usage auquel il convient d'ailleurs de se conformer.

Il ne faut point s'étonner si le mode d'exécution d'un certain nombre d'hymnes ne suit pas toujours la notation du chant, telle qu'elle se trouve dans nos livres, car il en est de même partout ailleurs. C'est ainsi qu'avant le Chapitre Général de 1863, et suivant un ancien usage consigné dans notre *Forma psallendi*, le chant des deux hymnes

hymnes de cette espèce, chaque strophe contient trois vers saphiques et se termine par un vers adonique ; le vers saphique est composé de cinq pieds, dont les 1er, 4e et 5e sont des trochées, le 2e un spondée, et le 3e un dactyle ; le vers adonique consiste en un dactyle et un spondée.

Exemple :

Ŭt quĕ | ānt lă | xīs rĕsŏ | nārĕ | fĭbris,
Mīră | gēstō | rūm fămŭ | lī tŭ | ōrum,
Sōlvĕ | pōllū | tī lăbĭ | ī rĕ | ātum,
Sānctĕ | Jŏ ānnes.

Notre recueil contient sept hymnes de cette espèce, qui se chantent sur deux mélodies différentes ; ce sont :

Sur la 1re mélodie :
- *Ut queant laxis.* (St Jean-Baptiste.)
- *Iste Confessor.* (Commun des Confesseurs.)
- *Hujus obtentu.* (Commun des non Vierges.)

Sur la 2e mélodie :
- *Christe sanctorum.* (St Michel.)
- *Virginis proles.* (Commun des Vierges.)
- *Sæpè dùm Christi.*
- *Te Redemptoris.* (N. D. Auxiliatrice.)

Dans ce genre d'hymnes, chacun des trois premiers vers est partagé en deux temps par une petite pause qui se fait

Æterne rerum Conditor et *Splendor paternæ gloriæ*, éprouvait, les jours fériaux, une petite variation à la deuxième strophe et aux suivantes, ainsi qu'il suit :

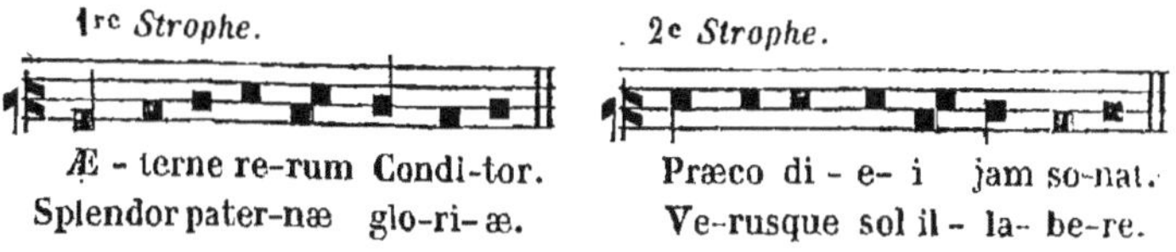

Mais une Ordonnance de ce Chapitre Général a prescrit de suivre pour toutes les strophes, le chant tel qu'il est noté dans nos livres pour la première.

après la *césure* du milieu ; toutefois cette pause doit être moins marquée que celle de la fin du vers (*a*).

Exemple :

TROISIÈME GENRE.

Strophes de trois vers Asclépiades et d'un Glyconique.

Ce genre comprend les hymnes du mètre *Asclépiade* ; notre recueil n'en contient que deux de cette espèce, savoir : *Sacris solemniis* (*Fête Dieu*), et *Sanctorum meritis* (*Commun des Martyrs*). Les strophes de ces hymnes sont formées de trois vers asclépiades et d'un vers glyconique ; le vers asclépiade est composé d'un spondée et de trois dactyles dont le premier est suivi d'une césure ; le vers glyconique consiste en un spondée et deux dactyles.

Exemple :

Sānctō | rūm mĕrĭ | tīs | īnclȳtă | gāudĭa
Pāngā | mūs, sŏcĭ | ī, | gēstăquĕ | fōrtĭa :
Nām glīs | cit ănĭ | mūs | prōmĕrĕ | cāntĭbus
Vīctō | rūm gĕnŭs | ōptĭmum.

(*a*) On nomme *césure* une syllabe longue qui reste d'un mot après un pied ; le vers pentamètre doit avoir au moins une césure après le second pied. Quelquefois la césure demeure isolée soit au milieu, soit à la fin du vers, comme dans les genres suivants. Dans le chant des vers pentamètres, la césure exige habituellement après elle un repos plus ou moins marqué.

Dans ce genre d'hymnes comme dans celles du genre précédent, la césure qui suit le second pied exige après elle
une pause dans le chant, qui partage en deux temps chacun
des trois premiers vers.

La mélodie de l'hymne *Sanctorum meritis* est une des plus
belles de notre recueil ; elle a une expression de douceur et
de noblesse qui rend admirablement les sentiments du sujet ; on doit la chanter posément et d'un mouvement bien
égal. Voici une strophe de cette hymne comme exemple du
3e genre :

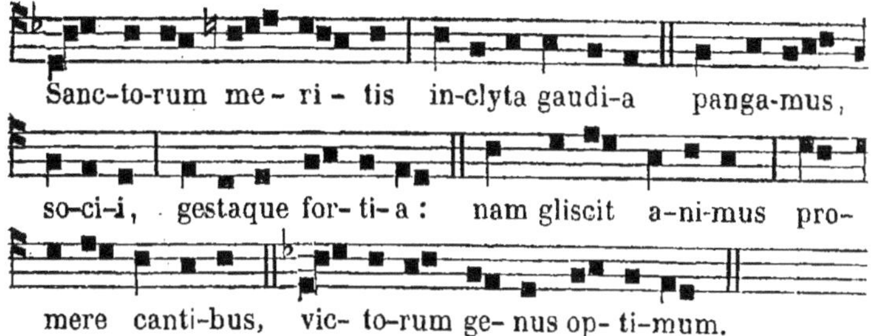

QUATRIÈME GENRE.

Strophes de six vers Trochaïques.

Il existe aussi dans notre recueil quelques hymnes composées de strophes de six vers *Trochaïques* inégaux et le plus
souvent libres, dont le premier se compose de quatre trochées, et le second de trois trochées et un demi-pied, en
alternant ainsi jusqu'à la fin.

Exemple :

Crŭx fĭ | dēlĭs | īntĕr | ōmnes,
Ārbŏr | ūnă | nōbĭ | lis, etc.

Les hymnes de ce genre sont au nombre de cinq qui se
chantent sur deux mélodies différentes, savoir :

Sur la   { *Pange lingua.*   (*Fête du St Sacrement.*)
1re mélodie : { *Crux fidelis.*   (*Fête de la Ste Croix.*)

19.

Sur la
2ᵉ mélodie :
{ *Tibi Christe splendor.*   (*Fête de St Michel.*)
{ *Urbs beata Jerusalem.* }
{ *Angularis fundamentum.* } (*Fête de la Dédicace.*)

Le *Pange lingua* dû à S. Thomas d'Aquin, ainsi que tout le reste de l'Office du S. Sacrement, se fait remarquer par la richesse de ses rimes.

Voici une strophe de cette hymne comme exemple du 4ᵉ genre :

CINQUIÈME GENRE.

Strophes de quatre vers de trois pieds.

Enfin les deux hymnes *Ave maris stella*, (*Fêtes de la T. S. Vierge*) et *Lucis hujus festa* (*Fête de Ste Anne*) forment un dernier genre composé de strophes de quatre petits vers de de trois pieds libres et rimés. Ces deux hymnes se chantent sur la même mélodie ; voici, pour exemple, une strophe de la seconde :

La prose *Stabat Mater* que nous chantons le jour de la fête de la Compassion de la Ste Vierge (*extrà chorum*), né se trouve pas dans le recueil d'hymnes ; en voici la mélodie,

un peu différente de celle généralement suivie aujour-
d'hui hors de notre Ordre.

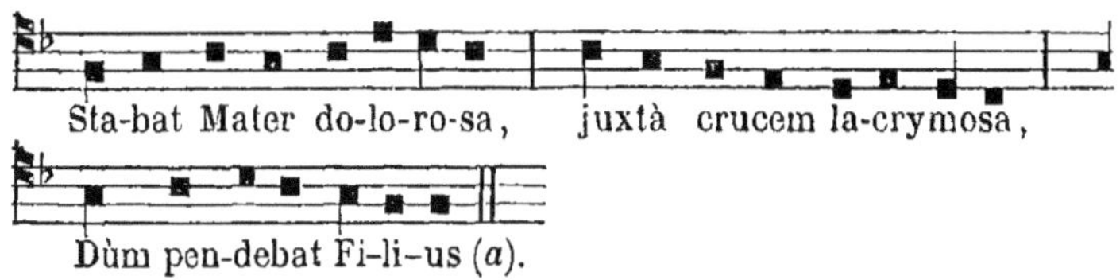

ARTICLE II.

RÈGLES DE L'EXÉCUTION DU CHANT DES HYMNES.

—

I. En général les hymnes doivent être chantées posé-
ment, avec goût et beaucoup d'ensemble. Tout en observant le rhythme propre à chacune d'elles dans les limites
indiquées à l'article précédent, on doit éviter avec soin
de les chanter d'une manière saccadée et sautillante, méthode tout-à-fait contraire à la simplicité et à la gravité de
notre chant.

II. Il convient d'entrer ici dans quelques détails pour préciser la valeur de certains termes fréquemment employés
par notre Statut et s'appliquant aux diverses manières de
chanter les hymnes, tels que : « *Hymni cantantur solemniter,
vel dominicaliter, vel ferialiter.* » En premier lieu, le chant
des hymnes est soumis, quant au ton et au mouvement, à
la règle générale ; ainsi, on leur donne le mouvement et le

(a) Aujourd'hui on chante communément la fin de la strophe de la
manière suivante :

On nomme *Proses* ou *Séquences*, des cantiques en prose rimée que
l'on chante immédiatement après le Graduel à certains jours de fêtes.
Les *Proses* ne sont pas en usage dans notre rite.

ton solennels les jours de solennités, le mouvement festival les jours de fêtes de Chapitre, etc. Mais les termes précités ont encore un autre objet : ils désignent en particulier l'espèce de mélodie à appliquer aux hymnes, suivant les différents temps.

Ainsi, pour exprimer que pendant certaines octaves festivales et certains autres temps, les hymnes propres de la fête ou du temps abandonnent, les jours fériaux, leur mélodie particulière pour se chanter, tant à Vêpres qu'à Matines et à Laudes, sur la mélodie des hymnes ordinaires *Deus creator omnium, Æterne rerum conditor* ou *Splendor paternæ gloriæ,* lorsqu'elles sont du même mètre que ces dernières, le Statut emploie, par exemple, les termes suivants: « *Hymni ferialiter cantandi sunt.* »(1 Stat. 46. 2.) Voici les octaves et les divers temps pendant lesquels ces changements doivent avoir lieu :

1° de la Circoncision à l'Epiphanie, bien que le recueil des hymnes ne l'indique pas (*a*) ;

2° pendant l'octave de l'Epiphanie ;

3° depuis l'octave de Pâques jusqu'à l'Ascension ;

4° pendant l'octave de l'Ascension et jusqu'à la Pentecôte ;

5° pendant les octaves des fêtes de la B. V. Marie, mais seulement pour l'hymne *Ave Maris stella* qui se chante, à Vêpres, sur la mélodie fériale propre à cette hymne.

Mais pendant les octaves festivales autres que celles dont on vient de parler, le chant des hymnes ne subit aucun changement et demeure soumis à la règle générale donnée par le Statut (1 p. 4. 3.) pour les dites octaves: « *hymni dominicaliter cantantur* ». Cette règle doit être appliquée en particulier à l'hymne de *Sexte,* la veille de St Pierre et St

---

(*a*) C'est une conséquence de cette règle du Statut: « Solemnes octavæ sunt : Natalis Domini, etc., intrà quas usquè ad octavam diem inclusivè, hymnos solemniter cantamus. » (1 Stat. 4. 2.)

Paul, ainsi que la veille de St Jean-Baptiste lorsqu'elle tombe dans l'octave du T.-S. Sacrement.

L'expression *ferialiter* s'applique encore aux hymnes de *Sexte* et de *None*, pour exprimer qu'elles doivent être chantées sur la mélodie fériale particulière à ces hymnes, ce qui a lieu, à la seule exception de la veille de Noël, toutes les fois qu'on les chante un jour férial, hors les octaves solennelles et festivales et les fêtes de 12 Leçons.

On chante les hymnes *dominicaliter*, les jours de fêtes de Chapitre et de 12 Leçons, et pendant les octaves festivales non désignées plus haut; dans tous ces cas, chaque hymne conserve sa mélodie propre, et les hymnes communes se chantent comme le Dimanche.

Enfin, chanter les hymnes *solemniter*, c'est les chanter sur la mélodie propre à la solennité dont il est question; c'est dans ce sens que la règle suivante est donnée pour les octaves solennelles : « *intra quas, usquè ad octavam diem inclusivè, hymnos solemniter cantamus.* » (1 Stat. 4. 2.) Quant aux hymnes communes, la mélodie du Dimanche sert aussi pour les solennités (*a*).

III. La dernière strophe des hymnes se chante toujours un peu plus gravement que les autres; cette strophe se nomme *Doxologie* (*b*). Il convient de remarquer que la doxo-

---

(*a*) Le Statut prescrit (1 p. 50. 16) de chanter l'hymne de Pâques *solemniter* le dimanche *In Albis* et tous les dimanches suivants jusqu'à l'Ascension ; mais ceci se rapporte sans doute à une époque où l'hymne *Hic est dies* se chantait pendant tout ce temps, comme l'indique d'ailleurs plus clairement un autre passage du Statut. (1 p. 49. 36.) C'est, aujourd'hui, l'hymne *Ad cœnam agni providi* et les suivantes que l'on chante depuis l'octave de Pâques jusqu'à l'Ascension, et d'après les règles que l'on vient de donner.

(*b*) Du mot δοξα gloire. Suivant l'abbé Bergier, les Grecs distinguaient deux doxologies ; la *grande*, qui est l'hymne angélique *Gloria in excelsis Deo*, que l'on chante à la Messe; et la *petite*, qui est le verset *Gloria Patri et Filio*, etc., par lequel on termine chaque psaume. C'est par

logie des hymnes propres à certaines fêtes, s'applique aux autres hymnes de l'Office qui sont de la même mesure, soit pendant le jour de la fête seulement, soit pendant l'octave, ou même pendant un temps plus considérable, tel que celui de Pâques à l'Ascension, et de l'Ascension à la Pentecôte, suivant ce qui est indiqué dans le bréviaire.

IV. Comme il est parfois assez difficile, surtout dans les hymnes que l'on chante rarement, d'appliquer exactement les paroles sur les notes qui leur conviennent, il est nécessaire, jusqu'à ce qu'on possède bien toutes les mélodies, de lire toujours au moins un vers à l'avance, afin de pouvoir suivre, syllabe par syllabe, les notes qui accompagnent la première strophe.

V. *Emploi du Bémol.* — D'après nos principes, on ne doit faire le *si* bémol dans le chant des hymnes, comme dans le plain-chant, que là où il est marqué; cependant, il est quelques passages où notre recueil ne l'indique pas, et où il est impérieusement demandé par l'oreille. On va indiquer ces passages, et afin d'éviter toute hésitation dans la pratique, il sera bien d'écrire ces bémols dans tous nos livres.

Hymnes *Æterne rerum Conditor* et *Splendor paternæ gloriæ*;

analogie que l'on donne le même nom à la dernière strophe des hymnes; mais il ne convient réellement qu'à celles où l'on rend *gloire* à la Très-Sainte Trinité. Les autres, exprimant ordinairement une prière, prennent le nom d'*Eucologie.*

Hymne *Sanctorum meritis ;*

Dans les passages :

Hymne *Rex gloriose martyrum ;*

Dans le passage :

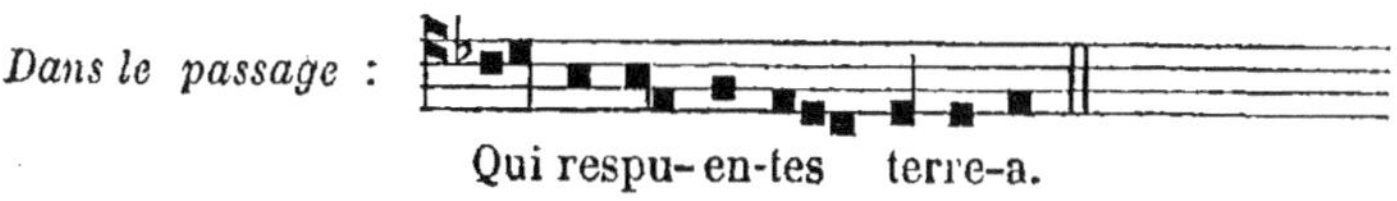

Hymne *Venit Redemptor gentium*, et semblables ;

Dans le passage :

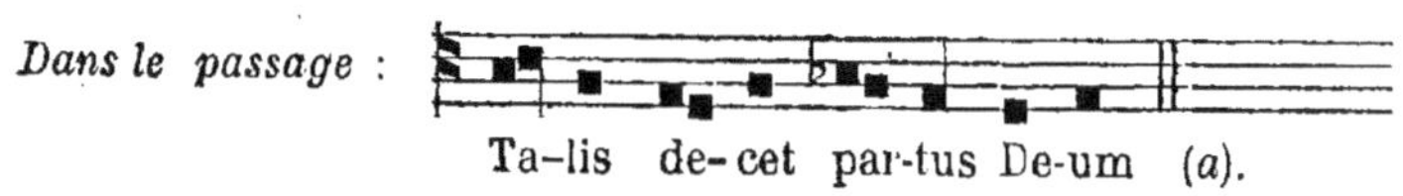

Hymne *Exultet cœlum laudibus*, et semblables.

Dans le passage :

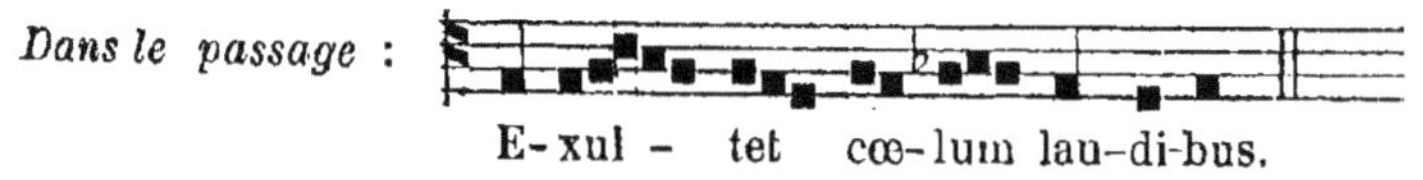

Enfin, il convient de faire remarquer que les hymnes
Pange lingua et *Crux fidelis* sont notées, dans nos anciennes
éditions, comme étant du 1er Ton, tandis qu'elles appartien-

(a) La légitimité du *si* bémol dans cette hymne ainsi que dans la suivante, pour éviter le triton, est contestable. Suivant plusieurs Méthodes,
entre autres celle du R. P. Lambillote (*Esthétique pratique du chant Grégorien*, p. 368,) il est mieux de laisser le *si* naturel et de corriger le
triton par le *fa* dièze dans toutes les hymnes des 7e et 8e Tons. Cependant,
comme dans l'hymne du Sacré Cœur *Quicumque certum quæritis*, imprimé sur une feuille à part et ajoutée à nos anciens recueils, ce bémol
figure, l'on peut croire qu'il était employé autrefois non seulement dans
cette hymne, mais encore dans les autres hymnes du même Ton, et c'est
le motif pour lequel on a cru devoir définitivement en adopter l'emploi,
plus conforme d'ailleurs aux principes généraux de notre chant, que
celui du *fa* dièze.

On doit reconnaître en outre que ce bémol est usité, pour les mêmes
hymnes, dans la plupart des Églises, et qu'on le rencontre même dans
certaines éditions romaines, suivant le R. P. Lambillotte.

nent réellement au 3e Ton, ce qui déplace les demi-tons et change le caractère de la mélodie. Il est donc nécessaire, dans ces anciennes éditions, de transposer le chant en haussant toutes les notes d'un degré, comme on l'a fait dans la strophe du *Pange lingua* donnée pour exemple, page 226, et comme l'indique d'ailleurs la dernière édition des hymnes (a).

VI. *Vers défectueux, vers à élision.*

L'usage, à peu près général aujourd'hui dans l'Eglise, est de retrancher dans le chant des hymnes, au moyen de l'élision, la syllabe de surcroît que l'on rencontre fréquemment dans les vers, toutes les fois que la voyelle qui termine un mot est suivie d'une autre voyelle ; et de prononcer, par exemple, les vers *Monstra te esse matrem*, *Excursus usque ad inferos*, de la manière suivante : *Monstra t'esse matrem, Excursus usqu'ad inferos*. C'est encore là un usage que nous ne suivons point, et nous admettons avec la bonne tradition, que dans le chant et la récitation liturgiques, le texte sacré doit ressortir pleinement et sans aucune altération ; dans les vers précités, nous prononçons donc toutes les syllabes, en ajoutant, s'il est nécessaire, pour la syllabe de surcroît, une note supplémentaire sur laquelle on passe plus rapidement de manière à ne pas altérer le rhythme. Cette méthode qui ressort des nombreux exemples donnés par notre *Forma psallendi*, est toujours, en principe, suivie parmi

(a) Les recueils d'hymnes en usage appartiennent à trois éditions différentes ; la première, imprimée à la Grande Chartreuse en 1588, est notée suivant l'ancien système, avec des notes de diverses valeurs ; la seconde, imprimée également à la Grande Chartreuse en 1701, n'a conservé que les notes carrées et les notes à queue ; enfin la dernière, imprimée à Grenoble en 1789, est entièrement notée en notes carrées. Ces trois éditions doivent se lire de la même manière, c'est-à-dire qu'il faut considérer toutes les notes comme étant égales, d'après le principe posé au début de ce Chapitre.

nous ; elle s'applique également aux vers défectueux qui ont une syllabe de surcroît, sans élision (a).

Exemples :

Mais lorsque dans le chant des vers, une ou plusieurs syllabes possèdent deux notes liées, on divise, le plus souvent, une de ces liaisons, afin d'avoir une note pour la syllabe de surcroît ; méthode qui permet de conserver le rhythme dans son intégrité.

Exemples :

Tel est le principe, et son application n'offrirait aucune difficulté si, dans nos livres, le chant de toutes les strophes était noté ; mais comme la première strophe est seule accompagnée de notes, et que pour les vers défectueux et à élision des autres strophes rien n'indique, le plus habituel-

---

(a) M. l'abbé Petit, après avoir démontré, page 85 et suivantes de sa *Dissertation*, que les Anciens ne pratiquaient pas l'élision dans la déclamation des vers, et qu'à plus forte raison on doit l'éviter dans le chant des hymnes, conclut à cet égard par la citation suivante d'un ancien auteur : « Toutes les syllabes doivent être distinctement prononcées sans aucune élision, parce que le chant doit perfectionner la prononciation, et non pas la corrompre, comme font ceux qui scandent les vers en les chantant. Cet abus a été désapprouvé par tous les savants. Si l'on ne scande pas en déclamant les vers, encore moins doit-on scander en chantant, puisque le chant est une expression plus authentique de la déclamation ou de la prononciation. » (*Dissertation sur le chant Grégorien, par Nivers, auteur du 17e siècle.*)

lement, sur quelle syllabe doit se placer la note supplémentaire ou quelle est la note double qui doit être divisée, il
en résulte que le chant de ces vers ne se fait pas toujours
avec tout l'accord désirable. Il est donc nécessaire d'adopter
quelque moyen pratique pour obvier à cet inconvénient et
donner au chant des hymnes, comme à tous les autres
chants, une entière régularité.

La nouvelle édition de notre Recueil, que l'on prépare
en ce moment, fournira ce moyen.

Dans cette édition, lorsqu'il y aura lieu d'ajouter une
note pour la syllabe de surcroît des vers défectueux ou à
élision, la syllabe sur laquelle devra être placée cette note
sera distinguée par des caractères italiques ; et lorsqu'une
note double devra être partagée entre deux syllabes, la
syllabe sur laquelle tombe naturellement cette liaison et la
syllabe qui la suit, seront toutes deux en italiques.

Quelques exemples feront mieux saisir la simplicité de
cette méthode.

Exemples :

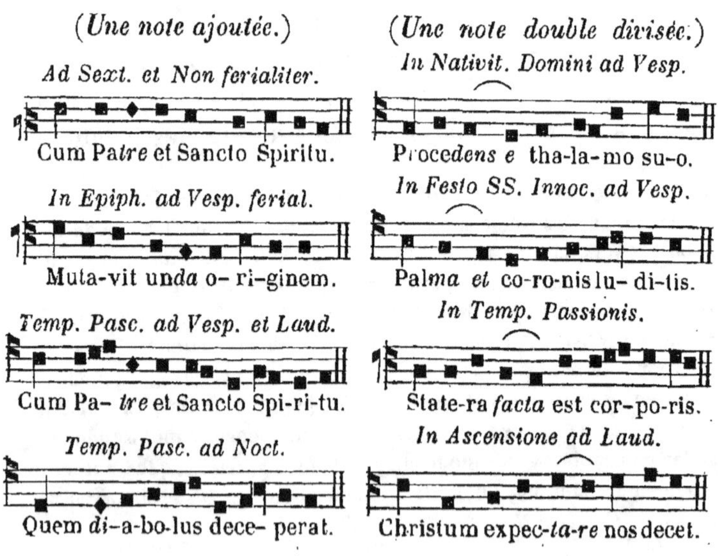

Dans ces exemples, on a représenté par une losange la note ajoutée, et on a uni par un trait, les notes qui, dans le chant régulier, appartiennent à la même syllabe. Quant à la manière de chanter la note supplémentaire, on suit le principe déjà admis pour les cas analogues dans le chant des psaumes et des leçons, c'est-à-dire que cette note se place sur le degré de la note précédente lorsque la note suivante s'élève, et sur le degré de la suivante lorsque cette note s'abaisse.

Pour mettre en harmonie les anciennes éditions des hymnes avec la nouvelle, il suffira de souligner, dans les premières, les syllabes qui sont en lettres italiques dans la dernière.

VII. Le mot *Amen*, qui termine les hymnes, n'est pas noté dans nos livres ; il se chante toujours avec cinq notes, dont trois sur la première syllabe et deux sur la seconde, en commençant par la note finale de l'hymne. La finale de toutes nos hymnes étant une des notes *ré*, *mi*, *sol*, *la*, voici les diverses manières de chanter le mot *Amen* (*a*) :

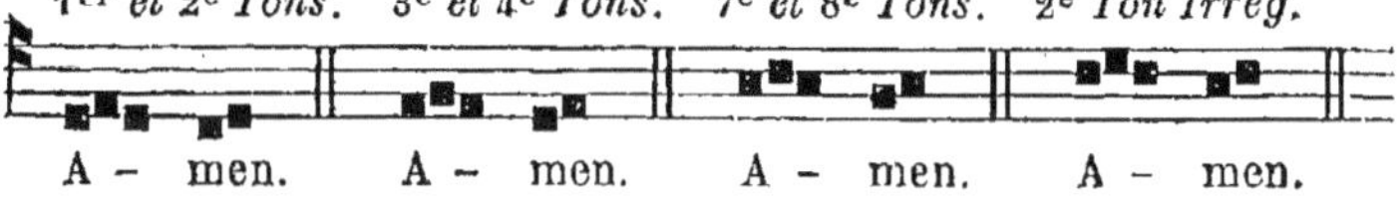

(*a*) Il existe, dans notre recueil, des hymnes de tous les Tons, à l'exception des 5e et 6e. Les quelques hymnes qui ont *la* pour finale, telles que celles *Nunc Sancte nobis Spiritus* et *Iste Confessor*, sont du 2e Ton irrégulier dont la dominante est *ut*.

FIN DE LA MÉTHODE.

APPENDICE.

NOTES ET EXERCICES.

Note A.

Les Latins, à l'imitation des Grecs, représentaient l'échelle des sons de la voix humaine par les quinze premières lettres de l'alphabet que l'on disposait sur une ligne parallèle aux paroles. Ce genre de notation subsista jusqu'à St Grégoire qui réduisit les quinze lettres à sept, nombre égal à celui des sons de la gamme, en répétant cette série pour compléter l'étendue de la voix humaine. Ainsi la première gamme des sons graves était représentée par des lettres majuscules ; la gamme suivante, par les mêmes lettres minuscules ; et, au besoin, les sons plus aigus, par des lettres minuscules doubles :

A, B, C, D, E, F, G, a, b, c, d, e, f, g, aa, bb.

la, si, ut, ré, mi, fa, sol, la, si, ut, ré, mi, fa, sol, la, si.

On ajouta plus tard à cette série le *sol* grave, que l'on représenta par la lettre grecque *gamma* Γ, laquelle a donné son nom à la *gamme*, comme l'alphabet a pris le sien du nom grec des deux premières lettres *A, B*.

Ce système, désigné sous le nom de *Lettres Grégoriennes*, a été en usage jusqu'au XIe siècle; il a l'inconvénient de parler peu aux yeux.

Au commencement du XIe siècle, le moine bénédictin Guy d'Arezzo inventa la *portée*, ou réunion de quatre lignes parallèles, très-propres à représenter la position respective des sons, et donna aux notes de la gamme, pour faciliter la solmisation, les noms qu'elles portent aujourd'hui ; il tira ces noms de la première strophe de l'hymne de St Jean-Baptiste, de la manière suivante :

> *UT* queant laxis
> *RE*sonare fibris
> *MI*ra gestorum
> *FA*muli tuorum,
> *SOL*ve polluti
> *LA*bii reatum,
> *Sancte Ioannes.*

Or voici le chant de cette hymne, du temps de Guy d'Arezzo :

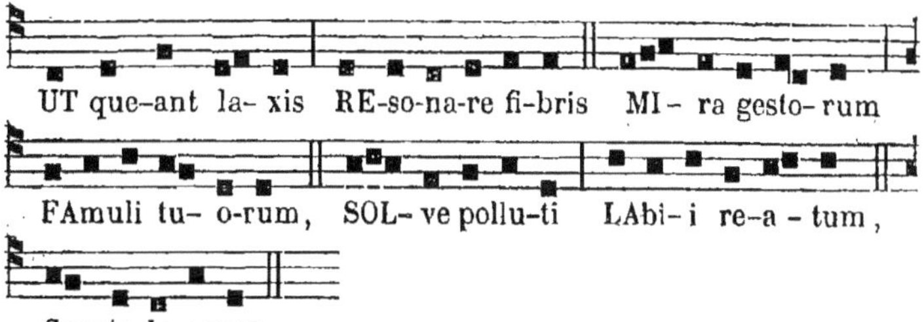

Chacun des trois premiers vers de la strophe est divisé en deux parties par le chant ; et ce chant offrant cette particularité que la première note de chaque partie s'élève d'un degré au-dessus de la première note de la partie précédente, de manière à former une gamme par la réunion de ces notes, la première syllabe de chacune des dites parties a été prise naturellement pour le nom de la note correspondante. La note *si* fait défaut à cette progression ; le nom en a été formé plus tard par la réunion des initiales des mots *Sancte Ioannes* qui font le dernier vers de la strophe.

20.

Mais, outre les lettres, on employait encore autrefois certains signes qui représentaient aux yeux, d'une manière plus parlante, les groupes de notes dont l'usage était le plus fréquent dans le chant ; ces signes appelés *neumes*, que l'on plaça d'abord, comme les lettres, sur une même ligne parallèle au texte, avaient chacun un nom particulier et fixaient généralement, outre le rapport de succession des sons, leurs durées relatives qui avaient pour types les diverses combinaisons de longues et de brèves formant les différents pieds prosodiques ; mais ces signes avaient le grave inconvénient de ne pouvoir indiquer par eux-mêmes le degré précis qu'ils occupaient sur l'échelle générale des sons, et par conséquent l'intervalle réel des divers sons qu'ils figuraient. Aussi, leur adjoignait-on fréquemment les lettres qui, seules, pouvaient les rendre parfaitement intelligibles ; et l'on croit communément que St Grégoire fit écrire son antiphonaire centon, composé, comme on sait, des meilleurs fragments de chant liturgique qu'il avait recueillis, simultanément avec les lettres et les signes neumatiques, afin d'ajouter à la précision des premières, l'indication des nuances de l'exécution donnée par les signes. Ce ne fut que vers le Xe siècle que l'on commença à écrire les neumes à des hauteurs différentes au-dessus du texte, afin d'indiquer la place respective qu'ils devaient occuper sur l'échelle des sons ; et quand Guy d'Arezzo inventa la portée, il n'eut d'abord l'idée que de l'appliquer aux signes neumatiques pour en rendre la lecture plus facile.

Ce n'est enfin que plus tard, et successivement, que l'on remplaça entièrement les signes par des *points* ou *notes*, et que l'on arriva à cette notation claire et simple que nous employons aujourd'hui (a).

(a) La bibliothèque de la Grande Chartreuse possède un précieux manuscrit de cette époque de transition ; c'est un *Graduel* écrit en

On va indiquer la valeur des principaux signes neumatiques, qu'il convient de connaître pour se rendre compte de
la notation employée dans nos anciens livres, et même
pour comprendre certaines expressions obscures employées
par notre Statut (a).

1° *Virga*; c'est un simple trait, qui représente un son
isolé et long; la *virga* est l'origine de la
note à queue.

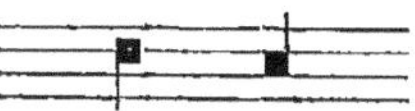

2° *Punctum*; le point représente aussi un son isolé mais
bref, et entre, comme élément dans les
autres signes; c'est du point que tire son
origine la note actuelle.

notation dite *Guidonienne* du nom de Guy son auteur, c'est-à-dire dans
laquelle les neumes sont placés sur une portée de quatre lignes, ainsi
qu'on vient de l'expliquer. Suivant les règles de ce genre de notation,
les lignes de la portée sont de diverses couleurs, savoir : une ligne rouge
pour les *fa*, une ligne jaune pour les *ut*, et les deux autres lignes tracées
seulement à la pointe sèche dans l'épaisseur du vélin. Ce manuscrit a
cela de remarquable, qu'il marque la dernière époque de transition des
neumes aux notes; sa première partie est écrite concurremment avec
des neumes et des points carrés; la seconde partie emploie exclusivement les points carrés avec ligature; il est sans date. La même bibliothèque possède en outre un petit *Missel* provenant de la Chartreuse de
Villeneuve, et dans lequel la notation des chants communs offre à peu-
près les mêmes caractères que celle du précédent manuscrit.

(a) Pour la valeur donnée à ces signes, on a principalement suivi
l'ouvrage de M. l'abbé Cloet : *Remarques critiques sur le Graduale Roma-
num du P. Lambillotte*, dans lequel on trouve une explication précise des
termes suivants de notre Statut : *fractio et inundatio vocis, geminatio
puncti*. On peut aussi consulter à cet égard le Dictionnaire de Plain-chant
édité par l'abbé Migne.

3° *Clivis*, *Clivus* ou *Flexa* ; ce signe représente deux sons dont l'un, supérieur, est plus marqué , et l'autre, inférieur, plus bref ; la *Clivis brève* représente deux sons brefs d'égale durée. Les intervalles de *seconde, tierce, quarte* et *quinte* qui pouvaient exister entre ces deux sons, étaient indiqués par le plus ou moins de développement du trait calligraphique du signe.

4° *Podatus* ; ce signe représente deux sons ascendants dont le premier est, le plus ordinairement, bref et le second long ; c'est le contraire de la *Clivis*.

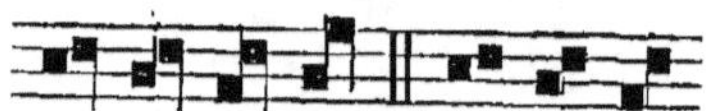

5° *Torculus*, ce neume représente trois sons égaux , d'inégale hauteur, dont le second est toujours le plus élevé.

6° *Climacus* ; c'est un neume qui réprésente un son long suivi de deux ou trois sons brefs descendants.

7° *Scandicus* c'est le neume précédent retourné ; il représente deux ou trois brèves et une longue ascendantes.

8ᶜ **Pressus**;   ce neume représente un balancement de la voix, par un mouvement égal et rapide, fait sur un son principal et prolongé, avec une note contiguë qui n'est pas écrite, suivi d'un son inférieur et bref. C'est un ornement qui se plaçait surtout à la fin des phrases et des pièces de chant, et qui répond à ce qu'on nomme aujourd'hui *trille* ou *cadence*. C'est l'ornement que notre Statut désigne sous le nom de *fractio vocis*, *brisement* ou *balancement de la voix*. (1 Stat. 18. 1.)

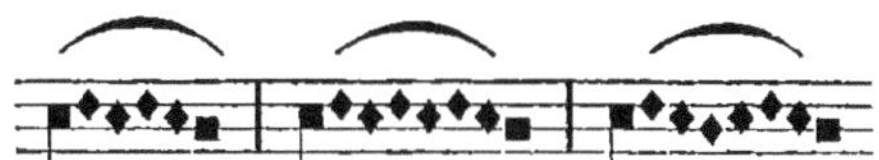

9º **Quilisma**;   ce neume représente un son inférieur sur lequel s'exécute un tremblement de la voix, un roulement particulier du gosier, suivi d'un son supérieur long et à la tierce du premier auquel il est uni par une note de passage. Cet ornement diffère du précédent en ce que la voix, pour l'exécuter, reste sur la même note; il répond à ce qu'on nomme aujourd'hui *vibrato*, *tremolo*, *son tremblé*; il était représenté par une ligne ondulée. C'est l'ornement que notre Statut désigne sous le nom de *inundatio vocis*, *ondulation*, *tremblement de la voix*.

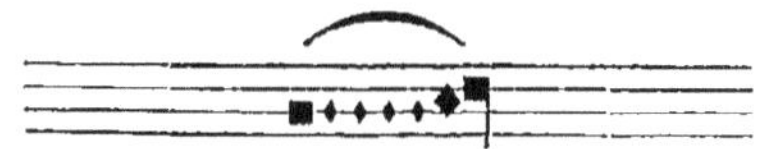

10º **Distrophus**, **Tristrophus**, etc.; ces neumes représentent deux, trois ou un plus grand nombre de sons semblables émis distinctement et rapidement l'un à la suite de l'autre sur une même syllabe. C'est l'ornement que notre Statut désigne sous le nom de *geminatio puncti*, *répétition*, *répercussion* ou *battement de la note*; il était représenté par autant de points ou notes juxtaposées, que le son devait être frappé de fois distinctes avec la voix. On trouve dans nos livres la même note ainsi répétée jusqu'à neuf fois de suite; mais comme on l'a dit en traitant de la forme de notre chant, toutes ces notes s'exécutaient autrefois, chez nous, en une seule émission de voix d'autant plus prolongée que les notes étaient plus nombreuses.

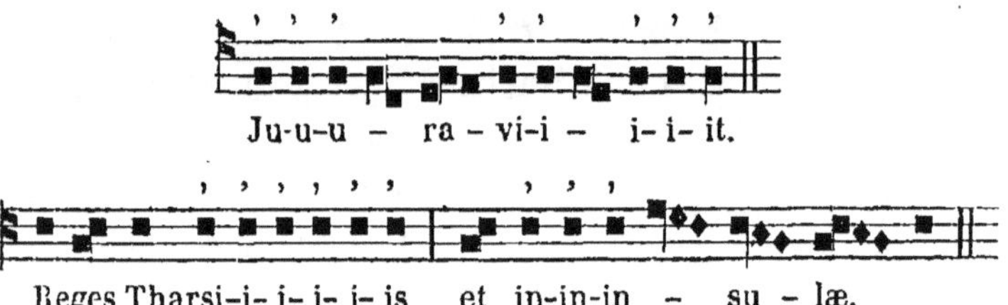

La forme de la plupart des signes neumatiques se modifiait pour indiquer les intervalles et la durée des sons qu'ils représentaient; ils étaient aussi surmontés de certaines lettres marquant le mouvement à leur imprimer; toutes choses, il faut l'avouer, qui devaient en rendre la lecture fort difficile, et qui sont devenues aujourd'hui une source de discussions et d'interprétations diverses parmi les auteurs.

Nous donnons ci-après un *Répons* extrait de notre antiphonaire de Pavie, avec son ancienne notation, dans lequel on reconnaîtra facilement les groupes de notes qu'on

vient d'indiquer comme étant la représentation des anciens
signes neumatiques.

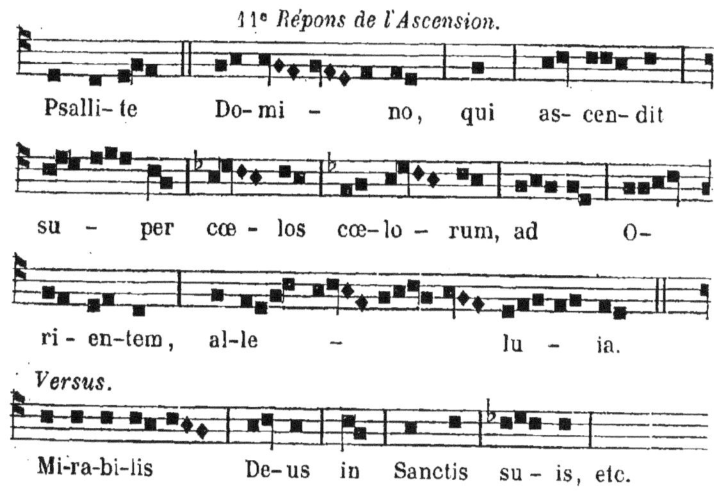

Voici encore un *Alleluia* extrait d'un Graduel imprimé à
Paris en 1578 pour la Chartreuse de Bourbon-les-Gaillon,
dont il est fait mention dans la note suivante.

Note B.

SUR L'ORIGINE DE LA NOTATION EN NOTES DE FORMES VARIÉES
DE NOS ANCIENS LIVRES, ET SUR CELLE DE LA NOTATION
EN NOTES CARRÉES ACTUELLEMENT EN USAGE.

———

Il ressort des quelques indications données dans la note précédente sur la valeur des anciens signes neumatiques, qu'à l'origine du chant Grégorien tous les sons n'avaient pas une égale durée, et qu'en général tous ces signes en usage représentaient un son principal et long, auquel s'adjoignaient un ou plusieurs sons brefs. Après l'invention de la *portée*, l'emploi des signes neumatiques fut bientôt abandonné pour faire place à celui, plus simple, des *points* ou *notes*; et pour traduire les diverses valeurs des sons représentés par les signes, on employa des notes de diverses formes, savoir: la *note à queue* pour les sons longs, la *carrée* pour les sons brefs et la *losange* pour les notes plus rapides ou de passage. Notre ancien antiphonaire de Pavie offre une traduction de ce genre, et elle est, sans doute, une des plus anciennes et des plus pures qui se soient conservées. La tradition et nos annales nous apprennent que tout-à-fait à l'origine de notre Ordre, D. Guigue se procura l'antiphonaire de l'antique et illustre Eglise de Lyon, et l'on peut croire, aux soins qu'ont toujours pris nos Statuts pour prévenir la corruption de nos livres liturgiques, que cet antiphonaire s'est conservé, quant au fond, sans altération notable jusqu'à l'édition de Pavie, imprimée en 1612 sur un manuscrit de la Grande Chartreuse, comme nous l'apprend la préface de cette édition. Cet ancien antiphonaire a donc aujourd'hui une grande valeur archéologique, et il est sûrement de nature à être consulté avec fruit pour les travaux de restauration du chant Grégorien qui se poursuivent de nos jours ; le R^d Père Lambillote le signale tout spécialement comme tel dans son *Esthétique*.

La bibliothèque de la Grande Chartreuse possède aussi deux exemplaires, dont l'un est sur vélin, d'un Graduel noté avec notes variées; ce Graduel a été imprimé à Paris en 1578, par les soins de la Chartreuse de Bourbon-les-Gaillon qui venait d'être fondée par le Cardinal de Bourbon. Une note placée en tête fait connaître qu'on a suivi, pour sa composition, un exemplaire venu de la Grande Chartreuse, et les observations faites sur notre ancien antiphonaire lui sont applicables. Ces précieux exemplaires ont sans doute échappé aux recherches du R^d P. Lambillote lorsqu'il vint à la Grande Chartreuse en 1850, car il ne signale, dans son ouvrage précité, que nos Graduels à notes carrées imprimés à Lyon et à Castres (a).

Une autre question qui se lie à la précédente, mais qui est plus difficile à résoudre, est celle-ci : Comment les Chartreux, après avoir religieusement conservé dans leurs livres, pendant plusieurs siècles, l'ancienne notation en notes variées, ont-ils abandonné tout-à-coup cette notation, pour adopter celle en notes carrées, et à une époque où tout le monde revenait aux notes de formes et de valeurs diverses, généralement inusitées déjà depuis fort longtemps? Voici une des solutions que l'on peut donner, ce nous semble, à cette question.

Lorsque l'usage des notes se fut entièrement substitué à celui des anciens signes neumatiques, cette substitution eut pour effet d'effacer promptement le souvenir des valeurs

(a) Ce savant auteur rapporte avoir vu à la bibliothèque de Brera, à Milan, un Graduel manuscrit en quatorze gros volumes, provenant de la Chartreuse de Pavie. Ce manuscrit est, dit-il, d'une magnificence extraordinaire ; les vignettes, les tableaux, les majuscules sont d'une richesse qui surpasse tout ce qu'on a fait en ce genre, même le magnifique Graduel du monastère de St-Ouen, actuellement à la bibliothèque de Rouen.

diverses des sons représentés par les neumes, les notes n'offrant plus aux yeux, sur la portée, que des signes successifs et distincts, mais sans rapport obligé, quant à la durée des sons. Et comme d'un autre côté, à la même époque, on ne tenait aucun compte, dans le chant, de la quantité syllabique, les notes de forme variée disparurent successivement des manuscrits, et on adopta bientôt le principe de l'égalité des notes et des syllabes, principe exprimé par le nom de *plane* que reçut alors le chant ecclésiastique (*a*). Il n'est pas douteux que nos Pères, tout en conservant dans leurs livres des notes variées, n'exécutassent le plaint-chant d'après le principe généralement adopté et qui répondait, d'ailleurs, parfaitement à la simplicité de leur esprit et de leurs usages. On en a pour preuve: 1° la tradition (*b*); 2° les termes mêmes de nos anciens Statuts indiquant la manière générale de chanter : « *Quia boni monachi officium est plangere potiùs quàm cantare*, etc.; » 3° le soin qu'ils prennent de désigner, pour les prohiber, les différents ornements du chant; 4° enfin, l'adoption de la notation carrée elle-même, qui n'a laissé aucune trace de la moindre modification pratique apportée à l'ancienne manière de chanter. Aussi, lorsqu'à la suite de la Renaissance et des nombreuses réformes qu'elle a amenées, on imagina, à la fin du XVIᵉ siècle, de diviser les syllabes en trois espèces, et qu'on commença à représenter, dans le chant, les pénultièmes brèves des mots dactyles par une simple losange, il ne paraît pas que nos Pères aient fait bon accueil à cette innovation qui modifiait sensiblement la marche plane et uniforme du chant dont ils avaient l'usage, puisque bientôt après apparaît, dans l'Ordre, le premier livre

(*a*) Ceci résulte de la citation faite page 53, note (*a*).

(*b*) Notre ancien *Traité de chant à l'usage des Chartreux*, qui date de 1700, est très-précis à cet égard. « C'était, dit-il, l'ancien usage que dans le plain-chant on n'admettait ni longues ni brèves; toutes les notes ou syllabes longues ou brèves étaient égales; on n'observait aucune quantité de grammaire ni de prononciation pour les paroles qui se chantaient.

imprimé en notes carrées, l'édition du Graduel de 1674. Or un changement aussi notable dans la forme de nos livres, et apporté à une pareille époque, peut-elle s'expliquer autrement que comme une protestation, une garantie prise contre les idées nouvelles cherchant à s'introduire dans l'Ordre avec les nouveaux arrivants ? Il est donc probable que, dans cette occurence, nos Pères abandonnèrent la forme antique de notre chant, qui semblait favoriser les nouvelles méthodes, pour en sauver le fond. La tentative de réforme faite un peu plus tard et qu'on a rapportée dans l'article 1er du chapitre 2e, viendrait au besoin corroborer cette opinion.

Il resterait une dernière question intéressante à étudier, celle de savoir à quelle époque on a commencé à chanter l'Office dans notre Ordre, car il est certain qu'au début de son institution nos premiers Pères ne le chantaient pas, du moins entièrement; mais comme cette question est assez obscure, on se bornera à donner ci-après un article peu connu de nos Annales manuscrites recueillies par notre V. P. D. Lecouteux, et qui offre ce qu'on a pu trouver de plus précis, à cet égard, dans nos archives.

EX ANNALIBUS MNS.

SACRIS ORDINI CARTUSIENSIS, ANNO 1127.

Honorii PP.	Ordinis Cart.	Guigonis 1. Pr. Cart.
an. 3.	an. 44.	an. 18.

N° 9. — Post scriptas consuetudines, instigante eodem

Ce n'est que dans ces derniers temps qu'on a mis des longues et des brèves pour marquer la quantité ou les accents. Mais l'Ordre a conservé l'ancienne coutume qui ne subsiste presque plus que parmi nous et dans quelques Eglises cathédrales où on observe encore exactement l'ancienne prononciation de certains mots; dans la cathédrale de Rouen, par exemple, on oblige de faire longues certaines syllabes brèves, et on reprend capitulairement ceux qui ne s'y soumettent pas. » (Chapitre 5e.)

La citation du *Cérémonial de l'Eglise de Lyon* faite ci-après, page 250, n'est pas moins précise.

S. Hugone Episcopo, idem Guigo antiphonarium ad usum
Cartusiæ ordinavit, uti in præfatione quæ extat in quibusdam vetustis antiphonariis ipsemet testatur, ità scribens :

« Institutionis eremiticæ gravitas non sinit longa in cantandi studiis temporum insumi spatia. Nam secundùm Bea-
tum Hieronymum, monachus quilibet, quantò magìs ere-
mita, non doctoris, quantò minùs cantoris, sed plangentis
habet officium ; qui vel se, vel mundum lugeat, et Domini
pavidus præstoletur adventum. Ob hanc itaque causam
quædam de antiphonario auferenda, seu brevianda putavi-
mus. Quæ scilicet ex parte maximâ, aut superflua erant,
aut incongruenter vel composita, vel interposita, vel apposita,
aut parvæ autoritatis, aut ambiguæ, aut nullius ; aut levi-
tatis, aut imperitiæ, aut mendacitatis criminis rea. Porrò
quæ emendata videntur esse, vel addita, utrùm se rectè
habeant, ignorare non poterit quisquis divinam scripturam,
vetus videlicet Testamentum et novum studiosè perlegerit.
Hoc autem facimus sub præsentiâ Reverendissimi et caris-
simi nobis Patris nostri Domini Hugonis Gratianopolitani
Episcopi. »

10. — Quod audîsti Guigonem in præscripta Præfatione
indicare antiphonarium sese ex sacris libris excerpsisse, his
consonat quæ scribit Radulphus Tungrensis, nempè : « Cartusienses nec responsoria nec antiphonas admittunt, nisi
sumptas de sacrâ scripturâ. » Atque in hâc parte morem
sequimur Ecclesiæ Lugdunensis, cujus Archiepiscopus
Agobardus in restituendo vetere antiphonario multùm labo-
ravit, in quo, præter divinam scripturam, admittere in sacris
officiis nihil voluit. « Creduntur enim Cartusiani ipsi (ut ait
Sutor) ab illâ vetustissimâ Lugdunensi Ecclesiâ, Primate
Galliarum, exemplaria sacrorum librorum desumpsisse. »
Quod et alios fecisse probabile est. Eodem enim fermè tempore Waltenis Janislao Gnemensi Archiepiscopo succedens,
Basilicam Wratislaviensem ligneam ad id tempus muro ædi-

ficavit, ritusque Lugdunensis Ecclesiæ in eam induxit anno 1147. Idem à nostris factum fuisse anno 1126, asserit Swertius : « Cartusiani Patres, inquit, à sanctissimâ et vetustissimâ Lugdunensi Ecclesiâ Galliarum Primate, exemplaria et cantûs formam velut celebrioris devotè susceperunt. Ex quo deinceps aliæ Cartusianorum familiæ, ac cellulæ, seu Basilicæ sacræ eumdem prorsùs cantum sibi asciscendum haud dubitarunt. » Hæc ille qui ipsissima Sutoris verba suæ narrationi interserens, videtur ea commentariis auxisse ; cum suæ, sive potiùs sui, quem citat, autoris spontis impulsu, ad exemplaria librorum, quorum tantùm meminit Sutor, addit et cantûs formam, vel certè allucinatur in anno (*scil.* 1126.) Nam neque ex ipsis consuetudinibus liquet, antè earum scriptionem, cantum figuratum, sive planum cantici modum quo nunc utimur, nondùm fuisse in Ordine à Patribus receptum, sed tantùm *recto tono* psallebant. Id ratione ex cap. 42 ipsarum consuetudinum petita probatur tomo primo horum Annalium.

11. — Verumtamen fatemur planum cantum in domibus quæ sufficientem habebant monachorum numerum ad id exequendum, non diù post Guigonis mortem fuisse introductum. Et quidem eo tempore quo abstinentiæ in pane et aquâ cœperunt paulatìm remitti, nempè sub Basilii S. Anthelmi successoris prioratu (ut jam alibì annotavimus). Nam in supplementis ad Guigonis consuetudines adjectis quibus et plures insertæ fuerunt Capitulorum Generalium tempore ejusdem Basilii et Jancelini celebratorum ordinationes, multa reperiuntur quæ cantum jam tunc fuisse usitatum indicant. Ibì enim legimus passìm declaratum quòd in tali et tali missâ dicatur « Kyrie eleison festivè, vel solemniter, vel dominicaliter. » Idemque de hymnis ad parvas horas dicitur, quòd vel « solemniter vel festivè cantari debeant. » Et est quædam Capituli Generalis ordinatio, quâ permittitur Prioribus in itinere constitutis : « Ut diebus

21.

dominicis et festis proprium officium habentibus, possent celebrare missam, privatìm tamen et sine cantu. » Diximus verò hunc usum fuisse admissum in domibus tot monachos habentibus, quot essent necessarii ad illum ritè exercendum. Nam ubi pauciores reperiebantur monachi, officium recitabant *recto tono*. Quamobrem Generale Capitulum posteà declaravit octonarium numerum sufficere ad diurnum nocturnumque officium cum cantu celebrandum.

Voici en outre une note extraite du *Cérémonial de l'Eglise de Lyon*, publié par Monseigneur de Pins en 1838, qui vient corroborer ce qui est dit dans la citation précédente sur l'origine de notre chant.

« Le chant Lyonnais est grave de sa nature ; autrefois il n'avait pas de notes brèves. On doit avoir l'attention de bien prononcer en chantant toutes les syllabes et toutes les voyelles, et donner à chaque note de même valeur le même espace de temps. On s'accoutume à couler légèrement sur certaines notes, et à faire brèves des notes carrées ; on ne saurait prendre trop de précautions pour éviter toutes ces irrégularités. Il faut que l'esprit de piété et de foi nous guide en cela comme en tout le reste. On avait remarqué autrefois que parmi toutes les Chartreuses qui existaient en France ou dans les pays étrangers, il n'y en avait point qui chantassent si gravement l'Office que la Chartreuse de Lyon. En voici la raison : lorsque Saint Bruno se rendait en 1084 de Reims à Grenoble, il passa par Lyon, et fut si édifié des cérémonies de cette Eglise, que lorsqu'il voulut donner à son Ordre ses constitutions, il envoya à Lyon deux de ses Religieux, pour étudier les cérémonies de cette Eglise, et leur enjoignit d'y séjourner quelque temps pour en méditer l'esprit. C'est pour cela que l'on trouve dans les cérémonies des Chartreux, plusieurs rapports avec les nôtres. Lors donc que les Chartreux vinrent s'établir à Lyon, la colonie qui y fut envoyée eut ordre de s'appliquer plus spéciale-

ment à imiter la gravité du chant et des cérémonies de
Lyon. »

    (*Cérémonial de l'Eglise de Lyon, page 195, note 1.*)

Note C.

SUR LA FORMATION ET LA RÉDUCTION DES TONS DU PLAINT-CHANT.

—

On a dit, en traitant des Tons ou Modes du plain-chant
(chap. 1er art. 2e), qu'on désignait sous ces noms les gammes ou échelles diatoniques diverses dans lesquelles la
position des demi-tons est différente par rapport à la note
prise pour point de départ. Or comme on peut commencer
la gamme par chacune des sept notes, il en résulte sept
Tons principaux ; et si l'on compose sur chacune de ces gammes deux Tons, le supérieur et l'inférieur, de la manière
qui a été indiquée dans l'article précité, on obtient un nombre total de quatorze Tons ou Modes. Mais, dès l'origine,
l'on a supprimé les Modes qui ont *si* pour finale, et dont la
gamme est formée d'une fausse quinte *SI-fa*, et d'une fausse
quarte *FA-si*, intervalles rejetés du chant, comme on le
sait; il reste ainsi les douze Modes déjà en usage chez les
Grecs, et qui se distinguent par leur finale et leur dominante, ainsi qu'il suit :

Tableau des *finales* et des *dominantes* des douze Tons.

Chacun de ces Modes avait reçu un nom distinct tiré du
pays où il avait d'abord été mis en usage. La préposition *hypo*
qui précède le nom des Modes pairs ou inférieurs indique ce

caractère d'infériorité ; pour un motif opposé, le nom des Modes impairs est souvent précédé de la préposition *hyper*. Voici le tableau de ces noms :

Tons Supérieurs ou Impairs.   *Tons Inférieurs ou Pairs.*

1er, finale *ré*, Dorien.	2e, finale *ré*, Hypodorien.
3e, — *mi*, Phrygien.	4e, — *mi*, Hypophrygien.
5e, — *fa*, Lydien.	6e, — *fa*, Hypolydien.
7e, — *sol*, Mixolydien.	8e, — *sol*, Hypomixolydien.
9e, — *la*, Eolien.	10e, — *la*, Hypoéolien.
10e, — *ut*, Ionien.	12e, — *ut*, Hypoionien.

La Commission de Reims et de Cambrai, dans les livres qu'elle a édités, a adopté cette ancienne division, et y a même ajouté les Modes supprimés qui ont pour finale *si*, de telle sorte qu'elle en compte quatorze distincts. Mais il est certain que depuis le VIIIe siècle au moins, on ne fait usage dans l'Eglise que des huit Tons Réguliers (a).

La réduction des douze Modes primitifs à huit, est fondée sur la ressemblance et l'affinité des quatres derniers avec certains des huit premiers. En effet, les Modes se distinguant par la position des demi-tons à partir de leur finale, il est facile de remarquer la ressemblance qui existe entre le 9e et le 1er, et entre le 10e et le 2e ; le rapprochement des gammes de ces Modes, fera ressortir ce rapport :

$$
\begin{cases}
9^{e}\ \text{Ton} - la\ si\ ut\ ré\ mi\ fa\ sol\ la \\
1^{er}\ \text{Ton} - ré\ mi\ fa\ sol\ la\ si\ ut\ ré
\end{cases}
$$

$$
\begin{cases}
10^{e}\ \text{Ton} - mi\ fa\ sol\ la\ si\ ut\ ré\ mi \\
2^{e}\ \text{Ton} - la\ si\ ut\ ré\ mi\ fa\ sol\ la
\end{cases}
$$

(a) On peut même faire remonter, disent quelques auteurs, l'adoption des huit Tons à St Grégoire qui ajouta, d'après la tradition, les quatre Tons plagaux aux quatre premiers Tons authentiques adoptés d'abord par St Ambroise.

Dans les deux premières gammes, la position du premier demi-ton est la même ; la position du second demi-ton est différente, il est vrai, mais pour rétablir la ressemblance, il suffit d'abaisser le *si* d'un demi-ton dans la seconde gamme, en employant le *si* bémol. Ainsi, pour transposer les pièces du 9e dans le 1er Ton, c'est-à-dire écrire ces pièces avec la gamme du 1er Ton, il suffira d'employer le *si* bémol partout où le *fa* se rencontre dans les dites pièces ; de cette manière l'effet produit sera absolument le même, car, on le répète, ce qui distingue le Mode d'un chant, ce n'est pas l'élévation plus ou moins grande des sons, mais la position des demi-tons par rapport à la finale.

Par le rapprochement des gammes des 10e et 2e Tons, on voit que la position du deuxième demi-ton est la même de part et d'autre, tandis que c'est celle du premier demi-ton compris dans la quarte inférieure à la finale qui est différente ; mais en agissant comme dans le cas précédent, c'est-à-dire en faisant le *si* bémol dans la gamme du 2e Ton, on rétablit l'entière ressemblance entre les deux modes.

On peut aisément se rendre compte que la même affinité existe entre les 11e et 5e, et entre les 12e et 6e Tons, ce qui, en résumé, justifie la réduction des Tons ou Modes usuels à huit.

Toutefois, il faut bien reconnaître que les Modes précités n'ont une parfaite ressemblance que par suite de l'emploi continuel du bémol dans la transposition, emploi qui a toujours répugné aux véritables principes du plain-chant, d'après lesquels le bémol doit conserver un caractère accidentel. Aussi, pour échapper à cette nécessité, au lieu de transposer les Modes réductibles comme on vient de l'expliquer, on les a généralement conservés sur leur échelle propre, en les rattachant aux Modes primitifs correspondants, par un même numéro, avec la dénomination d'*Irréguliers* ; ainsi :

Le   9e Ton est devenu   le   1er Ton Irrégulier,
le   10e ___________   le   2e ___________
le   11e ___________   le   5e ___________
le   12e ___________   le   6e ___________

Le nom d'*Irrégulier*, par lequel on les a distingués, leur a été donné, non qu'ils soient moins réguliers que les autres, mais parce qu'ils ont une autre finale et qu'ils s'écrivent sur d'autres clefs que ceux auxquels on les rapporte.

Voici le tableau des dominantes et des finales des Tons Irréguliers, dans lequel on a compris un 4e Ton Irrégulier formé du second des deux Modes abandonnés dont la finale est *si*, et que l'on trouve quelquefois employé. On remarquera que les finales et les dominantes des Tons Irréguliers sont une *quinte* au-dessus de celles des Tons Réguliers correspondants.

Tableau des *finales* et des *dominantes* des Tons *Irréguliers*.

Il ne faut pas confondre le 4e Ton Irrégulier avec celui dont nous faisons usage dans le chant des psaumes, lequel, comme on l'a déjà dit, n'est autre que le 4e Ton régulier *transposé* à la quarte supérieure; ses notes caractéristiques placées à la gauche du tableau sont, comme on le voit, toutes différentes de celles du 4e Ton Irrégulier.

Les Tons Irréguliers sont rarement employés dans notre chant, ils ont été transposés dans les Tons Réguliers correspondants; et c'est là une des raisons pour lesquelles le bémol se trouve si fréquemment employé dans certaines pièces des 1er, 2e, 5e, et 6e Tons. Voici néanmoins les quelques pièces des Tons irréguliers que l'on rencontre dans nos livres.

Antiphonaire de Pavie.

4e Ton transposé, $\dfrac{ré\ \text{dom.}}{la\ \text{fin.}}$ Toutes les antiennes des psaumes qui se chantent sur ce Ton. La 4e antienne de Laudes du Commun d'un Confesseur non Pontife, *Servi Domini*, qui se termine sur la note *si*, est aussi du 4e Ton transposé ; mais cette pièce contient une irrégularité qui consiste en ce que la mélodie n'arrive pas jusqu'à sa finale naturelle *la*.

2e Ton Irrégulier, $\dfrac{ut}{la}$ 8e Répons du Dimanche de la Passion. *Vide quia tribulor.*

4e Ton Irrégulier, $\dfrac{mi}{si}$ 7e Répons de la Dédicace, *Domine dilexi*. Il n'est écrit sur ce Ton que dans quelques antiphonaires manuscrits.

6e Ton Irrégulier, $\dfrac{mi}{ut}$ 4e Répons du Jeudi-Saint, *Conclusit vias meas.*
11e Répons de la T. S. Trinité, *Honor, virtus.*
7e Répons du mois d'août, *Gyrum cœli.*

NOTA. — Les *versets* et les *Gloria Patri* de ces Répons sont les mêmes que ceux des Tons Réguliers correspondants ; seulement on les chante sur d'autres notes.

Graduel.

2ᵉ Ton Irrégulier, $\dfrac{ut}{la}$ Un assez bon nombre de Répons, tels que ceux du Commun des Apôtres et de Plusieurs Martyrs, et qui se terminent tous par cette phrase :

4ᵉ Ton Irrégulier, $\dfrac{mi}{si}$ Offertoire de la IVᵉ férie après le 3ᵉ Dimanche de la Quadragésime.

6ᵉ Ton Irrégulier, $\dfrac{mi}{ut}$ Offertoire de la VIᵉ férie après le 2ᵉ Dimanche de la Quadragésime.

Hymnes.

2ᵉ Ton Irrégulier, $\dfrac{ut}{la}$ Quelques hymnes, telles que *Nunc Sancte nobis Spiritus* et *Iste Confessor.*

Note D.

EX REVELATIONIBUS BEATÆ BRIGITTÆ.

PARS ULTIMA.

Capitulum IV.

Christus Dicit,

Quòd in cantu Sororum ordinis Sancti Salvatoris nulla debet esse curiositas, sed sit cantus laudis sonoræ, etc.

Filius Dei loquitur. Numquid non legisti, quòd Maria soror Moysis, ob singulare Dei in mari rubro factum, egressa est cum virginibus et mulieribus psallens in tympanis et cymbalis canticum lætitiæ Deo? Sic filiæ matris meæ egredientur de mari rubro, id est, à cupiditate et complacentiâ mundiali, habentes in manibus operationum suarum tympana, id est, abstinentiam voluptatis carnalis, et cymbala laudis sonoræ; quarum cantus non sit remissus, non fractus, non dissolutus, sed honestus, et gravis, et uniformis, et per omnia humilis; imitenturque illorum cantum qui *Cartusienses* vocantur, quorum psalmodia plus redolet suavitatem mentis, humilitatemque, et devotionem, quàm aliquam ostentationem. Nam non vacat à culpâ animus quandò cantautem plus delectat nota, quàm res quæ canitur; omninòque abominabile est Deo, quandò vocis elevatio plus fit propter audientes, quàm propter Deum.

Note E.

DECRETUM SACRÆ CONGREGATIONIS RITUUM EMANATUM SUB DIE 22 NOVEMBRIS 1687.

Cùm Sacra Rituum Congregatio, sub die 14 Junii 1687, me referente, decreverit licere Patribus Cartusianis uti

Missali et Breviario quibus utuntur, ac etiam Sacris Bibliis quæ sunt eadem ac Vulgata S. Romanæ Ecclesiæ, cætera verò quæ majori indigebant discussione ad mentem mei, tanquàm Ponentis dimiserit; adhibitâ diuturnâ diligentiâ declaro, quòd mens est ut retentis cæteris, quæ venerandæ innituntur Antiquitati ac conformia etiam prisco Ecclesiæ Romanæ usui perspexi, cùm nova fiet Editio Breviarii anno 1643 et Missalis anno 1679 impressorum, corrigantur infra scripti loci in hunc qui sequitur modum.

Præterea ut omnis in posterum novitati obstruatur aditus, mens est sic omnes præfatorum Breviarii Missalisque Rubricas ac in eis citata Statuta seu Ordinarium Cartusiense ab omnibus Cartusianis observari debere, ut nec in Majori Ecclesiâ Cartusiæ Romanæ, nec in quibuslibet aliis Ordinis Ecclesiis aut Sacellis ad eos pertinentibus ulli unquàm eorum licitum sit, sine Generalis Capituli consensu, quidquam in Officiis Divinis, maximè verò in Missæ Ritu et celebratione omittere, addere, immutare, vel peragere, contra aut præter præfatas Rubricas, Ordinarium et Statuta; sed id in iis tantummodò Ecclesiis liceat quæ de Ordine Cartusiano non sunt, juxta *num. 16. cap. 32.* dicti Ordinarii, seu primæ partis Statutorum. In quorum omnium fidem, hâc die 9 Novembris 1687.

L. CARD. COLLOREDUS PONENS.

Missale Cartusianum.	*Sic corrigatur.*
Pag.	
184. *Quandò lavat manus:* Ut audiam vocem laudis tuæ.	*Quandò lavat manus:* Ut audiam vocem laudis.
184. In spiritu humilitatis.... et sic fiat sacrificium nostrum ut à te suscipiatur hodiè et placeat tibi Domine Deus.	In spiritu humilitatis.... et sic fiat sacrificium nostrum in conspectu tuo hodiè ut placeat tibi Domine Deus.

Missale Cartusianum.	*Sic corrigatur.*
Pag.	
264. Qui manducat Carnem meam et bibit Sanguinem meum.	Qui manducat meam Carnem et bibit meum sanguinem.
310. *In Festo S. Andreæ.* Corde creditur.	Corde enim creditur.
317. *In Cathedrâ S. Petri, in Epist.* In habitaculum Dei in Spiritu Sancto.	In habitaculum Dei in Spiritu.
334. *In Orat. S. Francisci de Paulâ.* Deus humilium... gloriâ exaltasti.	Deus humilium.... gloriâ sublimasti.
362. *Ad offert. S. Annæ.* Confortamini et jam nolite timere, ecce enim Deus noster retribuens judicium ipse veniet et salvos nos faciet.	Confortamini et nolite timere, ecce Deus vester ultionem adducet retributionis, Deus ipse veniet et salvabit vos.
394. *In Festo S. Dionysii, ad Epist. Resp.* Et regnabit illorum Rex in æternum.	Et regnabit Dominus Rex illorum in perpetuum.
404. *Item in Festo S. Reliquiarum.*	
3. *Item in Communi plurim. Martyrum.*	
399. *Epist.* Justi in perpetuum vivent.... sumet scutum inexpugnabile æquitatem, ibunt directè emissiones, ad certum locum deducet illos Dominus Deus noster.	Justi autem in perpetuum vivent.... sumet scutum inexpugnabile æquitatem. *Hîc terminatur Epistola.*

Missale Cartusianum.	*Sic corrigatur.*
Pag.	
401. *In Epist.* Vidi Angelum ascendentem.	Vidi alterum Angelum ascendentem.
12. *In Communi unius Doctoris.* Euge serve fidelis.	Euge serve bone et fidelis.
79. *In Missâ pro Defunctis. Resp.* Si ambulem.	Si ambulavero.
515. Offerentur.	Afferentur.

L. Colloredus Ponens.

Breviarium Cartusianum.	*Sic corrigatur.*

Tit. Quædam etiam Festa solemniter coli possunt, vel in
de quibusdam Provinciis, vel in peculiaribus domibus
Rub. pro devotione, *si fuerint jam à S. R. Ecclesiâ ap-*
num. *probata*, et si talis consuetudo *in usu erit*, servatâ
4. tamen hujus Breviarii formâ, et si à Capitulo Generali, vel à Reverendo Patre Priore Cartusiæ probata,
rata, et confirmata fuerit, etiam cum Officiis privatis
pariter approbatis.

Pag.	
45. Leva ad eum manus tuas, et miserebitur tui..	Leva ad eum manus tuas pro animâ parvulorum.
116. Empti estis pretio magno.	Empti enim estis pretio magno.
122. Peccata quique impugnatur.	Peccata quibus impugnatur.
141. Tu in nobis es Domine.	Tu autem in nobis es Domine:
148. Comminabitur contumaciis.	Comminabitur contumacibus.
169. *Ad Benedict.* Levate capita vestra quia.	Levate capita vestra quoniam.

Breviarium Cartusianum.	*Sic corrigatur.*
Pag.	
176. *Ad Benedict.* Docebit nos de vitis suis et ibimus in semitis ejus.	Docebit nos vias suas et ambulabimus in semitis ejus.
185. *Antiphona ad Magnif.* Appropinquabit enim regnum cœlorum.	Appropinquavit enim regnum cœlorum.
186. *Ant. ad Benedict.* Ecce mitto Angelum qui præparabit viam tuam ante faciem tuam.	Ecce ego mitto Angelum meum et præparabit viam ante faciem meam.
188. Et projiciet omnia peccata nostra.	Et projiciet in profundum maris omnia peccata nostra.
188. Miserebitur Dominus.	Miserebitur enim Dominus.
195. Adventus Domini appropinquabit.	Adventus Domini appropinquavit.
217. *Respons. lect. 7.* Natum ex Virgine factum sub lege.	Factum ex muliere, factum sub lege.
220. Eamus Bethleem et videamus.	Transeamus usquè Bethleem et videamus.
226. Domine accipe spiritum.	Domine Jesu suscipe spiritum.
229. Et inaltavit eum.	Et exaltavit eum.
232. Sedere autem mecum.	Sedere autem ad dexteram meam vel sinistram.
259. Multifariè.	Multifariàm.
254. *Ad Magnif.* Hi empti sunt ex omnibus.	Hi empti sunt ex hominibus.
280. Salvatorem expectamus Dominum Jesum.	Salvatorem expectamus Dominum nostrum Jesum.
281. In nomine Jesu flectatur omne genu.	In nomine Jesu omne genu flectatur.

22.

Brevarium Cartusianum.	*Sic corrigatur.*
Pag.	
310. *Ant. ad Benedict.* Sic placitum est ante te.	Sic placitum fuit ante te.
524. Tu es meus protector.	Tu es protector meus.
536. Odoratus est Dominus.	Odoratusque est Dominus.
355, 360 et 362. Missus sum ad oves.	Non sum missus nisi ad oves.
361. Bonum mihi quòd humiliasti me.	Bonum mihi quia humiliasti me.
392. Deus meus ne elonges à me.	Deus meus ne elongeris à me.
396. Vos ascendite, etc. ego non ascendam.	Vos ascendite, etc. ego autem non ascendo.
407. *Ant. ad Benedict.* Cùm dilexisset suos in finem dilexit nos.	Cùm dilexisset suos qui erant in mundo, in finem dilexit eos.
414. Cœnantibus autem accepit Jesus panem.	Cœnantibus autem illis accepit Jesus panem.
417. Memento meî Domine Deus cùm veneris in regnum tuum.	Domine memento meî cùm veneris in regnum tuum.
423. Vespere autem sabbati... et alia Maria videre sepulchrum.	Vesperè autem, etc. et altera Maria videre sepulchrum.
454. In me gratia... in me est omnis spes.	In me gratia... in me omnis spes.
484. Ascendit Deus in jubilatione, Dominus in voce tubæ.	Ascendit Deus in jubilo et Dominus in voce tubæ.
485. Illi autem, etc. Deo cooperante et sermonem confirmante.	Illi autem... Domino cooperante et sermonem confirmante.

Breviarium Cartusianum.	*Sic corrigatur.*
Pag,	
505. Si diligeretis me, gauderetis utiquè quia ad Patrem vado.	Si diligeretis me, gauderetis utiquè quia vado ad Patrem.
525. Lavabo, etc. ut offeram sacrificium laudis.	Lavabo... ut audiam vocem laudis.
527. Misit me Pater vivens.	Misit me vivens Pater.
527. Qui manducat carnem meam.	Qui manducat meam carnem.
653. In quâ dixit Jesus.	In quâ dixit ei Jesus.
683. Deus et Pater Domini nostri J. C. scit qui est benedictus in secula quòd non mentior.	Deus et Pater Domini nostri J. C. qui est benedictus in secula, scit quòd non mentior.
708. Honestavit illum in laboribus suis.	Honestavit illum in laboribus.
738. 739. 740. Non remaledicebat.	Non maledicebat.
888. Et cum eo sanctorum millia.	Et cum eo centum quadraginta quatuor millia.
894. Lætamini justi et exultate in Domino.	Lætamini in Domino et exultate justi.
In Communi Sanctorum.	
1. *Ad Magnific. Antiph.* Dùm steteritis... Nolite præmeditari qualiter respondeatis.	Dùm steteritis... Nolite præmeditari quemadmodùm respondeatis.
10. Effugaverunt aciem gladii.	Effugerunt aciem gladii.
13. Et candidas eas facerunt	Et dealbaverunt eas.
49. Fallax est gratia.	Fallax gratia.

L. Card. Colloredus Ponens.

Sacra Rituum Congregatio ad pias preces R. P. D. Joannis Baptistæ Berger, Procuratoris Generalis Ordinis Cartusiensis, inhærendo Decreto aliàs sub die 14 Junii proximè præteriti emanato supra scriptas correctiones Missalis et Breviarii prædicti Ordinis diligenter revisas ab Eminentissimo et Reverendissimo Patre Cardinali COLLOREDO, ejusque totum votum, seu Decretum prout jacet, approbavit ac imprimi posse concessit, die 22 Novembris 1687.

A. CARDINALIS CYBO.

BERNARDUS CASELIUS

Sac. Rit. Congregationis Secret.

Ità reperitur in Registris Decretorum Congregationis Sacr. Rituum.

In cujus fidem, hâc Die 8 Aprilis 1794.

D. COPPOLA S. R. C. S.

Hoc exemplar authenticum tradatur Procuratori Generali Ordinis, ut in Comitiis Generalibus iterùm promulgetur.

L. CARD. ARCHINTUS PRÆF.

Note F.

TABLEAU DES ABRÉVIATIONS QUI SE RENCONTRENT LE PLUS FRÉQUEMMENT DANS NOS LIVRES LITURGIQUES, DANS LES VIEILLES ÉDITIONS DES SS. PÈRES, ET, SURTOUT, DANS LES ANCIENS AUTEURS DE NOTRE ORDRE.

—

~ *Lorsque ce signe, que* | Dñca, æ — *Dominica, cæ.*

⌒ *l'on nomme* un Tilde, *est* | ę — *æ, œ.*

⌇ *placé sur une voyelle, il* | c̃ — *est.*

indique qu'ell est suivie de | eẽ — *esse.*

m *ou* n; *ex:* ã, ẽ, ĩ, õ, ũ | ecclĩa — *ecclesia.*

— *am, an, em, in, etc.* | ẽm — *enim.*

Quelquefois il tient lieu | & cęt, & c̃, & c. — *et cætera.*

à la fois de m *et de* n | g̃nalis, e — *generalis, e.*

dans un même mot; ex : | g̃natim — *generatim.*

aĩo — *animo;* õi — *omni.* | hõ, hoĩes, hoĩm, hoĩbus — *homo, homines, hominum, hominibus.*

Enfin il indique aussi, |

fréquemment, une abrévia- |

tion indéterminée; ex : | hmõi — *hujusmodi.*

q̃ — *qua;* g̃nali — *generali* | . i . — *id est.*

ꝯ *Signifie* us; *ex:* reb⁹ | iã — *jam.*

— *rebus.* | mõ — *modo.*

aĩa, aĩæ, aĩo — *anima, æ, o.* | ms, mns — *manu scriptus, a, um.*

aliq̃n — *aliquandò.* |

Aña — *Antiphona.* | . n ., n. — *namque.*

aũt — *autem.* | nõie — *nomine.*

Bncts — *Benedictus.* | nõiatĩ — *nominatim.*

Chr̃us — *Christus.* | oĩs, oẽ, oẽs, oĩa — *omnis, e, es, ia.*

Dñs, Dñi — *Dominus, i.* |

p — *per.*

p̃ — *præ, pre.*

p, p, p — *pro.*

pctm̃, tĩ, tã — *peccatum, i, a.*

pōt — *potest, potuit, poterit, potuisset.*

q̃ — *qua, quæ.*

q̃, q̃ — *quam.*

q̃dam — *quâdam.*

qñ — *quandò.*

qñm, qm̃ — *quoniam.*

qñtus, ta — *quantus, a.*

q̃re — *quare.*

q̃s — *quas.*

q; , q — *que.*

q, q — *qui.*

qa — *quia.*

qd — *quid.*

qdam — *quidam.*

qs — *quis.*

q̊ — *quo.*

q̊d
qđ
qđ   }— *quod:*
q
Q

q̊dam, q̊sdam — *quodam, quosdam.*

quõ — *quomodò.*

q̊q — *quoque.*

℞. — *Responsorium, Responsum*; placé à la fin d'un mot il signifie **rum**; *ex* : sua℞ — *suarum.*

Res., Rei. — *Respublica, Reipublicæ.*

rõnis, rõnem — *rationis, nem.*

.ſ., ſcil. — *scilicet.*

sctũs, tĩ, tm̃ — *sanctus, i, am, um.*

scđm — *secundùm.*

spūs, spm̃, spũ — *spiritus, um, u.*

ſĩt — *sunt.*

sup — *super.*

t̃ — *ter. ex* : diligent̃ — *diligenter.*

t̃ — *tur. ex* : dicit̃ — *dicitur.*

t̃ — *ter ou tur.*

tm̃, tñ — *tamen.*

tp̃e — *tempore.*

ungẽtum — *unguentum.*

ỹ. — *Versus, Versiculum*; placé au commencement d'un mot il signifie **ver**; *ex* : ỹba — *verba.*

v. g. — *verbi gratiâ.*

vł — *vel.*

Note G.

—

On nomme *Vulgate* la version latine des livres saints qui est en usage dans l'Eglise catholique. Il faut distinguer l'ancienne *Vulgate* dite *Italique* (a) de la *Vulgate Moderne*.

Vulgate Italique. — Elle a été prise sur le Grec des Septante ; elle est d'une si haute antiquité, qu'on n'en connaît ni la date, ni l'auteur ; mais on ne doute point que dès la fin du premier siècle ou au commencement du second, avant même la mort du dernier des Apôtres, ou immédiatement après, cette version latine de la Bible ne fût entre les mains des fidèles qui n'entendaient pas le grec.

On convient que le style n'en est pas élégant ; mais les premiers chrétiens, à l'exemple des Apôtres, faisaient beaucoup plus de cas du sens et des choses, que de la pureté du langage. Cependant lorsque St Jérôme eut retouché deux fois cette version en la comparant au texte hébreu, on adopta bientôt, dans l'Eglise Romaine, ses corrections ; et c'est de cette version ainsi corrigée que nous nous servons encore aujourd'hui pour les psaumes. Lorsque ce Père eut fait, dans la suite, une version latine entièrement nouvelle sur le texte hébreu, il jugea lui-même qu'il fallait continuer à chanter dans l'Eglise la précédente, à laquelle les fidèles étaient accoutumés, quoique pour en avoir l'intelligence il faille souvent recourir au texte original. Plusieurs savants prétendent que dans le Xe et le XIe siècles, la plupart des

(a) On l'a nommée *Italique*, *Itala vetus*, parce qu'elle avait cours principalement en Italie ; et *Vulgate*, c'est-à-dire Version commune.

Eglises de l'Italie et des Gaules avaient adopté, pour le chant des psaumes, la dernière version latine de St Jérôme faite sur le texte hébreu ; quoiqu'il en soit, au XVI⁰ siècle, lors de la réformation du bréviaire par Pie V, ce Souverain Pontife y fit rétablir l'usage du psautier romain. Cependant il n'empêcha point que l'on ne continuât de chanter l'ancienne Italique non corrigée, dans l'Eglise du Vatican et dans quelques autres églises particulières, parce que cet usage n'y avait jamais été interrompu.

Vulgate Moderne. — Après avoir corrigé l'ancienne *Vulgate Italique* en la comparant au texte hébreu, St Jérôme, ainsi qu'on vient de le dire, entreprit une nouvelle traduction latine des livres saints sur le texte hébreu lui même. Mais comme l'opinion générale était que les Septante avaient été inspirés de Dieu, et comme d'ailleurs les différentes Eglises latines étaient accoumées et très-attachées à l'ancienne *Vulgate*, la nouvelle version de St Jérôme, prise sur le texte hébreu, rencontra une très-grande opposition, malgré l'approbation des Souverains Pontifes. C'est alors que pour tâcher de contenter tout le monde, le saint Docteur fit une dernière traduction de l'*ancien testament* sur le texte hébreu, dans laquelle il se rapprocha autant qu'il put des Septante, par conséquent de l'ancienne *Vulgate*. C'est cette dernière version ainsi retouchée qui a été adoptée par toutes les Eglises d'Occident, et nommée pour ce sujet *Vulgate Moderne.* On y a conservé la *prophétie de Baruch*, la *Sagesse*, l'*Ecclésiastique*, les *deux livres des Machabées*, tels qu'ils étaient dans l'ancienne *Vulgate Italique*, et les *psaumes*, d'après les corrections apportées par St Jérôme à cette ancienne *Vulgate*, ainsi qu'il a été dit plus haut. Quant aux livres du *nouveau testament*, ils proviennent des corrections faites par le saint Docteur sur les meilleures leçons grecques, à la sollicitation du Pape Damase.

La *Vulgate Moderne* ainsi composée a été déclarée *authen-*

tique par le Concile de Trente, et éditée par les soins du Pape Clément VIII, en 1592, après avoir été soigneusement corrigée (*a*).

En résumé, pour ce qui concerne en particulier les textes qui accompagnent les chants liturgiques, il ressort de ce qui précède :

1° Que le *psautier* de la *Vulgate Moderne* en usage dans toute l'Eglise, est l'ancien psautier de la *Vulgate Italique* corrigée par St Jérôme ;

2° Que le psaume 94 *Venite exultemus* que l'on chante au commencement de Matines, est tiré de l'ancienne *Vulgate Italique* non corrigée, ce qui explique les différences qui existent entre ce psaume et son correspondant du psautier corrigé que l'on psalmodie à sa place les jours fériaux d'été ; et il a été conservé dans le bréviaire, lors de la réformation de ce dernier par Pie V, parce qu'autrefois ce psaume se chantait toujours, et était considéré comme une espèce d'hymne ;

3° Que toutes les *Antiennes* et les *Répons* du Bréviaire romain et de ceux qui ont été composés sur lui, ainsi que les diverses pièces qui forment le *Graduel*, proviennent pareillement de l'ancienne Vulgate dont le texte fut conservé, de l'avis même de St Jérôme, comme on l'a dit plus haut, pour tout ce qui se chantait dans l'Eglise ; ce qui explique les différences nombreuses que l'on remarque entre le texte de ces diverses parties de l'Office, et les textes correspondants de la *Vulgate Moderne*.

4° Enfin, que tous les fragments de la Bible qui se trouvent dans le *Missel*, proviennent de la même source ; ce qui, pour le dire en passant, est une preuve remarquable que la liturgie romaine remonte aux premiers siècles du Christianisme.

(*a*) Voir pour plus de détails le Dictionnaire Théologique de l'abbé Bergier, d'où cette note a été extraite. (Articles : *Psaumes-Vulgate.*)

EXERCICES. — CHANTS DIVERS.

N° 1.

EXERCICES ÉLÉMENTAIRES DE CHANT.

—

Avant de commencer les exercices élémentaires, l'élève devra connaître les principes contenus dans les articles 1 et 3 du chapitre 1er de la Méthode.

Pendant tout le cours des exercices on insistera particulièrement sur l'observation des règles suivantes :

1° Chanter debout, la poitrine développée et la tête droite ;

2° Produire les sons d'une voix ferme et bien articulée, mais sans crier ; faire les notes bien égales et d'un timbre de voix uniforme ;

3° S'écouter chanter soi-même ;

4° Respirer pleinement mais sans effort, et ménager la respiration, afin d'en prolonger la durée.

Solfier, c'est nommer les notes d'un morceau de chant en donnant à chacune d'elles le son qui lui est propre.

Vocaliser, c'est substituer aux noms des notes une des voyelles *a*, *e*, *i*, etc., de préférence la voyelle *a*, que l'on répète sur chaque note en lui donnant en même temps le son qui lui est propre.

Il est très-utile de passer successivement par ces deux genres d'exercices avant de commencer le chant des paroles ; la vocalisation contribue beaucoup à former la voix et à lui faire produire des sons nets, pleins et justes.

Tous les exercices devront être chantés d'abord lentement, en faisant une pause à chaque barre.

EXERCICES SUR LA GAMME.

Faire remarquer à l'élève la place des demi-tons dans chaque gamme. — Prendre le ton qui convient le mieux à l'élève, en commençant chaque gamme par le ton le plus bas de sa voix. — L'élève ne devra chanter la gamme seul, ou du moins loin du maître, que lorsqu'il sera en état de l'exécuter avec une parfaite justesse, afin de ne pas prendre l'habitude des fausses intonations

Gammes naturelles ou diatoniques.

Gamme d'*UT*.

Gamme de *RÉ*.

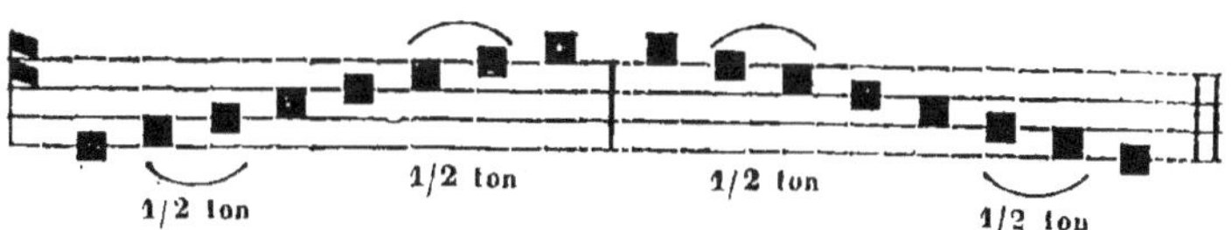

Gamme de *MI*.

Gamme de *FA*.

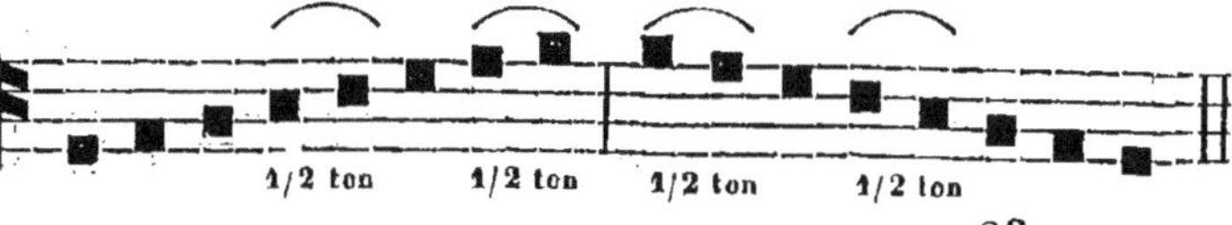

23

EXERCICES SUR LES INTERVALLES PAR DEGRÉS CONJOINTS ET DISJOINTS.

SECONDES.

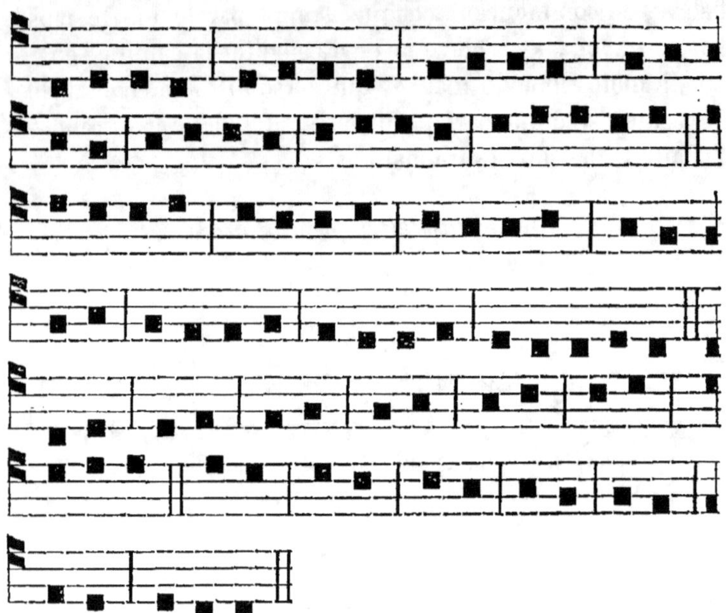

TIERCES.

La tierce est *majeure* ou *mineure* selon qu'elle contient deux tons, comme *UT-mi*, ou seulement un ton et demi, comme *RÉ-fa*. Il est important de bien faire sentir à l'élève la différence des deux tierces. Lorsque, dans les exercices par degrés disjoints, il sera embarrassé pour trouver un intervalle, on lui fera chanter les notes intermédiaires, comme dans les exercices par degrés conjoints.

QUARTES.

Il n'y a d'usitées, dans le plain-chant, que les quartes *justes*, c'est-à-dire qui sont composées de deux tons et demi; on emploie le *si* ♭ pour éviter la quarte majeure ou *triton*, *FA-si*.

QUINTES.

Dans le plain-chant, toutes les quintes sont *justes*, c'est-à-dire composées de trois tons et demi ; on emploie le *si* ♭ pour éviter la fausse quinte *Si-fa*. Toute quinte se compose donc d'une tierce majeure et d'une tierce mineure, dont la disposition varie selon le point de départ.

23.

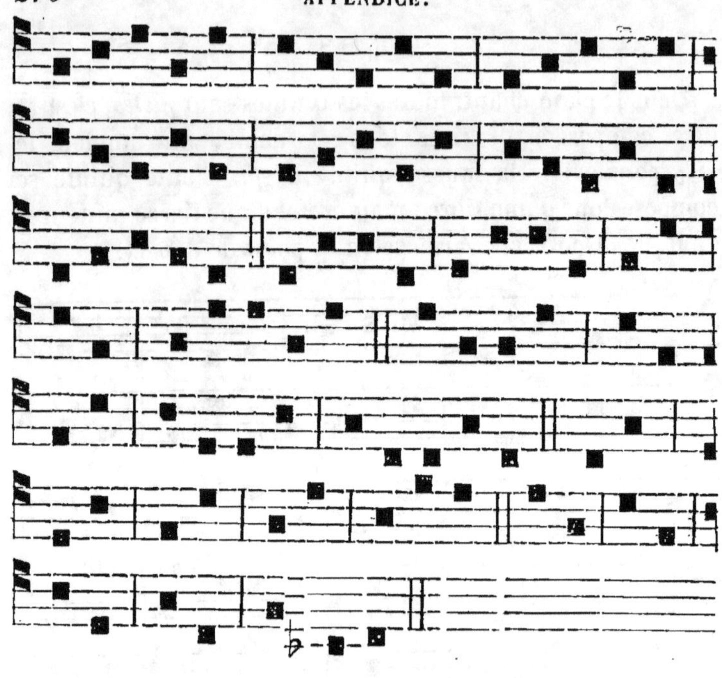

SIXTES.

Cet intervalle est rarement usité dans le plain-chant. La sixte majeure est composée de quatre tons et demi, comme *Ut-la*, et la sixte mineure de trois tons et de deux demi tons, comme *Mi-ut*. Cet exercice et le suivant pourront être omis.

OCTAVES.

Les intervalles de septième et d'octave sont inusités dans le plain-chant; toutefois il est très-utile de savoir rendre les octaves soit pour entonner convenablement, soit pour déchiffrer des morceaux.

EXERCICES GRADUÉS EXTRAITS DE L'ANTIPHONAIRE.

On fera d'abord analyser par l'élève chaque exercice, en lui faisant nommer les divers intervalles qui le composent.

OBSERVATIONS

*Et remarques pratiques propres à faciliter aux commençants
la lecture du plain-chant.*

—

I. Avoir toujours l'œil sur la position de la clef, et s'habituer à lire régulièrement le guidon à la fin de chaque portée, afin de ne pas être surpris par les changements de clefs qui, très-fréquemment, ont lieu au commencement de la portée et ne frappent nullement la vue.

II. Retenir le nom et la situation respective des notes qui se trouvent placées sur les quatre lignes de la portée, avec les diverses clefs; et se les rappeler au moment de chanter. Ce procédé est surtout très-utile quand on chante avec les clefs les moins usitées.

III. La clef d'*ut* 1re ligne et la clef de *fa* 3e ligne donnant la même position des notes sur la portée, on peut les prendre l'une pour l'autre, selon qu'elles offrent plus de facilité pour la lecture. En Italie on se sert de la clef de *fa* 3e ligne, tandis qu'en France on emploie plutôt la clef d'*ut* 1re ligne.

IV. Les notes situées au-dessus des clefs occupent, par rapport aux lignes de la portée, une position inverse à celle des mêmes notes situées au-dessous des clefs. Ainsi, le *fa* grave est, à toutes les clefs, placé sur une ligne, tandis que le *fa* supérieur occupe un interligne ; l'*ut* grave est placé sur un interligne, tandis que son octave est sur une ligne ; etc.

V. Les deux notes extrêmes d'une *quinte* occupent toujours, par rapport aux lignes de la portée, une position analogue ; c'est-à-dire que si la première est sur une ligne ou sur un interligne, la seconde se trouve également sur une ligne ou sur un interligne ; remarque qui permet de distinguer facilement cet intervalle. Et si l'on se rappelle que toute quinte est composée de deux tierces successives, on aura un moyen également facile de trouver cet intervalle en produisant la tierce intermédiaire.

VI. S'écouter chanter, c'est-à-dire conserver dans l'oreille le son des notes principales que l'on vient de chanter, de manière à s'en servir comme points de repère pour chanter juste les notes de même degré qui suivent ; c'est surtout le son de la dominante que l'on doit s'attacher à retenir. Cette méthode a, de plus, l'avantage de donner de l'assurance dans le chant.

Exemple :

Si l'on a retenu le son de l'*ut* N° 1, on donnera sans hésitation l'*ut* N° 3; de même, le son du *sol* N° 2 guidera pour tomber juste sur le *sol* N° 4; etc.

VII. Le moyen de déchiffrer facilement un morceau, est de former d'abord avec la voix, en partant de la note finale, ce qu'on nomme un *accord parfait*, lequel donne immédiatement la *tierce*, la *quinte*, l'*octave*, la *quarte* inférieure, et médiatement les autres intervalles.

L'accord est *majeur* ou *mineur* selon qu'il commence par une tierce majeure ou mineure.

N° 2.

CHANT DU *GLORIA PATRI* DES RÉPONS.

Après les exercices précédents on fera chanter avec beaucoup de soin à l'élève le *Gloria Patri* dans tous les Tons, en commençant par le solfier et le vocaliser, et en appliquant ensuite les paroles. Quand l'élève possèdera bien cet exercice, le chant du *Verset* des *Répons* ne lui offrira aucune difficulté. Il est à désirer que les Novices apprennent par cœur tous les *Gloria Patri*; outre la facilité qu'ils en retireront pour chanter, cette connaissance leur permettra de distinguer promptement tous les Tons.

Gloria Patri des grands Répons.

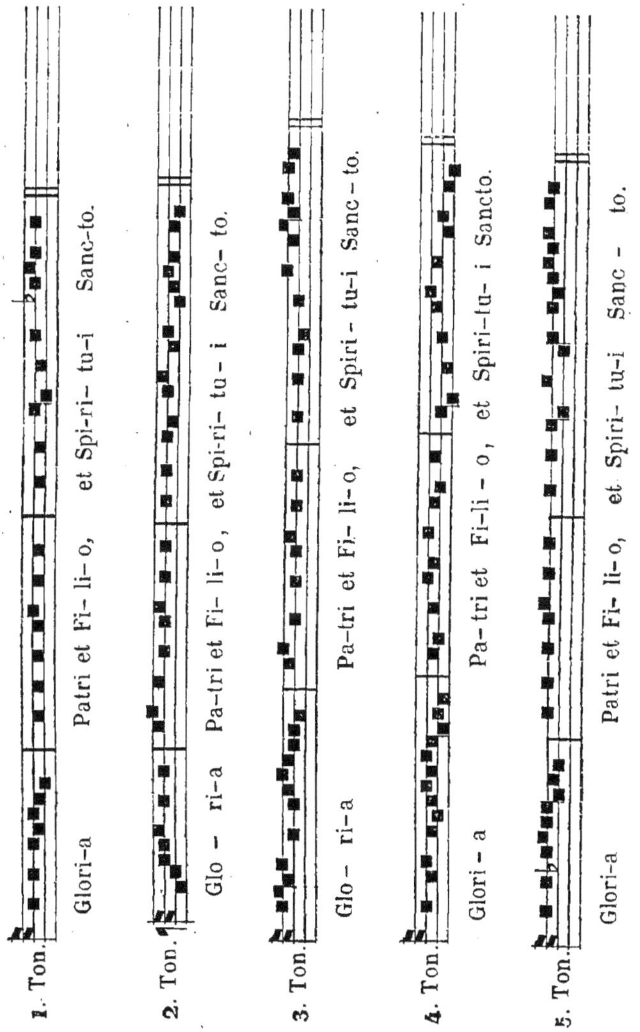

1. Ton. Gloria Patri et Fi-li-o, et Spi-ri-tu-i Sanc-to.

2. Ton. Glo-ri-a Pa-tri et Fi-li-o, et Spi-ri-tu-i Sanc-to.

3. Ton. Glo-ri-a Pa-tri et Fi-li-o, et Spiri-tu-i Sanc-to.

4. Ton. Glori-a Pa-tri et Fi-li-o, et Spiri-tu-i Sancto.

5. Ton. Glori-a Patri et Fi-li-o, et Spiri-tu-i Sanc-to.

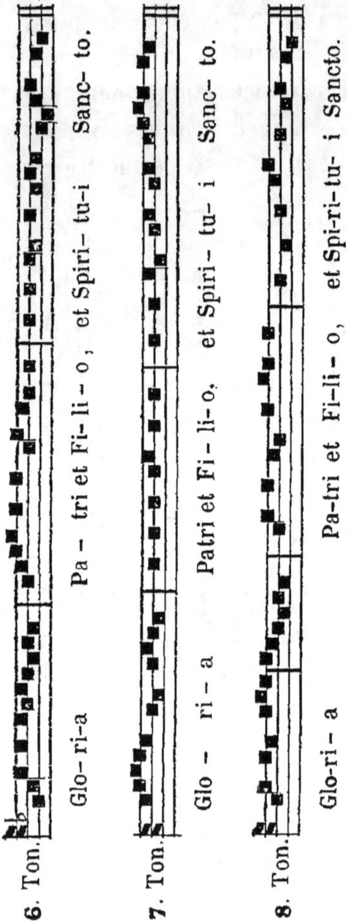

Gloria Patri des petits Répons.

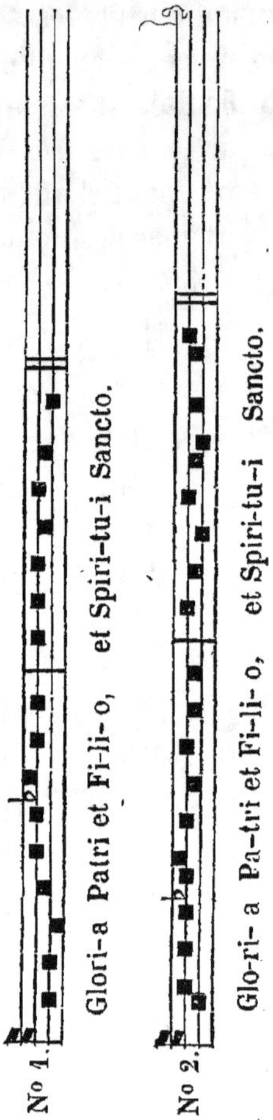

No 3.

CHANT DE LA PRÉFACE. — INTONATIONS DIVERSES DE L'OFFICIANT.

Intonations diverses.

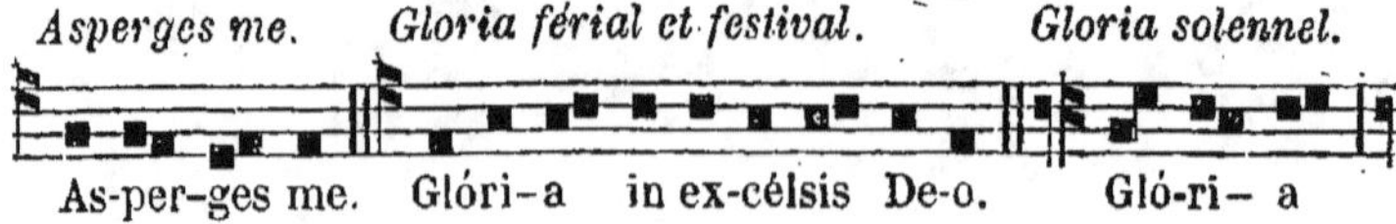

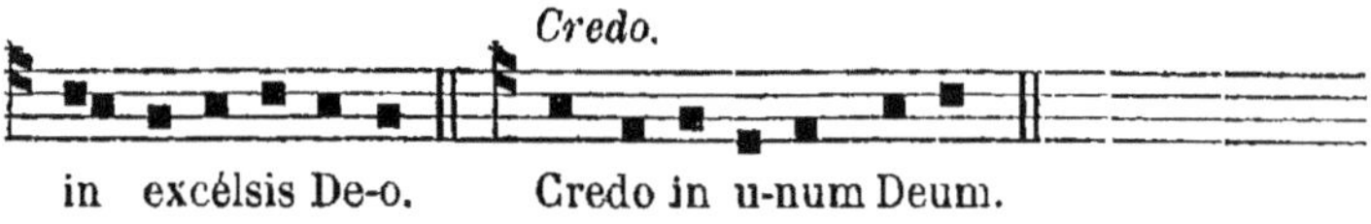

Credo.

in excélsis De-o. Credo in u-num Deum.

Préface de la T. Ste Trinité.

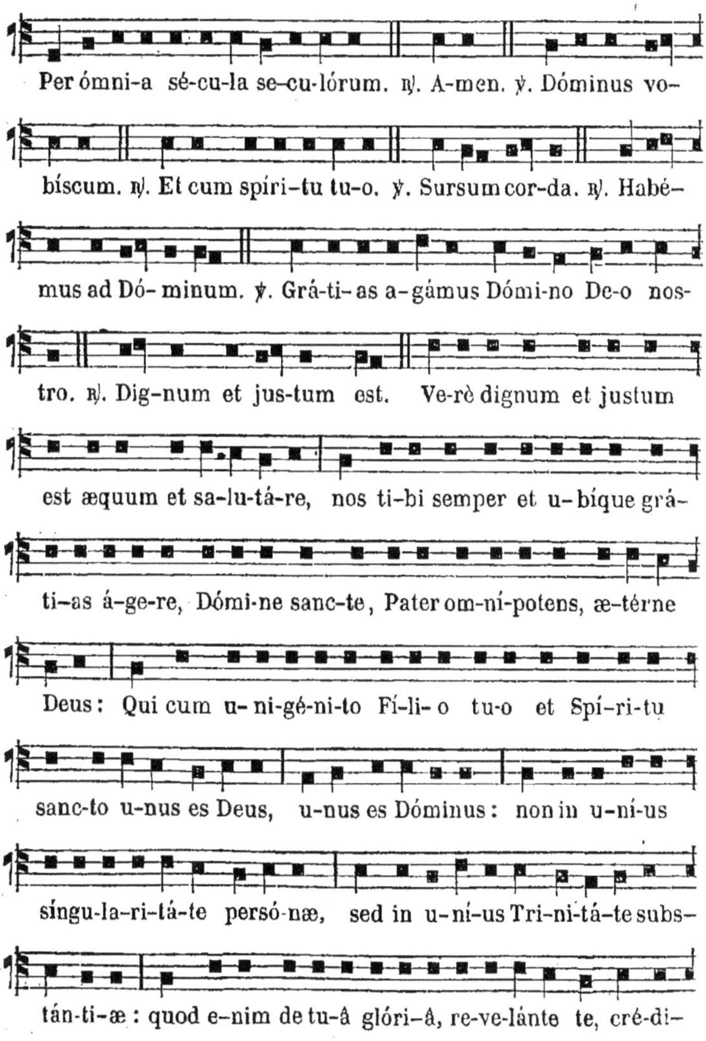

Per ómni-a sé-cu-la se-cu-lórum. ℟. A-men. ℣. Dóminus vo-

bíscum. ℟. Et cum spíri-tu tu-o. ℣. Sursum cor-da. ℟. Habé-

mus ad Dó-minum. ℣. Grá-ti-as a-gámus Dómi-no De-o nos-

tro. ℟. Dig-num et jus-tum est. Ve-rè dignum et justum

est æquum et sa-lu-tá-re, nos ti-bi semper et u-bíque grá-

ti-as á-ge-re, Dómi-ne sanc-te, Pater om-ní-potens, æ-térne

Deus: Qui cum u-ni-gé-ni-to Fí-li-o tu-o et Spí-ri-tu

sanc-to u-nus es Deus, u-nus es Dóminus: non in u-ní-us

síngu-la-ri-tá-te persó-næ, sed in u-ní-us Tri-ni-tá-te subs-

tán-ti-æ: quod e-nim de tu-â glóri-â, re-ve-lánte te, cré-di-

Nota : Dans le chant de la **Préface** et du **Pater** on a employé les notes à queue, bien qu'elles n'existent pas dans le Missel, afin d'indiquer les passages sur lesquels il faut appuyer un peu plus, conformément à l'usage, ces chants étant du même genre que celui des leçons.

N° 4.

CHANT DU PATER.

N° 5.

CHANT DES LITANIES DES SAINTS.

24.

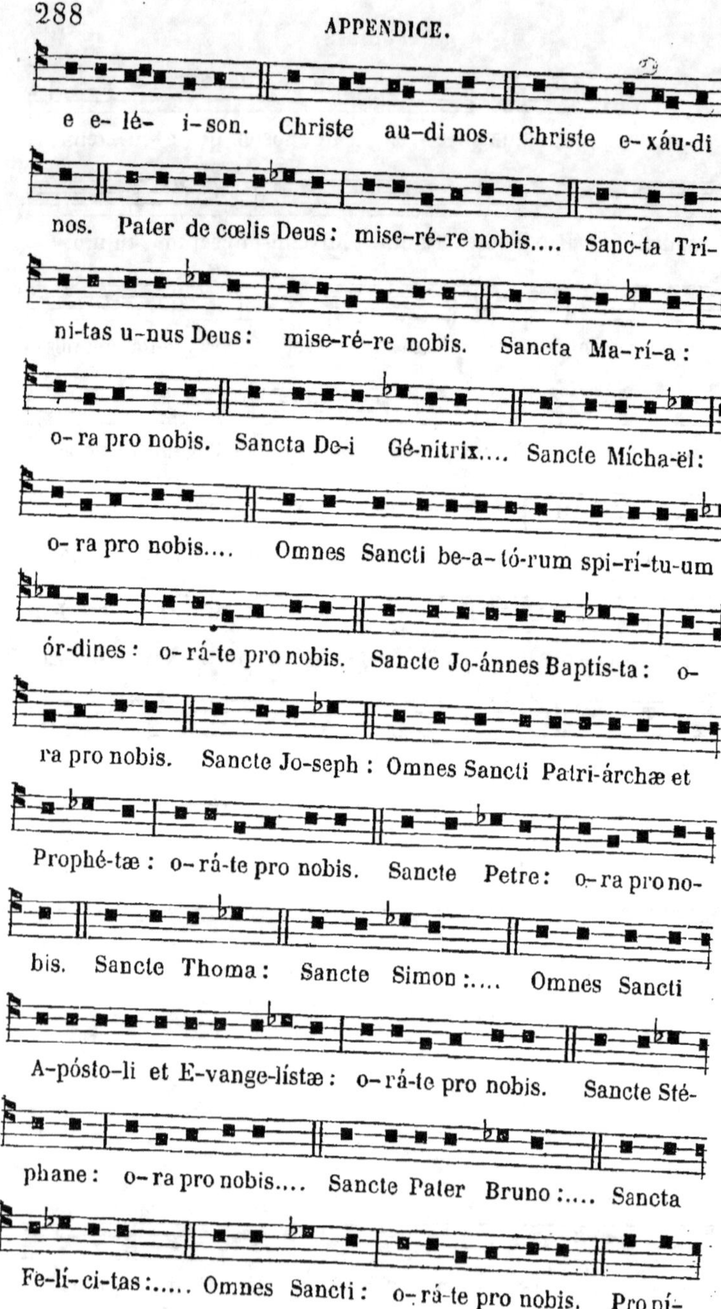
e e- lé- i-son. Christe au-di nos. Christe e-xáu-di
nos. Pater de cœlis Deus: mise-ré-re nobis.... Sanc-ta Trí-
ni-tas u-nus Deus: mise-ré-re nobis. Sancta Ma-rí-a:
o- ra pro nobis. Sancta De-i Gé-nítrix.... Sancte Mícha-ël:
o- ra pro nobis.... Omnes Sancti be-a-tó-rum spi-rí-tu-um
ór-dines: o- rá-te pro nobis. Sancte Jo-ánnes Baptís-ta: o-
ra pro nobis. Sancte Jo-seph: Omnes Sancti Patri-árchæ et
Prophé-tæ: o- rá-te pro nobis. Sancte Petre: o- ra pro nobis. Sancte Thoma: Sancte Simon:.... Omnes Sancti
A-pósto-li et E-vange-lístæ: o- rá-te pro nobis. Sancte Sté-
phane: o- ra pro nobis.... Sancte Pater Bruno:.... Sancta
Fe-lí-ci-tas:..... Omnes Sancti: o- rá-te pro nobis. Pro pí-

ti-us es-to: parce nobis Dómi-ne. Propí-ti-us es-to: lí-be-

ra nos Dómine. Ab in-sí-di-is di-á-bo-li: lí-be-ra nos Dómi-

ne.... Per na-ti-vi-tá-tem tu-am :.... Per advéntum Spiri-

tûs pa-ra-cléti: lí-be-ra nos Dómine. Pecca-tó-res: te ro-

gámus audi nos. Ut pacem et concórdi-am nobis dones:

te ro-gámus au-di nos.... Ut nos e-xaudí-re digné-ris: Fi-li

De-i: te ro-gámus audi nos. A-gnus De- i qui tollis

peccá-ta mundi: parce nobis Dómine. A-gnus De- i qui tol-

lis peccá-ta mundi: lí-be-ra nos Dómine. A-gnus De- i qui

tol-lis peccá-ta mundi: do-na nobis pa- cem.

Nº 6.

EXERCICES SUR LE CHANT DES LEÇONS.

Avant chaque exercice, les commençants chanteront par
cœur le résumé suivant des points des leçons, soit en appliquant les paroles qui y figurent, soit en désignant les notes

par leur nom. On pourra composer un résumé semblable
pour les points de l'Epître et de l'Evangile.

Tableau résumé des points des Leçons.

1º *Point Circonflexe.*

Sic fit circum-fléxum ⁊ Sic brevis pe-núlti-ma ⁊

2º *Point Élevé.*

Sic fit e-le-vátum : Sic brevis penúlti-ma : Hebræum ut Ja-cob :
Mono-syl-labum sic :

3º *Point d'Interrogation.*

Sic fit in-térrogans ? Sic penúlti-ma longa ? Hebræum ut Da-vid ?
Mono-syl-labum sic ?

4º *Point Final.*

Sic fit fi-nále. Sic brevis penúlti-ma. Hebræum ut A-braham.
Mo-no-syllabum sic .

5º *Conclusion des leçons de l'Agende.*

Sic terminántur lecti-ó-nes A-géndæ. Hebræum ut Moy- sés.
Mo-no- syllabum sic.

Leçon ordinaire à Matines.

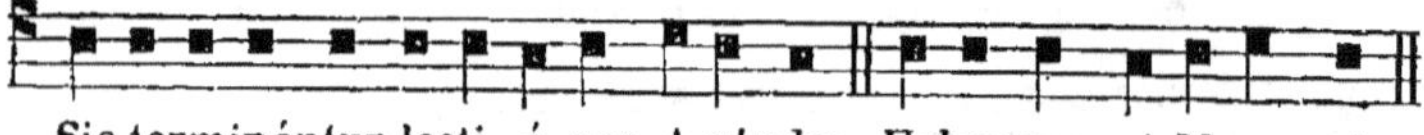

Ju-be Domne be-ne-dí-ce-re. De se-de Majestá-tis be-ne-dí-cat

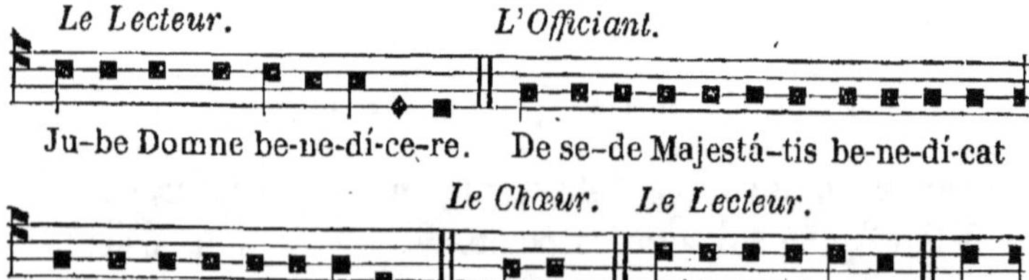

nos déxte-ra De-i Patris ⁊ ℟. A-men. In-ci-pit li-ber Job. Vir

e-rat in terrâ Hus, nómi-ne Job : et e-rat vir il-le simplex, et
rectus, ac ti-mens Deum, et re-cédens à malo.   Natíque sunt
e- i septem fí-li- i :   et tres fí- li- æ.   Et fu-it posséssi- o
e-jus, septem mílli- a ó- vi-um, et tri-a mílli- a ca-melórum 7
quingénta quoque ju-ga boüm :   et quingéntæ à-si-næ 7   ac
fa-mí-li- a multa nimis : e-rátque vir il-le magnus in-ter omnes O-ri-en-tá-les.... Quâdam autem di-e, cùm veníssent fí-
li- i De-i 7 ut as-síste-rent coràm Dómino : áf-fu-it in-ter
e-os é- ti-am Satan.   Cu-i di-xit Dóminus 7 undè venis ?
Qui respóndens, a-it 7 circu-í- vi terram : et per-ambulá-vi
e-am.   Dixit que Dóminus ad e-um. Numquid consi-de-râs-
ti servum meum Job, quòd non sit e- i sí-milis in terrâ 7

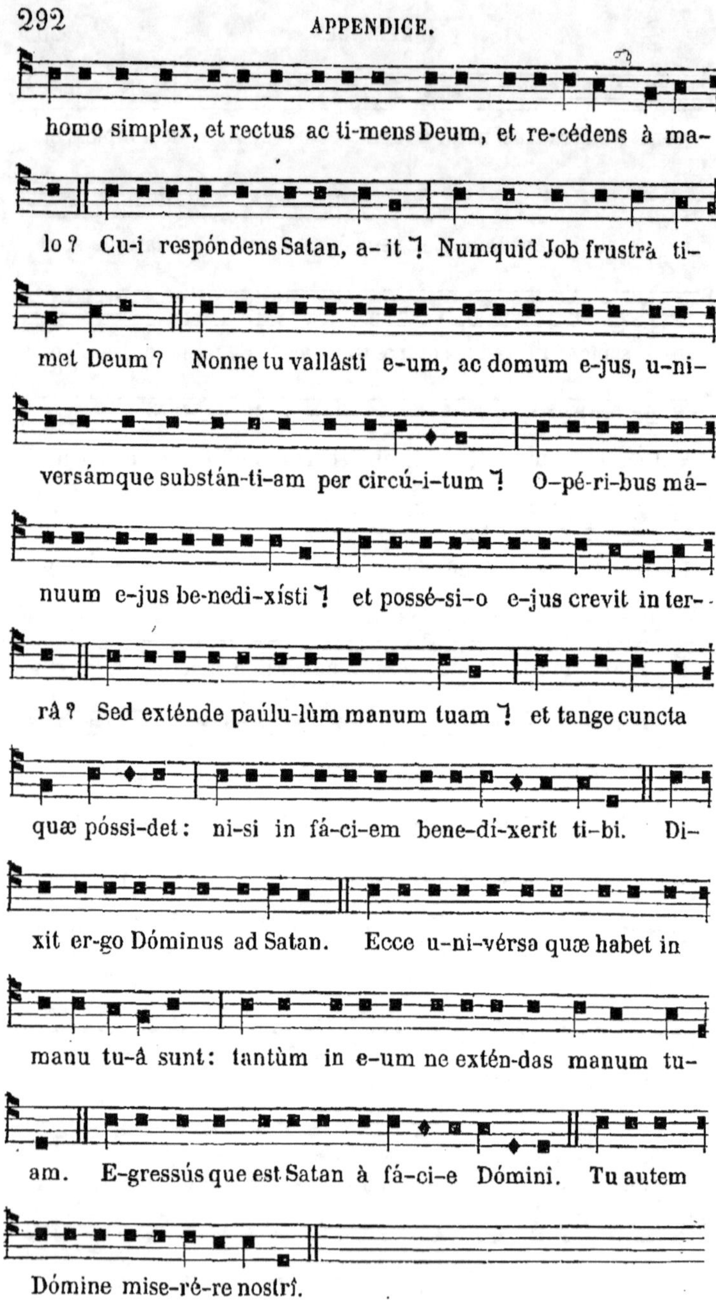
homo simplex, et rectus ac ti-mens Deum, et re-cédens à ma-
lo ? Cu-i respóndens Satan, a- it ? Numquid Job frustrà ti-
met Deum ? Nonne tu vallásti e-um, ac domum e-jus, u-ni-
versámque substán-ti-am per circú-i-tum ? O-pé-ri-bus má-
nuum e-jus be-nedi-xísti ? et possé-si-o e-jus crevit in ter-
rà ? Sed exténde paúlu-lùm manum tuam ? et tange cuncta
quæ póssi-det : ni-si in fá-ci-em bene-dí-xerit ti-bi. Di-
xit er-go Dóminus ad Satan. Ecce u-ni-vérsa quæ habet in
manu tu-â sunt : tantùm in e-um ne extén-das manum tuam. E-gressús que est Satan à fá-ci-e Dómini. Tu autem
Dómine mise-ré-re nostrí.

Leçon de l'Office des Morts.

Martyrologe.

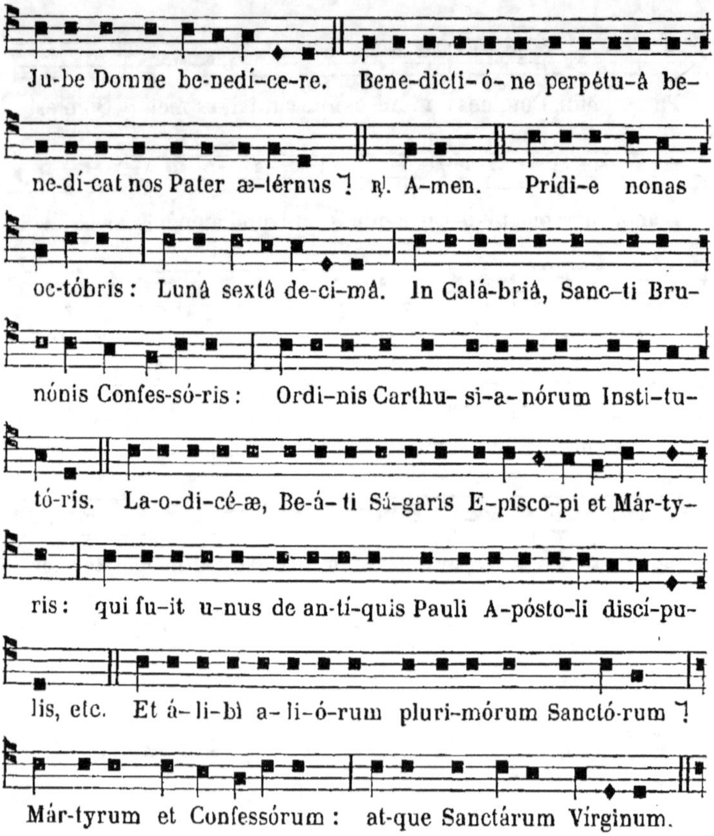

Ju-be Domne be-nedí-ce-re. Bene-dicti- ó- ne perpétu-â be-

ne-dí-cat nos Pater æ-térnus ℣. ℟. A-men. Prídi-e nonas

oc-tóbris : Lunâ sexlâ de-ci-mâ. In Calá-briâ, Sanc—ti Bru-

nónis Confes-só-ris :   Ordi-nis Carthu- si-a- nórum Insti-tu-

tó-ris.   La-o-di-cé-æ, Be-á- ti Sá-garis E-písco-pi et Már-ty-

ris :   qui fu-it u—nus de an-tí-quis Pauli A-pósto-li disci-pu-

lis, etc.   Et á-li-bî a-li-ó-rum pluri-mórum Sanctó-rum ℣.

Már-tyrum et Confessórum :   at-que Sanctárum Vírginum.

Le Jeudi Saint.

....et Confessórum :   at-que Sanclá-rum Vírginum.

Épîtres de St Paùl. (Au Chapitre.)

Ex E-písto-lâ Be-á- ti Pau-li A-pósto-li :   ad Corínthios pri-

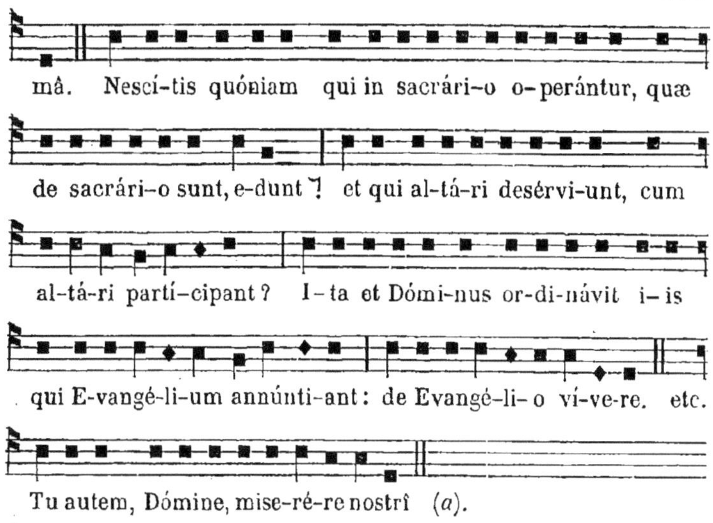

N° 7.

LEÇON NON NOTÉE. — EXERCICE SUR LES DIFFICULTÉS.

Rex David et Vidua.

Salvus sis, ô Rex. — Quænam es tu ? — Ego sum misera vidua. — Quid vis ? Quid à me petis ? Quid à me póstulas ? Quid vis ut fáciat tibi David ? Dic. — Unum. Justítiam. Misericórdiam. — Cur ? Quare ? Quamóbrem ? Quam ob causam ? Lóquere. — Audi me, ô Rex : et narrábo tibi ómnia. Irruérunt hostes in Anatoth : et occidérunt fílium meum Joseph. Domum meam incendérunt 7 abduxérunt ómnia : arménta 7 pécora : oves 7 boves : fámulos 7 ancillas : asinásque 7 et camélos : meque solam reliquérunt. — Bono

(a) Voir en outre les exemples et exercices donnés à la fin du Missel, Edit. 1771, tant pour le chant des Leçons, que pour celui de l'Epître et de l'Evangile.

ánimo esto ʔ sede hic: interfíciam impios. Omnia recípiam: et reddam tibi.

(*Conclusions des leçons de l'Agende et des autres leçons en certains temps.*) Meum erit Dóminus omnípotens. Dicit rex David. Dicit David rex. Dicit rex.

Nᵒ 8.

EXERCICE SUR LE CHANT DE L'ÉPÎTRE.

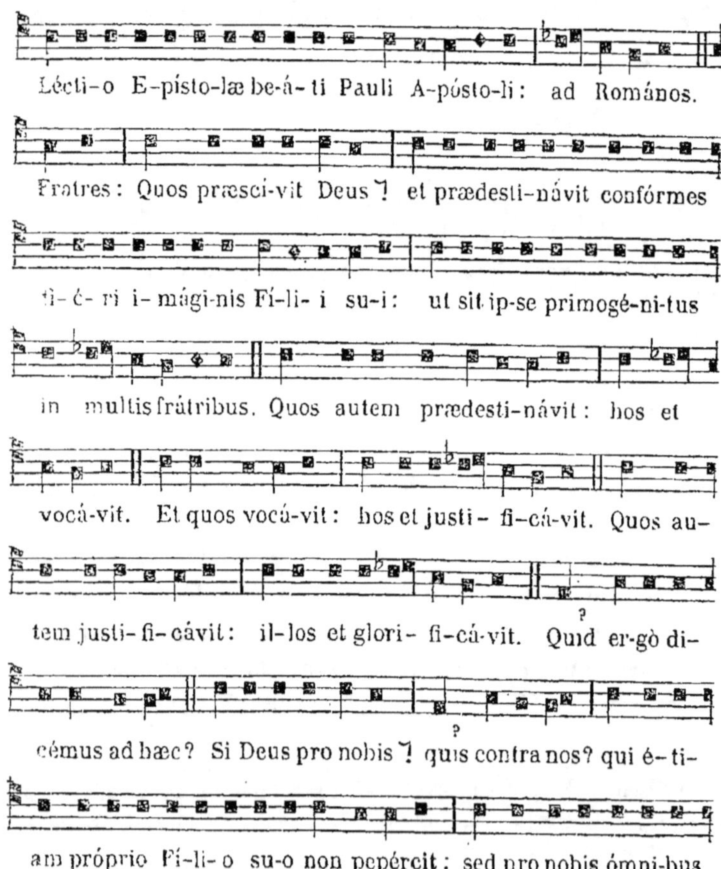

trá-di-dit il-lum. Quomo-dò non é-ti-am cum il-lo óm-ni-a
no-bis do-návit? Quis ac-cu-sábit advérsus e-léctos De-i?
Deus qui justí-fi-cat? quis est qui condém-net? Christus
Jesus qui mórtu-us est, i-mò qui et re-sur-réxit? qui est ad
déxteram De-i: qui é-ti-am in-terpél-lat pro no-bis. Quis
er-gò nos se-pa-rábit à chari-tá-te Chris-ti? Tribulá-ti-o?
an angústi-a? an fames? an núdi-tas? an pe-rí-culum? an
perse-cú-ti-o? an gládi-us? Si-cut scriptum est. Quia propter
te morti-fi-cámur to-tá di-e: æsti-má-ti sumus si-cut o-ves
oc-ci-si-ó-nis. Sed in his ómni-bus su-pe-rámus: propter e-um
qui di-lé-xit nos. Certus sum e-nim: quia neque mors, neque vi-ta? neque Ange-li? neque Princi-pátus? neque

Nº 9.

EXERCICE SUR LE CHANT DE L'ÉVANGILE.

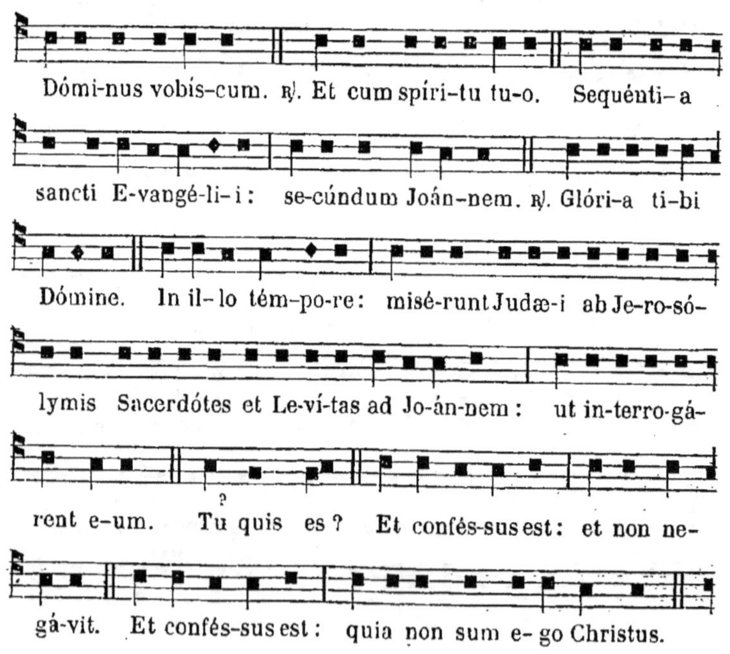

Et in-terro-gavérunt e-um. Quid er-gò? E-lí-as es tu?
Et di-xit. Non sum. Prophé-ta es tu? Et respóndit. Non.
Di-xérunt er-gò e- i. Quis es, ut respón-sum demus his qui
mi-sérunt nos? Quid di-cis de te ip-so? A-it. E-go vox cla-
mántis in desérto? di-rí-gi-te vi-am Dómini: si-cut di-xit
I- sa-í- as Prophéta. Et qui mis-si fú-e-rant: e-rant ex
Phari-sæis. Et in-terro-ga-vérunt e-um: et di-xérunt e- i.
Quid er-gò bapti-zas si tu non es Christus, neque E-li-as, neque Prophéta? Respóndit e- is Jo-ánnes, dicens. E-go bap-
ti-zo in a-quá? médi-us autem vestrûm stetit: quem vos nes-
cí-tis. Ip-se est qui post me ven-tú-rus est: qui an-te me fac-

25.

Nᵒ 10.

INTONATIONS DES ANTIENNES ET DES PSAUMES DE LAUDES DU COMMUN DES SAINTS.

Commun des Apôtres.

Commun de plusieurs Martyrs.

Commun d'un Martyr.

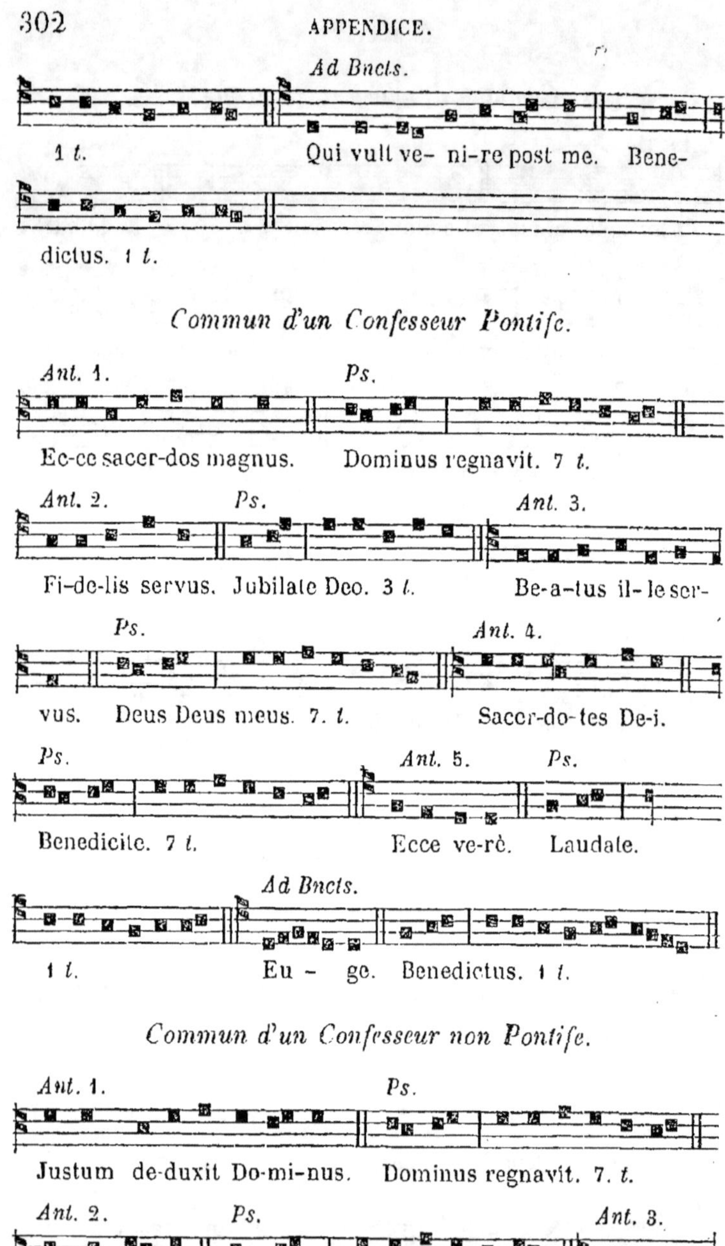

Commun d'un Confesseur Pontife.

Commun d'un Confesseur non Pontife.

Commun d'une Vierge.

Commun des non Vierges.

Commun de la T. Ste Vierge Marie.

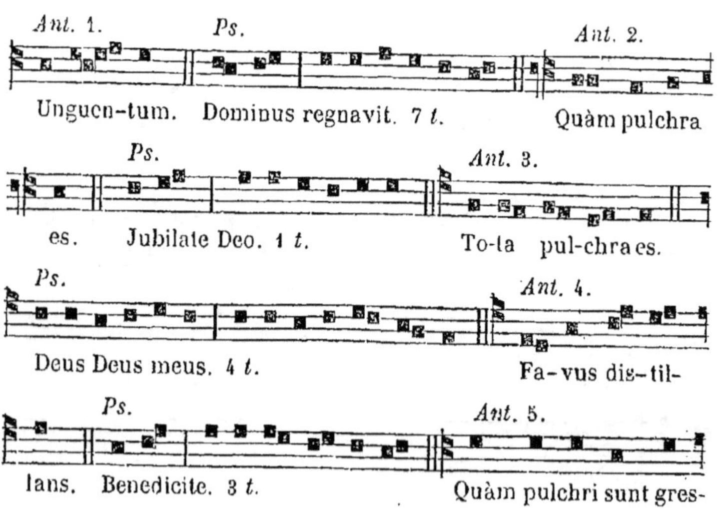

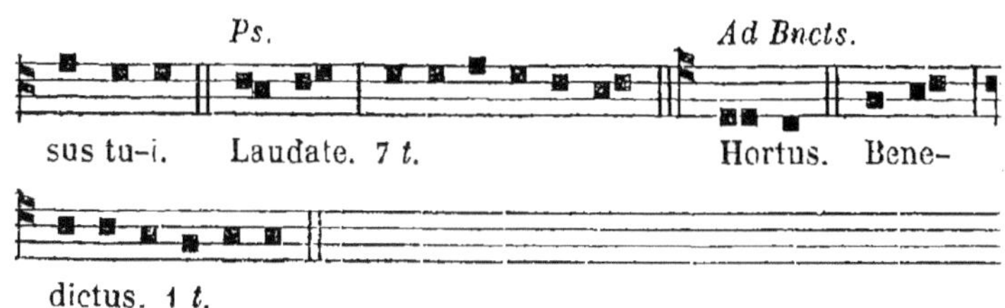

N° 11.

ANTIENNES DU *BENEDICTUS* DES TROIS DERNIERS JOURS DE LA SEMAINE SAINTE.

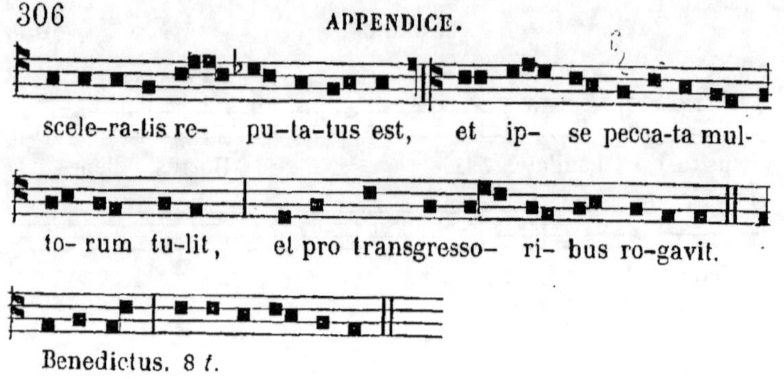

Nº 12.

ANTIENNE A LA TRÈS-SAINTE VIERGE.

Nº 13.

AUTRE ANTIENNE A LA TRÈS-SAINTE VIERGE (*Temps Pascal.*)

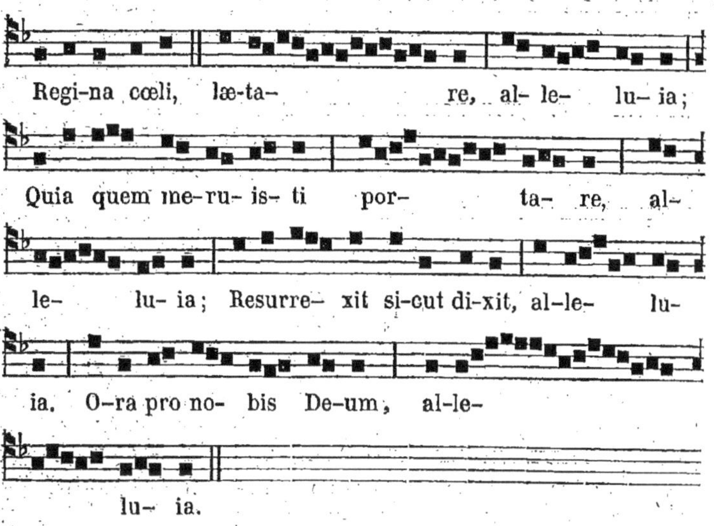

Nº 14.

ANTIENNE A NOTRE PÈRE SAINT BRUNO (*a*).

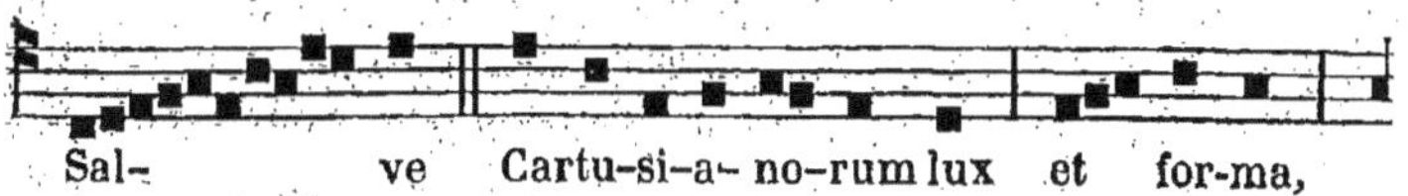

(*a*) Suivant un vieil imprimé récemment retrouvé à la Grande Chartreuse.

N° 15.

AUTRE ANTIENNE A NOTRE PÈRE SAINT BRUNO (a).

(a) Cette belle Antienne peu connue aujourd'hui parmi nous, et que l'on reproduit d'après une vieille feuille manuscrite existant à la Grande Chartreuse, paraît être très-ancienne dans l'Ordre ; son texte est tiré de l'éloge funèbre de N. P. S. Bruno que NN. PP. de Calabre joignirent à la lettre circulaire qu'ils écrivirent pour annoncer sa mort. Le P. de Tracy, dans sa vie de notre saint Fondateur, rapporte une anecdote assez curieuse à l'occasion du chant de cette Antienne qui eut lieu à la Chartreuse de Paris en 1736. (Voir cette vie à l'art. du Général D. Michel de Larnage, page 302 et suiv.)

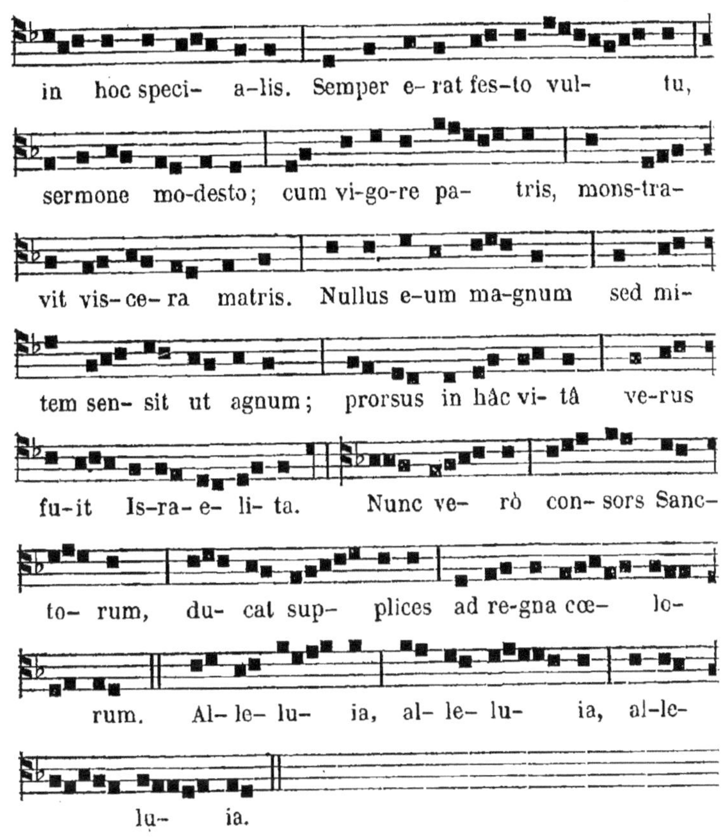

<h1 style="text-align:center">N° 16.</h1>

<h3 style="text-align:center">PSAUME COMPOSÉ POUR LES EXERCICES.</h3>

1. Beátus vir qui non ábiit in consílio impiórum : et in viâ peccatórum non stetit : et in cáthedra pestiléntiæ non sedit.

2. Non sic ímpii, non sic : sed tanquàm pulvis, quem prójicit ventus à fácie terræ.

3. Dóminus dixit ad me, Fílius meus es tu : ego hódie génui te.

4. Reges eos in virgâ férreâ : et tanquàm vas fíguli confringes eos.

5. Dómine, ne in furóre tuo árguas me: neque in irâ tuâ corrípias me.

6. Et ánima mea turbáta est valdè: sed tu, Dómine, úsquequò?

7. Et propter hanc in altum regrédere: Dóminus júdicat pópulos.

8. Júdica me, Dómine, secúndùm justítiam meam: et secúndùm innocéntiam meam super me.

9. Psállite Dómino qui hábitat in Sion: annunciáte inter gentes stúdia ejus.

10. Dóminus regnábit in ætérnum et in séculum séculi: períbitis gentes de terrâ illíus.

11. Qui dixérunt, Linguam nostram magnificábimus: lábia nostra à nobis sunt: quis noster Dóminus est?

12. Usquequò, Dómine, obliviscéris me in finem? úsquequò avértis fáciem tuam à me?

13. Usquequò exaltábitur inimícus meus super me? réspice et exáudi me, Dómine Deus meus.

14. Quorum os maledictióne et amaritúdine plenum est: velóces pedes éorum ad effudéndum sánguinem.

15. Quóniam Dóminus in generatióne justâ est: consílium ínopis confudístis: quóniam Dóminus spes ejus est.

16. Quis dabit ex Sion salutáre Israel? cùm avérterit Dóminus captivitátem plebis suæ, exultábit Jacob et lætábitur Israel.

17. Ad níhilum dedúctus est in conspéctu ejus malígnus: timéntes autem Dóminum gloríficat.

18. Qui facit hæc: non movébitur in ætérnum.

19. Sub umbrâ alárum tuárum prótege me: à fácie impiórum qui me afflixérunt.

20. Clamavérunt, nec erat qui salvos fáceret: ad Dóminum: nec exaudívit eos.

21. Et ab insurgéntibus in me exaltábis me : à viro iní-
quo erípies me.

22. Exáudiat te Dóminus in die tribulatiónis : prótegat te
nomen Dei Jacob.

23. Dómine, in virtúte tuâ lætábitur rex : et super salutáre tuum exultábit veheménter.

24. Quóniam rex sperat in Dómino : et in misericórdiâ
Altíssimi non commovébitur.

25. Tu autem in sancto hábitas : laus Israel.

26. De ventre matris meæ Deus meus es tu : ne discés-
seris à me.

27. Quóniam tribulátio próxima est : quóniam non est
qui ádjuvet.

28. Erue à frámeâ, Deus, ánimam meam : et de manu
canis únicam meam.

29. Delícta juventútis meæ et ignorántias meas : ne me-
míneris.

30. Tribulatiónes cordis mei multiplicátæ sunt : de ne-
cessitátibus meis érue me.

31. Dóminus illuminátio mea et salus mea : quem timébo ?

32. Expécta Dóminum, viríliter age : et confortétur cor
tuum, et sústine Dóminum.

33. Et commínuet eas tanquàm vítulum Líbani : et diléc-
tus quemádmodum fílius unicórnium.

34. Dómine Deus meus clamávi ad te : et sanásti me.

35. Dómine : in voluntáte tuâ præstitísti decóri meo
virtútem.

36. Odisti observántes vanitátes : supervácuè.

37. Dissipátæ sunt viæ : cessávit tránsiens per sémitam :
irritum factum est pactum : projécit civitátes, non reputávit
hómines.

38. Dicat nunc domus Aaron : quóniam in séculum misericórdia ejus.

26.

39. Deus Deus meus : ad te de luce vígilo.

40. Benedícite, sacerdótes Dómini, Dómino : benedícite, servi Dómini, Dómino.

41. Quia ipse dixit et facta sunt : ipse mandávit et creáta sunt.

42. Veníte fílii, audíte me : timórem Dómini docébo vos.

43. Benedíctus Dóminus Deus Israel à século et usquè in séculum : fiat, fiat.

44. Virum sánguinum et dolósum abominábitur Dóminus : ego autem in multitúdine misericórdiæ tuæ.

45. Exúlta et lauda, habitátio Sion : quia magnus in médio tuî Sanctus Israel.

46. Dóminus virtútum nobíscum : suscéptor noster Deus Jacob.

47. Príncipes populórum congregáti sunt cum Deo Abraham : quóniam dii fortes terræ veheménter eleváti sunt.

48. Alienáti sunt peccatóres à vulvâ : erravérunt ab útero : locúti sunt falsa.

49. Fortitúdinem meam ad te custódiam : quia Deus suscéptor meus es : Deus meus, misericórdia ejus prævéniet me.

50. Ego dixi : In dimídio diérum meórum vadam ad portas ínferi.

51. Deus locútus est in sancto suo : lætábor et partíbor Síchimam : et convállem tabernaculórum metíbor.

52. Meus est Gálaad et meus est Manásses : et Ephraim fortitúdo cápitis mei.

53. Quóniam Deus salvam fáciet Sion : et ædificabúntur civitátes Juda.

54. Inclína ad me aurem tuam : et salva me.

55. Rénuit consolári ánima mea : memor fui Dei, et delectátus sum : et exercitátus sum, et defécit spíritus meus.

56. Numquid in ætérnum projíciet Deus : aut non appónet ut complacítior sit adhùc ?

57. In ómnibus his peccavérunt adhùc : et non credidérunt in mirabílibus ejus.

58. Sed elégit tribum Juda : montem Sion quem diléxit.

59. Et cibávit eos ex ádipe fruménti : et de petrâ melle saturávit eos.

60. Moab et Agaréni, Gebal et Ammon et Amalec : alienígenæ cum habitántibus Tyrum.

61. Fac illis sicut Mádian et Sísaræ : sicut Jabin in torrénte Cisson.

62. Convértere, Dómine, úsquequò : et deprecábilis esto super servos tuos.

63. Custódi ánimam meam quóniam sanctus sum : salvum fac servum tuum, Deus meus, sperántem in te.

64. Ecce alienígenæ et Tyrus et pópulus Æíiopum : hi fuérunt illìc.

65. Dóminus regnávit, decórem indútus est : indútus est Dóminus fortitúdinem, et præcínxit se.

66. Dómine, audívi auditiónem tuam : et tímui.

67. Ego autem in Dómino gaudébo : et exultábo in Deo Jesu meo.

68. Vigilávi : et factus sum sicut passer solitárius in tecto.

69. Notas fecit vias suas Móysi : fíliis Israel voluntátes suas.

70. Dicens, Tibi dabo terram Chánaam : funículum hæreditátis vestræ.

71. Pósuit in eis verba signórum suórum et prodigiórum : in terrâ Cham.

72. Et percússit víneas eórum et ficúlneas eórum : et contrívit lignum fínium eórum.

73. Et immolavérunt fílios suos et fílias suas : dæmóniis.

74. Tácui, semper sílui : pátiens fui : sicut partúriens loquar.

75. Quis est iste qui venit de Edom : tinctis véstibus de Bosra ?

76. Sciémus, sequemúrque : ut cognoscámus Dóminum.

77. Secúndùm misericórdiam tuam vivifica me : et custódiam testimónia oris tui.

78. Jurávi : et státui custodíre judícia justítiæ tuæ.

79. Misericórdiæ tuæ multæ, Dómine : secúndum judícium tuum vivífica me.

80. Si oblitus fúero tuî, Jerúsalem : oblivióni detur déxtera mea.

81. Dixit Dóminus Dómino meo : sede à dextris meis.

82. Diléxi : quóniam exáudiet Dóminus vocem oratiónis meæ.

83. Ecce audívimus eam in Ephratâ : invénimus eam in campis silvæ.

84. Benedíctus Dóminus ex Sion : qui hábitat in Jerúsalem.

85. Qui percússit Ægyptum cum primogénitis eórum : quóniam in ætérnum misericórdia ejus.

86. Dómine, clamávi ad te, exáudi me : inténde voci meæ, cùm clamávero ad te.

87. Qui das salútem régibus : qui redemísti David servum tuum de gládio malígno : éripe me.

88. Quóniam adhùc et orátio mea in beneplácitis eórum : absórti sunt juncti petræ júdices eórum.

89. Glória Patri et Fílio : et Spirítui Sancto.

90. Sicut erat in princípio et nunc et semper : et in sécula seculórum. Amen.

CANT. *Magníficat* ET *Benedíctus*.

1. Magníficat : ánima mea Dóminum.

2. Et exultávit spíritus meus : in Deo salutári meo.

3. Quia fecit mihi magna qui potens est : et sanctùm nomen ejus.

4. Et misericórdia ejus à progénie in progénies : timénti-
bus eum.

5. Suscépit Israel púerum suum : recordátus misericórdiæ
suæ.

6. Benedíctus Dóminus Deus Israel : quia visitávit et fecit
redemptiónem plebis suæ.

7. Salútem ex inimícis nostris : et de manu ómnium qui
odérunt nos.

8. Et tu puer, prophéta Altíssimi vocáberis : præibis enim
ante fáciem Dómini paráre vias ejus.

9. Glória Patri et Fílio : et Spirítui Sancto.

10. Sicut erat in principio et nunc et semper : et in sécula
seculórum. Amen.

FIN.

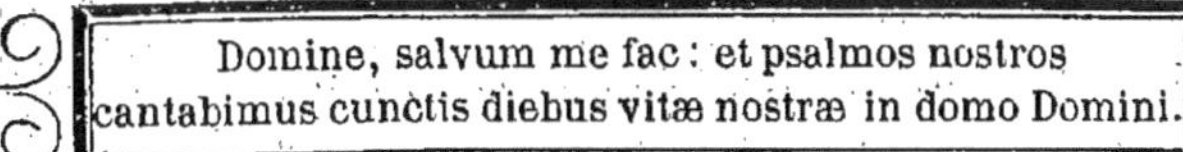

PROGRAMME DU COURS DE CHANT.

OBSERVATIONS.

Le Cours sera divisé en 25 leçons, de manière à pouvoir être répété pendant l'année du noviciat; cependant si le nombre des assistants l'exige, on consacrera deux séances à chaque leçon afin que chacun puisse avoir part aux exercices.

La première partie de chaque séance sera employée au développement de la théorie, et la seconde partie à la pratique du chant. Tous les exercices se feront d'abord individuellement, puis par tous ensemble pour les parties qui en sont susceptibles; on s'attachera surtout au chant individuel des psaumes, exercice indispensable pour apprendre promptement et exactement les règles de la psalmodie; pour cet exercice, chacun chantera successivement un verset, tantôt en répétant chaque fois l'intonation, tantôt en reprenant sur la dominante. Le psaume composé pour les exercices, qui se trouve immédiatement avant ce programme, offre dans un cadre restreint, les principales difficultés que l'on peut rencontrer dans le chant des psaumes.

A chaque séance, il sera très-utile de signaler les fautes les plus saillantes qui auront été commises dans le chœur pendant la semaine écoulée; on devra aussi prévoir les difficultés des Offices des jours suivants, et les résoudre soit par des explications, soit au besoin par un exercice, en particulier pour le chant des hymnes.

Ce Programme n'est donné que comme un guide; il pourra être modifié suivant le besoin.

1re LEÇON.

Des signes usités dans le plain-chant. *Méth. Chap. 1. Art. 1.*

Exercice. Exercices élémentaires de chant. *App. No 1.*

2e LEÇON.

Des Modes ou Tons du plain-chant. *Chap. 1. Art. 2.*
Exercice. Chant du *Gloria Patri* des Répons dans tous les Tons. *App. No 2.*

3e LEÇON.

Règles générales de l'exécution du plain-chant. *Chap. 1. Art. 3.*
Exercice. Chant des *Venite. Méth. pag. 74.*

4e LEÇON.

Forme et caractères généraux du plain-chant Cartusien. *Chap. 2. Art. 1.*
Exercice. Chant de la *Préface* et du *Pater. Méth. p. 67* et *App. Nos 5 et 4.*

5e LEÇON.

Du chant des pièces du Graduel. *Chap. 2. Art. 1.*
Exercice. Intonation ; *Méth. p. 42. Gloria Patri* des *Introït.* Chant d'ensemble de quelques pièces.

6e LEÇON.

Du chant des Antiennes et des Répons. *Chap. 2. Art. 3.*
Exercice. Intonation des Répons ; chant d'ensemble de quelques Répons ; chant des Versets.

7e LEÇON.

Du chant des psaumes. Règles de l'accentuation latine. *Chap.* 3. *Art.* 1.

Exercice. Intonation des Antiennes. *Méth. p.* 142 *et App. No* 10.

8e LEÇON.

Psalmodie composée. Définitions. Tableau synoptique des Tons des psaumes. Observations. *Chap.* 3. *Art.* 2.

Exercice. Solmisation individuelle des diverses parties du Tableau.

9e LEÇON.

Règles générales de l'exécution du chant des psaumes. *Chap.* 3. *Art.* 3.

Exercice. Chant des antiennes de N. P. S. Bruno. *App. Nos* 14 *et* 15.

10e LEÇON.

Règles des Intonations et des Médiations. *Chap.* 3. *Art.* 2.

Exercice. Sur les Intonations et les Médiations des huit Tons.

11e LEÇON.

Règles des Terminaisons. *d*o.

Exercice. Chant individuel des psaumes sur le 1er Ton, en répétant l'Intonation à chaque verset.

12e LEÇON.

Remarques diverses sur les Médiations et les Terminaisons. Des Versets défectueux. *d*o.

Exercice. Chant individuel des psaumes sur le 2e Ton, et chant d'ensemble sur les 1er et 2e Tons.

13e LEÇON.

Du chant des Cantiques évangéliques. *Chap.* 3. *Art.* 2.
Exercice. Chant individuel et d'ensemble sur les Tons solennels.

14e LEÇON.

Règles diverses de l'exécution du chant des psaumes. De la psalmodie simple. *Chap.* 3. *Art.* 3 et 4.
Exercice. Psalmodie simple. Psalmodie composée sur le 3e Ton.

15e LEÇON.

Du chant des leçons. Des Points. *Chap.* 4. *Art.* 1.
Exercice. Leçon diverses.

16e LEÇON.

Règles d'exécution du chant des leçons. *Chap.* 4. *Art.* 2.
Exercice. Leçons dont la syllabe initiale des points n'est pas marquée ; exercice sur les difficultés. *App. N°* 7.

17e LEÇON.

Tableau des noms propres déclinables qui se chantent *more hebraico. Chap.* 4. *Art.* 3.
Exercice. Chant individuel des psaumes sur le 4e Ton ; chant d'ensemble sur le 5e Ton.

18e LEÇON.

Règles de la ponctuation particulière à l'Ordre. *Chap.* 4. *Art.* 4.
Exercice. Chant individuel des psaumes sur les 5e et 6e Tons ; chant d'ensemble sur le 4e Ton.

19e LEÇON.

Règles de la prosodie latine. *Chap. 4. Art.* 5.
Exercice. Chant individuel des psaumes sur le 7e Ton ;
chant d'ensemble sur les 5e et 6e Tons.

20e LEÇON.

De la prononciation du latin. *Chap. 4. Art.* 6.
Exercice. Chant individuel des psaumes sur le 8e Ton ;
chant d'ensemble sur le 7e Ton.

21e LEÇON.

Du chant de l'Epître et de l'Evangile. *Chap.* 5.
Exercice. Sur l'Epître et l'Evangile.

22e LEÇON.

Du chant du Capitule et des Versicules. *Chap. 6. Art.* 1 *et* 2.
Exercice. Capitules et Versicules. Epîtres et Evangiles
dont la syllabe initiale des points n'est pas marquée.

23e LEÇON.

Du chant des prières canoniales. *Chap.* 6. *Art.* 3.
Exercice. Sur les prières. Chant d'ensemble des psaumes
sur le 8e Ton.

24e LEÇON.

Du chant des Oraisons. *Chap.* 6. *Art.* 4.
Exercice. Sur les Oraisons ; mutation des points.

25e LEÇON.

Du chant des hymnes. *Chap.* 7.
Exercice. Chant individuel et d'ensemble de quelques
hymnes.

Articles de la *Méthode* que l'on devra d'abord faire apprendre aux *Postulants*.

CORRECTIONS.

Page	ligne	au lieu de :	lisez :
46	20	l'intention ;	l'attention ;
63	16	qui suivent	qui suivent,
64	19	éclairé	éclairés
64	32	*significens*	*significans*
75	9	des Répons, de couper	des Répons, sauf quelques exceptions, de couper
88	2	»	1 2 (*à placer sous la médiation au* 2ᵉ *Ton.*)
120	27	*Sisára ,*	*Sisara ,*
123	14	Jurávi. Vigilávi. *etc.*	Jurávi : Vigilávi : *etc.*
134	31	; *Măgnĭficat,* Lăudáte.	: *Măgnĭficat , Lăudáte.*
157	22	misereré	miserére
184	12	*Melchisna ,*	*Melchisua ,*
187	3ᵉ *portée :*	Usque	Usque
187	4ᵉ *portée :*	Quis	Quis
197	15	*Benenedicamus*	*Benedicamus*
212	14	méntibus desérvient :	méntibus desérviant :
219	15	chefs-d'œuvres	chefs-d'œuvre
286	12	*Ajoutez à la fin du* Nota :	C'est ainsi qu'ils sont d'ailleurs notés dans notre ancien *Traité de Chant.*
286	16	Prœcéptis	Præcéptis
287	3	tu-a	tu-a

TABLE DES MATIÈRES.

CHAPITRE IV.

Du Chant des Leçons.

CHAPITRE V.

Du Chant de l'Epître et de l'Evangile.

CHAPITRE VI.

Du Chant des autres parties de l'Office qui appartiennent au deuxième genre.

CHAPITRE VII.

Du Chant des Hymnes.

APPENDICE.

Notes et Exercices.

Exercices de Chant.

FIN DE LA TABLE.

Avignon. — Aubanel fr., Imp. de N. S. P. le Pape et de Mgr l'Archevêque
Place St Pierre, 9.